抖音B站
泛短视频商业长谈

朴某不才 ◎ 著

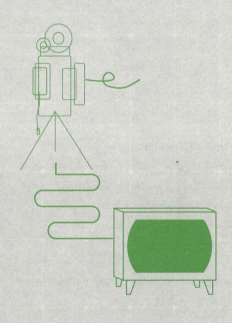

清華大学出版社
北 京

内 容 简 介

本书立足 2020 年以来的新变化，将过去对短视频的单一关注，扩大到涵盖自媒体长视频在内的"泛短视频"，并从商业导向的角度对其进行讲解。

全书共 6 章，以抖音与 B 站两大代表性平台为例进行讲解。第 1 章重点讲解泛短视频行业的现状、趋势等，让读者对泛短视频行业有初步的认知；第 2～4 章详细介绍内容创作、文案撰写、画面设计、拍摄、后期制作等环节的具体操作方法；第 5、6 章为进阶知识，详细介绍关于运营、变现等方面的具体操作方法及注意事项；最后是关于泛短视频行业的一些快问快答。

本书可供业内人士或对泛短视频行业感兴趣、有意入行的人士阅读参考，在具体操作中遇到问题时，可随时借鉴书中提供的方法，解决实际问题。

本书封面贴有清华大学出版社防伪标签，无标签者不得销售。

版权所有，侵权必究。举报：010-62782989，beiqinquan@tup.tsinghua.edu.cn。

图书在版编目(CIP)数据

抖音 B 站泛短视频商业长谈 / 朴某不才著 . —北京：清华大学出版社，2022.5
ISBN 978-7-302-60487-7

Ⅰ．①抖… Ⅱ．①朴… Ⅲ．①网络营销 Ⅳ．① F713.365.2

中国版本图书馆 CIP 数据核字 (2022) 第 054285 号

责任编辑： 王中英
封面设计： 昝　智
责任校对： 徐俊伟
责任印制： 丛怀宇

出版发行：清华大学出版社
    网　　址：http://www.tup.com.cn，http://www.wqbook.com
    地　　址：北京清华大学学研大厦 A 座　　邮　　编：100084
    社 总 机：010-83470000　　邮　　购：010-62786544
    投稿与读者服务：010-62776969，c-service@tup.tsinghua.edu.cn
    质 量 反 馈：010-62772015，zhiliang@tup.tsinghua.edu.cn
印 装 者：三河市天利华印刷装订有限公司
经　　销：全国新华书店
开　　本：170mm×240mm　　印　张：16.25　　字　数：277 千字
版　　次：2022 年 6 月第 1 版　　印　次：2022 年 6 月第 1 次印刷
定　　价：69.00 元

产品编号：094436-01

引言 直播来袭,长、短视频的"攻守道"

直播爆发,传媒营销领域充满无尽变数

2020 年以来的这几年,带给了我们数不尽的震撼。

太多难以忽视、不可磨灭、多少年后也注定会被提及的奇袭和惊喜在这个关口集中爆发,整个世界以无比"魔幻现实"的笔法充分展现了它不安分的一面。

不只是世界,同样风起云涌的还有传媒营销领域:直播进入爆发期,正负两极撕扯更加严重;短视频阵营中微信视频号异军突起,抖音更加显著展现了跨界电商的野心,短视频被纳入企业协同办公范畴又引发了非专业的企业及个人前所未有的自主创作热情;当此之时,蛰伏已久的长视频卷土重来,蓄力良久的哔哩哔哩(bilibili,以下简称"B 站")猛然发力,至"浪潮三部曲"声势臻于高潮……

这些变局很难说更多是来源于这些新传媒形式自身的规律发展和优秀企业的长久布局,还是被 2020 年年初那短暂的"物理世界失灵"按下了"加速键"。但总之,这个行业客观上迎来了又一次关键变局。

对于这个备受关注的行业,这一变局所影响的不仅是从业者,还包括许多相关行业和普罗大众,都是风口,都是趋势,一样兼具着盲动与不解,一样充满了无尽的变数(如下页图所示)。

大家知道,作为一个 2015 年便已入行、亲身见证过行业几次关键转变的内容营销人与短视频人,我身边并不乏朋友询问和谈论这些事情。其中大家关注更多的还是**新格局下短视频的新定位、新价值和新方向。**

新格局下，泛短视频的新定位

先说**新定位**，顺便也讲一下本书的核心——"泛短视频"的成因。

在过去几年间，直播限于秀场形式，与品牌、商品关联较弱，没有在传媒营销的大舞台上获得强势席位。但随着电商"种草"直播出现，这一缺憾被补齐，直播也就一跃成为这个舞台的"新秀"。

虽然从长远来看，直播和短视频应该是互补而不是替代的关系，但从短期来看，短视频的热度确实受到了冲击。不过好在用户看短视频的习惯已经养成，短视频行业经过多年发展，已具备庞大的从业者体量和成熟的思维沉淀，因此当此之际也能做到迅速调整打法策略，用真实的价值给予带来的认可，来代替原本的部分"光环加持"。

与此同时，在长视频领域B站放大招，淡化原本的"二次元"标签，放大其受众文化素质偏高的优势，在商业领域渐渐打开局面。

关于具体的做法，首先是强化内容。一是目前在组织上实行制作人制，高级内容人才在内部具有很强的话语权；二是仍然保留编辑推荐机制，使一些初始流量表现一般但极具品质的内容能够得到推荐；三是开放财经、法制、科技等知识性板块，并扶持头部 UP 主（uploader，意为"内容上传者"），深深捕获了在各大视频平台"无枝可依"的知识人群。

其次是强势营销。对于很多人来说，2020年是B站正式进入其视野和认知的节点；即便你事先对于B站已经具备了一定的了解，也可以思考一下这一年你对B站的印象是否也有所改变。这既得益于"浪潮三部曲"这样的爆款内容营销，也得益于"阿里七子"入驻B站这样的热点案例以及联合各领域头部UP主进行的投放营销。

那么，可以认为B站的出圈代表了长视频的胜利反攻吗？

我认为还不能。

"短视频"就是时长短的视频，这个从来没有太大争议，但关于**具体时长多短才算短视频，标准其实一直都在变化。**

几年前，基本上时长为10分钟左右的视频就叫作"短视频"，当年《万万没想到》就是顶着这个名头出现的，彼时B站里的大多内容都是符合短视频特征的。后来，随着短视频产品渐渐丰富，3分钟、2分钟、1分钟的内容渐渐成为主流；再后来，随着抖音的大火，15秒视频成主流，连上传1分钟视频的权限都被叫作"1分钟长视频权限"，这时B站的大多内容就不属于"短视频"了……

客观来讲，B站从没限制过平台视频的时长，到现在为止也是短则1分钟、长达几十分钟的内容都有。"长视频"或"短视频"都是外界加给它的分类，所以它并没有被谁的方向所左右。

从内容的平均时长和看重丰富内容传递的角度来看，B站是符合长视频标准的；但它的路数显然和代表长视频的三巨头——爱奇艺、优酷、腾讯视频——是相差甚远的。

于是当我们研究它的受众动机、创作者结构、创作方法以及商业思路的时候，它又好像更接近自媒体短视频——**比起长视频，它更像是加长了的短视频。**

如果把各大视频平台背后的创作者攒在一起，那么B站的UP主一定和抖音、快手的创作者更能聊得来；而从普通的个人或企业创富的角度出发，在布局自媒体短视频和B站时，所要做的事情是十分类似的。

当然，除了B站，类似的平台还有西瓜视频、好看视频等。因为B站突出且典型，所以在这里主要用它来举例，但也要知道这种定位的长视频平台并不是只有这一家。

当然，近年来也产生了一个新的概念"中视频"，希望囊括这类既不是短视频又不像传统长视频的视频形态。但这种叫法仍然以时长为界定重点，即将在全长在20或30分钟以内，同时超过短视频时长上限的视频称为"中视频"。

在我看来，这样做固然能够尽量囊括大多数自媒体长视频，但并没有很好地揭示这类视频更接近短视频、区别于其他长视频的关键之处。因此，在本书中，我仍然将超过3分钟的自媒体视频视作长视频，但将它和传统意义上的短视频（二者本质更接近）一起包含在"泛短视频"的概念中。我无意对既有大众认知强行更正，只是基于目前的情况提供一个比较具有现实意义的维度。

新格局下，泛短视频的新价值

再来说说**新价值**。

当我们把目光从"短视频"放宽到"泛短视频"时，具体会有怎样的意义呢？

这里**最大的价值就是可以使我们真正理解未来长、短两种视频的客观作用和发展方向**，而不会被别人"带节奏"；同时，当我们将短视频看作一种新媒体时，便可以**更科学地配置资源、发挥它们的优势**，带来更多创造价值的思路。

在外界舆论中，人们特别喜欢用"单线迭代"的模式来理解长、短视频及直播之间的关系：短视频干掉了长视频、直播又战胜了短视频……这种理解实际上是非常不科学、不可取的。

想象一下：现在我们正在看一场类似《中国好声音》《中国新说唱》中的战队合作秀。一个战队中的几个选手会轮番出场，每个人一开唱观众都会报以热烈的欢呼和掌声。那么，我们可以因为第二个选手上场时的掌声就说第一个选手被"干掉"了、因为第三个选手上场时的欢呼就说第二个选手又不如他吗？

显然不能。每个选手出场时伴随的掌声都是观众单纯对于其个人的认可，不具有任何比较意义。只要足够优秀，每个选手都能获得掌声。同时，我们也不能根据出场先后顺序就判断后出场的选手比先出场的强。在这样的团秀中，往往每个人都有自己的长处：有的人负责抒情、有的人负责炫技、有的人负责互动、有的人提升内容质感……他们分工不同、彼此互补，所以放在一起才能带来一场精彩完整的表演。

在传媒营销发展的过程中，长视频、短视频和直播之间也是这样的关系。它们在各自亮相的几年间会引起社会的高度热情，但当它们依次就位时，我们会发现"前浪"并没那么惨、"后浪"也没有那么神，它们更多的是在不同的方面、以不同的角色分工发挥某一方面的作用；而先前那些被资本和媒体强行夸大的种种价值，都将伴随泡沫消散。去伪存真，它们会用时间自证、自显，唯独苦了那些不明就里、盲目跟风的人。

那么在泛短视频中，"抖音们"和"B站们"具体的特长和分工是什么呢？

从原理来看，短视频因为短，所以格外擅长抓取碎片时间、传递短小精悍的信息，扩散效率高，有更强的社交性；而长视频因为长，所以容量大，格外擅长呈现细致的内容，真正讲清楚一个道理或者一个故事。

你也许会说短视频不也讲"内容为王"吗？它也是很重视内容的。

没错，但短视频毕竟限于时间，只能把内容选题尽量浓缩，可浓缩也是有限度的，想把体量十分丰富的内容浓缩到很精简，无疑是不现实的。

因此还要借助快节奏、扁平化的方式简化过滤很多信息，而这样又势必导致有分量的内容不好呈现。比如"三分钟看完一部电影"，虽然是个美好的概念，但实际做下来很难达到理想效果。

在这种情况下，一定会有大量诸如科普、人文、影视、教学等有分量的内容创作者感到发挥不开，从而向长视频平台转移，短视频平台自然就以泛娱乐的轻量级内容为主体了。

这种情况在图文传媒中也出现过。**这里做一个不严谨的类比：短视频就像微博，长视频就像公众号。** 仔细想想：微博以简要、强传播（以热门打榜为代表功能）、强社交（以话题为代表功能）、泛娱乐取胜，而公众号以详尽、细节、深度内容取胜，不是吗？

因此，在泛短视频的具体应用中，我们也就清晰了：对于普通个人，可以根据自己的所长、方向和目标受众选择是运营抖音、快手还是运营B站、西瓜视频；而对于企业或标准较高的个人IP（Intellectual Property，意思是"知识产权"，现引申为具有标识性的品牌符号）而言，最理想的操作既不是只做短视频，也不是只做长视频，而是**用差异化的打法把两个都抓在手里，让它们各展所长、各自互补。**

这和营销公司在大多数案例中的做法类似：围绕同一个主题，一边在微博做传播、炒热度，一边在公众号、论坛、门户网站这些地方呈现具体细节，这样做才是完整的。

所以，从"短视频"到"泛短视频"，最大的变化就在于它势必能够发展出更精深的内容和更成熟的商业，其意义也是显而易见的：

一是可以更好地呈现视频的真实价值，破除直播来袭之下大家对于长、短视频前景的疑虑（事实上直播对于视频真实商业价值和份额的冲击是很小的）。

二是可以帮助广大有着营销、创富诉求的企业与个人理解当前传媒营销的**新格局**，树立全局、包容的视角，更清晰地理解和利用视频武器。

总之，泛短视频加上直播，正式宣告着一个传媒资源极大丰富的时代之到来，这背后是更多的机遇、更新的玩法以及更多的创富形式！

新格局下，泛短视频的新方向

前些年掀起的短视频"风口"还没过去，新的背景下泛短视频又打开了新的机会。**当5G和"新基建"正式呈现出成果，泛短视频的需求与应用场景又将进一步开放。**这时对于个人或企业来说，无论在日常自我表达方面还是在商业创富方面，都将得到进一步发展。

在日常自我表达方面，比如用视频博客（Video blog，Vlog）记录生活，用一段动画给亲人送上祝福，或者使用动态演示做一次团队内部的项目复盘，这些场景没有那么多弯弯绕绕。

随着"剪映""必剪"这样的简易工具的出现，对于普通人来说，上手操作不再是难题，突破思想束缚、敢于亲自用泛短视频传递信息才是。至于美不美观、专不专业，每个人看法不同，你喜欢并能达到目的就好，真诚是最重要的！

但**商业创富方面**则不然。一旦我们以获取盈利为目的看待泛短视频，它就是一门生意了，而没有一门生意是容易的！我们要根据市场做出定位、根据受众打磨产品、根据情况灵活迭代，同时借助多方面的资源整合才能让内容变成流量、让流量转为金钱。尤其在竞争日益激烈的"风口"下，更要全面、严谨地对待这些事情。

是的，严谨地对待。现在的格局变了、机会变了，于是脱离实践的泛泛而谈已不足以帮助大家解决问题了。

在过去几年中涌现了一批短视频相关读物，有的因为出版太早而过于基础，其中很多观点至今已不适用；有的因为作者缺乏一线的行业经验，所讲内容可操作性弱。还有一些媒体别有用心地向懵懂的大众贩卖焦虑、让人陷入盲目与恐慌当中，也许他们赚到钱了，却让相信他们的读者失去了最重要的理智与清醒。

于是面对还在寻找泛短视频相关答案的朋友们，我创作了本书，讲一讲若以收益为目的，我们该如何看待、创作和运用泛短视频。

但是请注意！这里说的"创富"概念和大家常说的"变现"还不一样：

- "变现"主要是指借助流量产生收益。比如接"恰饭"①广告、电商带货、获得创作者收益、开通直播……这大面上还是针对自媒体泛短视频而言，并且只是一个环节。
- "创富"则是利用泛短视频创造财富，这是一个系统性工程。自媒体流量变现固然是其中的一部分，还包括个人长久价值布局，提升自己的 IP 价值；构筑自有内容生态，为日后成立公司、规模化运作做储备；品牌搭建新的流量入口和更有效果的用户培养场所，助力主体业务更稳健运转……这些能够带来长久价值的行为都涵盖在内。

总之，"创富"比"变现"更关注长远、健康的财富积累：不仅关注结果，而且关注带来这个结果的思考、选择以及后续的长尾效应。2020 年上半年，西瓜视频重金挖走大批 B 站 UP 主，但许多人不久之后又纷纷撤退。他们也许短期赚到了一笔小钱，但从长远来看却得不偿失。不仅要关注"变现"更要具备"创富"的整体格局。

事实证明，除非你是"天选之子"，否则单一来源的"变现"能赚的会很有限。目前在泛短视频行业立住的企业，无一不是靠着多端复合、系统性的"创富"体系赚钱的，很少有一家是单靠一个账号的流量变现存活的。即便是和流量经济最直接贴近的多频道网络（Multi-Channel Network，MCN）机构，其营利模式也绝不只是把各个账号"变现"所得加在一起这么简单。

因此在本书中，我会带大家**从更广阔的视野**和理解看待**泛短视频创富**这件事。虽然作为入门，我仍然会推荐大家从抖音、B 站这样的自媒体创富入手，但也会提供向其他领域旁通的许多建议，以便在适当的时候有更多灵活的选择。

我们不仅会谈到具体的操作技巧，而且会涉及大量在行业一线常年沉浮形成的观点和思维方式。毕竟泛短视频行业一日九变，技巧随时都可能因时移世易而不再管用，此时唯有长期积淀的认知和思想才能陪伴我们兵来将挡、乘风破浪。

当然，关于直播，我也报以乐观平和的态度。新的格局下，泛短视频和直播将持续在平衡中博弈，并相互伴生、融合促进。因此我们也在积极探索直播的发展方向，但因主题所限，本书只在末尾"Q&A 时间"做零星简述；若日后有机会，我会另作一书专门讨论，介绍我们对于当下传媒营销新形势更全面的审视。

---

① 网络用语，指为了生计而采取的一系列行为。由于本书内容与互联网平台紧密相关，所以保留了部分网络用语，以体现原汁原味的语境。

目录
CONTENTS

第 1 章　初涉江湖，掌故先明
　　　　　内行人带你认知泛短视频"江湖" / 001

1.1 这个时代下，如何认知泛短视频 / 005
　　1.1.1 泛短视频的类型 / 005
　　1.1.2 泛短视频行业从业者的类型 / 008
1.2 泛短视频创富：弱小战胜强大的时代机遇 / 010
　　1.2.1 选择入行泛短视频的切入口 / 012
　　1.2.2 选择做泛短视频的平台 / 015
1.3 给三类人的三条建议 / 018
　　1.3.1 给跨界外行人的建议：仔细体会短视频思维 / 019
　　1.3.2 给专业技术人的建议：泛短视频，内容为王 / 022
　　1.3.3 给内容运营人的建议：请将状态调到"商人模式" / 024

第 2 章　硬桥硬马，培实筑基
　　　　　泛短视频创富绕不过的"准备工作" / 027

2.1 组建泛短视频团队 / 031
　　2.1.1 不同类型的团队及其制作流程 / 031
　　2.1.2 理想情况下的泛短视频团队具备的要素 / 034
2.2 文案策划：新手靠灵感，高手用套路 / 038
　　2.2.1 通过"读人模型"理解人性 / 039

  2.2.2 通过四种共鸣调动受众冲动 / 042

  2.2.3 通过两个工具掌握剧情型视频的内容创作 / 044

  2.2.4 通过四条心得创作更成熟的讲述型视频类内容 / 053

2.3 脚本与分镜：赋予故事的第二次生命 / 056

  2.3.1 文字脚本和分镜头脚本 / 056

  2.3.2 基本的镜头语言 / 059

  2.3.3 新手应该避免的四个问题 / 064

  2.3.4 拉片：持续精进脚本水平的"笨功夫" / 065

2.4 拍摄与声音：视频中的"看"与"听" / 067

  2.4.1 拍摄：让你的思想获得形体 / 067

  2.4.2 收声与配音：视频不只是视觉的艺术 / 071

2.5 剪辑与包装：让视频真正成为视频 / 073

  2.5.1 剪辑：节奏的表演 / 073

  2.5.2 包装：人靠衣装，片靠包装 / 075

  2.5.3 素材：别被人揪住版权的"小尾巴" / 076

  2.5.4 工具：短视频后期，我推荐用什么做 / 077

2.6 动画制作：不容错过的新风口 / 079

  2.6.1 零基础制作动画的工具 / 080

  2.6.2 新手应该掌握的四个技巧 / 080

第3章 南拳北腿，因才定向
做好定位，别把账号弄成"朋友圈" / 087

3.1 如何找到适合自己的定位 / 091

  3.1.1 外在定位：让账号摆出对的"姿势" / 092

  3.1.2 内在定位：让账号讲述对的事情 / 096

3.2 确定好的定位怎么用 / 104

  3.2.1 账号装修：让受众看懂你的定位 / 104

  3.2.2 表演式养号：让平台相信你的定位 / 107

第 4 章　欲善其事，先利其器
做好内容，泛短视频创富的重中之重　/　111

4.1　如何选题更讨巧　/　115
  4.1.1　召开选题会，用标准流程推进效率　/　115
  4.1.2　借助思维引导工具发散思路　/　117
  4.1.3　启发选题灵感的四种信息来源　/　118

4.2　如何构思更"吸睛"　/　120
  4.2.1　两个模型找到受众需要你构思什么　/　121
  4.2.2　"微嫁接法"：内容 IP 的简易增色方法　/　125
  4.2.3　人物 IP 内容的几个构思方向　/　126
  4.2.4　怎么做广告、带货视频　/　128

4.3　如何加强账号"续航"　/　132
  4.3.1　科学模仿的"三重境界"　/　133
  4.3.2　三个要点使内容持续发热　/　136

第 5 章　内外兼修，妙用唯一
学会运营，塑造账号的商业价值　/　141

5.1　泛短视频运营的内容　/　145
5.2　账号运营怎么做　/　145
  5.2.1　平台的推荐机制　/　146
  5.2.2　平台的算法参数　/　148
  5.2.3　面对抖音的变化可以采取的措施　/　155
  5.2.4　发布视频的注意事项　/　160
  5.2.5　搭建泛短视频矩阵　/　163
  5.2.6　技巧之外的几点建议　/　167
5.3　内容运营怎么做　/　170
  5.3.1　写好视频标题需要掌握的三个要点　/　170
  5.3.2　B 站视频封面的设计方法　/　172
  5.3.3　重视发布文案与作者评论　/　175
  5.3.4　抖音内容"中枪"的表现、诊断和解决　/　177

5.4 粉丝运营怎么做 / 180
 5.4.1 粉丝积累途中的几座"里程碑" / 180
 5.4.2 四大涨粉阶段的不同策略打法 / 181
 5.4.3 你和粉丝发生的四种关系 / 182

第 6 章 乾坤挪移,博解旁通
   创富变现,好内容本就是一门好生意 / 187

6.1 推广拉新,为创富奠定优良基础 / 192
 6.1.1 如何向内吸粉,获得更多关注 / 192
 6.1.2 如何向外导流,低成本扩大战果 / 202
6.2 泛短视频变现,要做就要来真的 / 211
 6.2.1 最推荐的三种变现形式 / 211
 6.2.2 "第一梯队"外的四种变现形式 / 223

Q&A 时间
   关于泛短视频的一些"快问快答" / 227

/ 第 / 1 / 章 /

初涉江湖，掌故先明
内行人带你认知泛短视频"江湖"

第1章 初涉江湖，掌故先明——内行人带你认知泛短视频"江湖"

行走江湖，第一件事是什么？

选门派？拜师傅？还是挑一件称手的兵器？

都不是……

江湖局势总在发生变化，一个时代有一个时代的主题。一会儿是"东邪西毒"各自称雄，一会儿是五岳剑派同气连枝；一会儿以少林武当并称泰山北斗，一会儿以天地红花为江湖领袖。

不同的时候进入江湖，适合做的事情是不一样的。比如一个"金庸宇宙"的江湖新人想加入丐帮，赶在两宋时期这么做就是相当明智的。因为那时丐帮如日中天，跟着乔峰、洪七公、黄蓉这样的帮主混，总不会太糟糕。

但如果你生在两宋之后，这样就不大合适了。毕竟丐帮的黄金时代已经过去了。

所以行走江湖的第一件事应该是"明大势"。即搞清楚"此时此刻"江湖处在哪个时期、主旋律是什么、最厉害的门派和高手是哪几个、他们之间的恩怨情仇是怎样的……懂得了这些，才能想清楚自己接下来要干什么、搞明白怎么做才最适合自己出人头地。

泛短视频的"江湖"也是一样。很多朋友听说现在是短视频风口，或者听身边的朋友讲了几个泛短视频创业的成功故事，就贸然投身其中，开始创业。**但这个行业到底是什么、现在发展到了哪个阶段、现阶段的主旋律又是什么**……对这些事情统统不知，买了几本几年前出版的"教材""攻略"就上路了。这样的结果可想而知，我身边目之所及的朋友，半年不到就失败退场的已不下10人了。

所以在本书的第1章，我准备了一些帮你快速认知当下泛短视频行业的内容，具体可参考下图。如果你也是这个行业的"新移民"，希望你能认真阅读本章，尽量避免上述悲剧的发生。

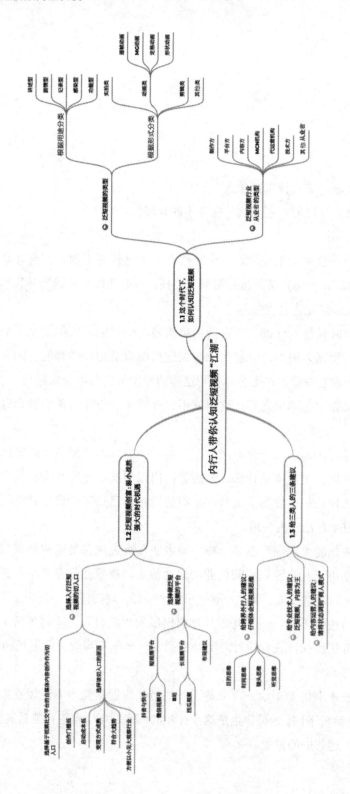

好了，话说至此，上正文——

1.1 这个时代下，如何认知泛短视频

这是我们的第一个话题，关键词是"这个时代"。像上面所说，泛短视频行业和江湖一样，格局不断在变，留给人们的机遇也不会持久不变。因此**"如何认知泛短视频"这个问题，永远具有时效性。**

本章所提到的内容，是我作为泛短视频行业一线从业者，在五年的从业过程中思考观察、归纳总结的。它描述的格局针对当前的两年，预测的内容大约覆盖接下来的三年，支撑这些认知的知识、经验和心得来自此前五年甚至短视频出现前的传媒时代——这些都离不开具体的时间。

我写这段话的时间是 2021 年 11 月，如果你在 2027 年读到这本书，建议你立刻放下，因为那个时候的行业情况和你适合做的事也许已经完全不同了。当然，如果可能，我会在那时重写或更新一个适合那时的版本供大家选择。

同时，也建议你检查一下手边的其他同类型书籍。看一看它们的出版时间是否太早；是否还在从美拍、秒拍开始介绍……如果是，依旧建议你放弃。

大家切记：宁可不吃药，也别吃过期药。

1.1.1 泛短视频的类型

随着代表作品、受众习惯的改变，"短视频"的时长标准是在不断变化的，虽然它的下限一度被抖音缩短到 15 秒，**但在当下，主流的短视频时长仍然集中在 3 分钟以内。**

这是关于短视频唯一的界定方式，而不是像很多人所认为的：短视频就是做账号，短视频就是抖音、快手……事实上短视频所包含的远比这些宽泛得多。

而现在，我们将 B 站、西瓜视频中一些不适合被 3 分钟时长限定的视频（长视频）加进来，统称为"泛短视频"，显然就不能以原本的时长来划定了。目前这些内容时长的上限比较稳定地集中在 20 分钟，但这并不是一个绝对的标准。

泛短视频中的短视频"原住民"和部分长视频"迁入者"之间更多是**通过创作者的属性、创作的方式及商业变现场景的共性串联的，所以这是判断是否**

属于泛短视频的另一个条件，也是最重要的条件。如果满足这个条件，即便视频时长略长一些，也可以算在其中。

根据不同维度，泛短视频可以有多种分类方法，下面仅从用途、形式两方面简单说一下。

1.根据用途分类

- 讲述型。以情况介绍为主，比如企业宣传、产品介绍、评论讲述、电影快看等。这类视频重点在于把信息讲清楚。有的平铺直叙、有的拟人、有的搞笑，但都属于此类。
- 剧情型。重点在于讲故事，微电影、迷你剧即属于此类。这类视频更善于用创意吸引人、用情节抓关注，带动情感共鸣从而实现传播。
- 记录型。重点在于记录真实情况，相对少地加入艺术编排。带技巧的记录型泛短视频的代表是前两年大火的 Vlog，用视频记日记；普通点的如活动录像、祝福 VCR。
- 感染型。重点在于传递某种情绪感受（如感动、好奇、兴奋、沮丧等）。比如广告片，我们经常在美妆广告中看到主人公展现美、优越、自信、高冷或性感的各种状态；又如自媒体上的魔性舞蹈、鬼畜剪辑、励志和感人集锦等。
- 功能型。以信息传达为主，但比讲述型更功利，针对某种特定的目的而产生，工具属性极强。比如视频说明书一定要分步骤讲清楚产品使用方法；课件一定要把知识点讲透，让学生理解并记忆；美妆教程一定要让观众能够跟着操作。

2.根据形式分类

1）实拍类

实拍类是使用摄像设备真实拍摄的视频，这是目前最常见的视频类型。其优势在于一个"实"字，即擅长表现真实世界、呈现人和物的细节质感、增加观众的代入感。而其劣势也在于这个"实"字，即对于超现实的、此时此刻难以呈现的内容很难表现；同时为了对抗审美疲劳，只能在服装、场景和后期方面做文章，所以能做的也比较有限。

不过，并不是说这种形式不可取。我相信大家在抖音上一定都关注着不少基于实拍却依旧让你欲罢不能的"宝藏"账号。比如我很喜欢一个叫"慧慧周"的账号,这个账号发布的视频就用后期特效使实拍的内容呈现出了非凡的新奇感,让同样从事短视频制作的我赞叹不已。

2)动画类

比起实拍类视频,动画类视频更擅长突破时空束缚来展现内容,无论是过去、未来,还是根本不存在的事情,都可以自由表现;同时可以从美术方面实现多种风格——写实、可爱、夸张、文艺,非常善于解决人们的审美疲劳问题;此外,不需要租场地、搭场景、解决人员住宿交通问题,往往能够节省相当一部分成本。

正是因为这些优势,所以随着从小接受动画洗礼的"Z世代"的逐渐崛起,动画类视频也渐渐摆脱"低龄艺术"的标签,成为商业视频的新宠,商业价值涨势惊人。

根据空间关系,动画分为**二维动画**(如《名侦探柯南》《火影忍者》)和**三维动画**(如《冰雪奇缘》《哪吒之魔童降世》)。另外,根据实现形式,动画还可分为以下几种。

- **逐帧动画**。相信你一定看过有人把一个人的动作拆分开,画在本子的每一页上,然后快速翻本子,小人就动起来了。采用这个原理制作的动画就叫作逐帧动画。这种做法最传统也最强大,我们熟悉的那些伟大的二维动画作品几乎都是逐帧制作的。

- **MG(Motion Graphic,意为"动态图形")动画**。简单来说,MG动画就是通过动画软件的一些功能制作图形的移动,从而替代逐帧绘制的动画。这种形式牺牲了一些对动作细节和特殊运动形式的表现,换来了制作效率的大幅提高和成本的大幅降低,因此成为商业动画视频中最主流的形式。很多时候,人们都认为MG动画就应该像《飞碟说》那样采用扁平、没有边线的美术风格,其实不然。MG动画的判定标准只是制作原理,来画梦工厂、蛮牛文化、网易哒哒等优秀商业动画团队制作的多数作品,画风各式各样,但都属于MG动画。

- **定格动画**。定格动画仍然采用"逐帧"的原理,但画面不是直接画的,而是使用实拍的形式摆拍实物,《阿凡提的故事》《小羊肖恩》《小王子》都属于此类。这种形式的魅力在于介于流畅和不流畅之间的观感,由于制作过程复杂,所以显得小众而宝贵。

- **形状动画**。形状动画是用点、线、面等基础元素制作一些形变的动画。

通常没有什么剧情，单纯追求极简的视觉观感和音乐节奏的简单配合，更多的是传递一些抽象感受，在艺术类的广告片中常会用到。

3）剪辑类

大多数视频都要剪辑，所以并非用到剪辑就属于这类视频。剪辑类视频是指那些原创素材较少、主要靠各种素材拼剪出主体部分的视频，多用于自媒体视频。创作者会根据自己的核心表意将各种相关的视频片段、图片素材、表情包剪辑在一起。比如鬼畜视频、非真人出镜的知识讲解视频、社会评论视频都属于此类。

有兴趣的读者可以在B站搜索账号"硬核的半佛仙人"，具体了解、感受一下这类视频。

4）其他类

比如文字快闪（让文字配合音乐节奏变换角度、大小依次出现）和相册视频（像自动翻页的PPT一样让图片依次出现，升级版会配合音乐节奏出现，叫作卡点视频），这两类视频既不属于实拍也不属于动画，但因为可以运用诸如剪映这样的简易软件和AE视频模板完成，操作很容易，因此是目前抖音上常见的形式。

1.1.2 泛短视频行业从业者的类型

说到泛短视频行业，人们很多时候几乎把它和抖音、快手、B站等同起来了。就单说此刻正在阅读本书的读者，你在买这本书的时候是不是抱着学习抖音运营的初衷呢？而你想从事的"泛短视频创业"是不是就是做个抖音号呢？**其实这只是这个行业的冰山一角，这个行业可不止"自媒体短视频"这一个赛道。**你想要赶泛短视频的风口，还可以在很多方面试一试。接下来就说一说这个行业都有哪些从业者，他们都是做什么的。

1. 制作方

制作方是泛短视频行业最开始出现的一群人，他们的核心技能就是用专业视频软件制作专业级别的实拍类或动画类视频，以收取制作费的形式变现。这群人一只脚踩在广告行业，所以其中那些能把制作技术和广告技巧同时玩好的人，也可以按照广告营销的形式赚取更高附加值。其实在我入行的时候，"短视频即内容"这个说法还没被提出,短视频行业从业者指的就是这群人。

2.平台方

平台方是视频行业 2.0 时代的标志性势力,抖音、快手、腾讯微视、B 站、西瓜视频就属于这一阵营。此外还有美拍、秒拍、小咖秀、梨视频这些垂直领域的"前辈",以及今日头条、百家号、大鱼号、秒懂百科、腾讯视频等这些不失时机兼容短视频的平台。这类平台的变现主要靠售卖广告和达人运作来实现。这一领域的巨头当属抖音和西瓜视频的母公司字节跳动,其旗下还有抖音火山版、皮皮虾等视频平台产品,几乎将这种模式渗透到了各种人群、各种场景,并创造性开拓了电商化的变现途径。

3.内容方

内容方即依托泛短视频平台产出视频内容的个人或机构。大家常说的达人、关键意见领袖(Key Opinion Leader,KOL)就是这些人,我猜读者想加入的就是这个阵营。目前这个阵营的构成比较复杂,大家的背景、理念、专长各不一样,所以玩法和变现出路也各自不同。下面具体说一下。

- 广告公司,特点是擅长营销和商业运作。
- 从公众号、微博转型过来的自媒体人,特点是擅长创作打动人心的内容。
- 专业出身的导演、摄像师、后期制作人员等技术专家,擅长制作形式精良的视频。
- 各种企事业单位和明星,特点是有一定社会影响力,资源相对丰富。
- 从微商、电商或微信营销号转过来的商人,特点是攻势猛、打法野,且背后多有庞大的组织体系。
- 广大素人,特点是人数众多、创作动机和选题创意十分多元。

4.MCN机构

类似于明星经纪公司的模式,MCN 机构批量孵化账号、培养 KOL;资本化包装、助推旗下账号和 KOL。这类机构的优势在于规模和资本,往往也能因此获得平台方更多支持和倾斜,变现途径与内容方相似。这类机构的代表为打造"办公室小野""代古拉 K""七舅脑爷"等大号的洋葱视频。

5.代运营机构

代运营机构是帮助企事业单位或少数个人运营账号的专业机构，它们使短视频账号运营渐渐成为企事业单位的标配。这类机构往往配备职业的内容创作和数据运营团队，与甲方签订一定的数据指标协议，靠收取视频制作及数据运营费用来获利。

6.技术方

技术方是这个行业中门槛最高的一类人，是一群研究和开发泛短视频制作及传播技术的软件工程师，隐秘而高端。通常他们研发出的技术会以软件和技术平台方式呈现，具体变现方式与软件、平台的规则玩法相关，难以一概而论。比如，字节跳动旗下公司巨量引擎依靠核心短视频个性化推荐算法，经营基于抖音、西瓜视频等平台的广告产品；而还有一些软件依靠人工智能与海量素材模板使每个普通人无须学习专业软件，就能够快速上手、高效制作企业级营销短视频，以账号售卖和技术授权形式变现。

7.其他从业者

比如卡思数据、飞瓜数据、新榜等泛短视频数据平台，依靠数据服务赚钱；而一些机构开发泛短视频制作、运营等技巧课程，以教育培训、知识付费等形式变现。

总之，在风口之下，泛短视频这棵大树伸出了无数枝杈，给予了各式各样的需求、玩法、机会，包容和成就各种人，因此也变得越发伟大。

1.2 泛短视频创富：弱小战胜强大的时代机遇

泛短视频是风口，也是移动互联网发展送给这个时代的礼物。**虽然整个社会对它热情高涨，但泛短视频还远未发挥出它的潜力。**为什么这么说呢？

首先，目前火爆的自媒体短视频只是这个行业的冰山一角，它还有许多板块的能量没有尽情释放。在我看来，**泛短视频更大的价值在于它作为信息传播载体的本质。**

第1章　初涉江湖，掌故先明——内行人带你认知泛短视频"江湖"

信息的传播形式会随着时代的进步而不断发展、迭代。从最开始的口语到纯文字，再到图文、视频，人类已经跨越了四个传媒阶段。

传媒的历史告诉我们：**属于一个媒介的时代到来的标志点，往往不是它出现的时候，也不是它被社会狂热追捧的时候，而是它慢慢走入寻常百姓家、被广大普通人时时刻刻、低成本地使用的时候。**

大家回想一下 PPT 就知道了。20 世纪 90 年代是它的"高光时刻"，不光社会热议，还产生了不少靠掌握 PPT 技术发家致富的"都市传说"。而现在，使用 PPT 变成了一个非常普遍的基础技能，人们把用 PPT 制作东西视作习以为常的事情，不再是属于特定场景和少数人的"秘密武器"。

但恰恰是 PPT 变得如此普通的现在，才是真正属于它的时代。能够为多数人提供便利，被人们自由、广泛地运用，才是一个媒介载体、一个信息工具最大的功德，也只有这样它才真正拥有属于自己的时代！不光 PPT，书籍、报刊、公众号都是这样，泛短视频当然也是这样。

所以现在只是"泛短视频火热的时代"，而不是"泛短视频时代"。当大家心心念念的泛短视频时代真正到来时，泛短视频将不再局限在如今这样狭窄的应用领域——不仅仅是发布会、宣传片这样的**"大用"**。也许是部门内部的一次小会，也许是给亲人生日的一段祝福，你也可以给它找到很多**"小用"**，并且轻而易举地制作出来。

所以你看，泛短视频可以是一门生意，但它又不仅仅是一门生意，反而是那些不那么"商业"的人群和场景更加关联着这个行业的命运。

不过，在本书中我们只讨论用泛短视频来赚钱，即"泛短视频创富"。引言部分已经提到了一部分原因，这里再补充一个重要的原因：泛短视频是又一次弱小战胜强大的社会机遇！

互联网带来的信息大爆炸，以及"Z 世代"新人群的崛起，客观上使得每个公司和个人都不得不经营线上、线下两个"品牌王国"。这两个"王国"面向的人群非常不一样，所以形象和玩法也可能相差很大。

比如五芳斋和百雀羚，在"线下王国"中，它们就是超市货架上躺着的老国货，甚至被许多朋友戏称为"奶奶专属"；但在"线上王国"中，它们就成了威名赫赫的"创意营销大魔王""爆款输出机"。很多不经常上网的人群大多是这两个品牌"线下王国"的"居民"，对他们来说，这两个品牌也许只是他们在需要时选择的大品牌，而对于它们在线上掀起的滔天巨浪，他们应该是无法想象也很难理解的。

线上与线下是两种非常不同的环境，正因如此，这两个"王国"的交叉微乎其微。有些品牌在互联网时代之前，也许已经建立起非常扎实的线下基础，但在它们转战"线上王国"时，仍然要做好从0开始的准备。这时，如果有同行更快着手线上经营，借助线上影响更广、传播更快的优势，则很可能在很短的时间内团结更多支持者，实现后来居上——这在20年以前几乎是不可想象的。

正是互联网，使得我们见证了越来越多传统企业不战而败、越来越多年轻企业换道超车、越来越多网络红人收入远超明星、越来越多网络作家声望颇高；也使得大象和蚂蚁在某个维度被拉回到同一起跑线，蚂蚁们不必为了成功而把大象走过的路从头再走一遍……

而在互联网的"兵器库"中，泛短视频是当之无愧的"大杀器"。**更高的信息传播效率、更加成熟的互联网和资本大环境、更加庞大的互联网人群、更具狼性的行业从业者，使它成为这个时代弱小战胜强大的最大加持**。接下来我们就来好好分析一下神奇的"泛短视频创富"。

1.2.1 选择入行泛短视频的切入口

泛短视频行业前景非常广阔、业态非常多元。若说创富的机会，无论是制作、内容、运营还是技术，每个方向都有好机会。就算是某些不那么"商业"的板块，因为它和广大普通人有关，场景更丰富、覆盖面更大，所以也蕴藏着巨大的财富；而且这样的板块还没有完全暴露在公众视野中，所以长远地布局这条线反而能够有更大利润空间。

但是这些先不讲，对于想要进入或者刚刚进入这个行业的朋友来说，当务之急还是先把一只脚迈进这个行业，并且立住。至于深入发展更加牢固、雄伟的商业模式等，都是以后的事情，"先立住、再做大"才是实干者的真理。

那么有没有这样的一个切入口呢？

我认为有。

基于视频社交平台的自媒体内容创作就是很好的选择。

也许除我之外，还有很多人向你推荐过，甚至你在打开这本书之前就已经准备要这么做了。但你知道这个结论，却并不一定知道为什么选这个方向。

我推荐从这里切入，大致有以下几个原因。

1. 创作门槛低

对于泛短视频行业的"新兵"来说,这一点很重要。因为不管哪种业务模式,都需要围绕一则视频做文章。而做视频偏偏是一个技术活儿,如果选择的模式需要高段位的技术支撑,那么一定会劝退很多没做过视频的人。

但自媒体泛短视频是一个综合多个方面的产品,除了视频制作,还有创意、内容、定位、运营等多个方面。而刚巧,这些要素并不像制作那么"硬核"。后面章节会为大家介绍很多套路与方法,只要吃透了,就可以做出一个优质的账号。

也正是因为这样,所以很多素人只需通过一台手机与一个支架,使用最基本的镜头技巧,就能制作出人气火爆的作品,甚至打造出极具商业价值的账号。

2. 启动成本低

自媒体视频是一种隔着屏幕做的生意,人们只关心镜头中出现的内容是否是自己喜欢的,而不在意这背后的制作团队到底有多少人、他们有多大的办公室。

所以虽然现在存在 MCN 机构用资本做自媒体视频,但 3～5 人的小团队,甚至个人做一个账号的情况仍然不在少数。在创业初期,可以选择量力而行,只要按照我们后面讲的各章内容做到位了,小团队撬动大财富也不是不可能。

而当你靠好的内容和运营把账号做起来时,便可以选择多种方式变现。这些方式大多数仍然是在线上完成的,不需要单独的门店,也不需要传统的销售员。

同时,平台会给创作者搭建诸如巨量星图、花火等多种便利,对于优秀的账号来说,借势成事只是顺手的事情,既省事又划算。

3. 变现方式成熟

商业的世界永远不缺奇思妙想,缺的只是把它做出来的人。一种商业模式靠不靠谱,主要要看有没有人能做出来、有多少人能做出来。基于自媒体视频的变现方式有很多,而且每种模式都曾被数以百万计的人探索过,所以至少是靠谱的。

此外,其中很多模式也已经形成了自己的产业配套,帮助内容创作者实现变现的相应板块也已经成型。比如你要做种草带货,抖音、快手、B 站已经开通了可以挂链接的商品橱窗功能。

至于货源,既可以通过平台的小店或外界小程序挂自己的货;也可以挂别人店铺的商品,通过抖音精选联盟、淘宝联盟这样的平台筛选帮带的产品,这上面聚集着大量愿意出佣金让你帮其带货的商家。

试想一下：如果没有这些，你要自己说服商家低价拿货给你卖，遇到思维保守的商家，可能还要从抖音、快手、B站是什么开始给他介绍。解决了供应，还要想方设法在不准打广告的情况下告诉观众你在卖什么、去哪里买……这该有多麻烦！

好在现在这些都已解决了，这就是模式成熟的好处。

4.符合大趋势

做生意就像开船，"乘风破浪"当然好过"逆水行舟"。同样一件事，在它处在风口的那几年一定是机会最多的时候。

我们之前讲过，泛短视频行业不只是做自媒体，此后它在不同阶段还将陆续出现多种风口下的模式。但是，我们也不得不承认，至少在这几年，做自媒体是泛短视频行业中机会最好的赛道之一。

从外部来看，如今几大头部平台的社会认知已打响，连许多官方单位、巨头公司、明星艺人也纷纷拥抱这些平台，可以说其风头正劲。这一点想必大家都不难察觉。

从内部来看，以抖音、快手为代表的平台刚刚完成流量和品牌的起势，正在开始正式发力商业化，让内容和盈利之间的距离更短；B站节奏虽略慢，却也已上路，并正全力追赶。这就像一个苹果刚刚从青涩变成熟，正是最值得尝试的时候！

5.方便以小见大观察行业

这一点至关重要，尤其是当我们真的打算深度涉足泛短视频这个"宝藏行业"的时候。

要知道，这个行业的路还很长，可以开发的价值和机遇远远超过当前所展现出的这一星半点。所以，想要持续、长久地享受泛短视频的时代红利，我们需要边走边看，时刻关注这个行业的动态，发现和创造适合自己的模式。

这个时候，自媒体泛短视频的优势就显现出来了：它业务模式非常轻，不会占用我们大量的时间，让我们有足够的时间留意外界。它虽然并不一定是最适合我们且能够陪我们最终走向事业巅峰的，却会是大多数人起步阶段的"暂时最优解"。

同时，它集成了内容、制作、运营、变现等多个环节，"麻雀虽小，五脏俱全"，未来不管你进一步向哪个方面发展，都不至于完全陌生、无从入手。

最后，它是现如今短视频行业中资本和社会资源重点集中的业务，无论信息还是机遇都很多。如果做得不错，很快打开一个局面也不是不可能，为下一步尝试奠定基础。

讲了这么多你应该明白了：我想通过本书告诉你的泛短视频创富之道，不是做账号这么简单，而是以自媒体视频为切入点或跳板，最终找到自己的模式，持久深入地伴随泛短视频行业一起成长。

所以看完本书，无论你有没有做出一个厉害的账号，都不要忘了把眼光放长远，持续动态地研究这些背后更加庞大、更有价值的大行业。

1.2.2 选择做泛短视频的平台

引言中提到过：**新的局势下，最科学、最完整、最健康的发展方式是同时经营短视频和长视频，让两者优势互补**。接下来，我们先来讲一下如何选择长、短视频平台，然后再谈谈在不同精力条件下我们采用何种搭配操作方案。

1.短视频平台

短视频的内容平台很多，这里只推荐三个。因为目前这个梯队中多的是"低价值的雷同"，能够做出"有价值的特色"的并不多。

1）抖音与快手

抖音与快手自不必说了，这是时下短视频江湖的"少林"与"武当"，无论在哪个方面，这两者都完胜其他同类产品。所以不管你的精力是多还是少，我都建议你在这两者中选出一个来。**选择的标准主要是两点。**

一是**你的目标受众**。虽说目前抖音"快手化"、快手"抖音化"，两个平台从创作者到受众都越来越接近，但这一变化还在进行中，因历史原因奠定的局面仍然存在：目前看来，抖音还是偏一、二线城市一点，快手还是偏三线及以下城市一点。

二是**你的变现思路**。简单来说，就电商和直播而言，抖音不如快手；就广告和引流效果而言，快手不如抖音；但这两者都是相对而言的，具体还是要结合自身的特点、产品和目标受众来看。

2）微信视频号

这是腾讯在短视频领域的突围之作，目前产品也已臻于成熟。但这并不是我推荐它的原因。真正的原因在于它在**向公众号、社群这些私域引流**方面具有其他平台无可比拟的便利。

并且目前来看，腾讯对于这一产品的打造也会持续强化这一方面，这将使得这个平台的价值极其特别。

有精力可以优先布局这三个平台，**至于其他那些你听过但这里没提到的平台，我的建议是，除非你能拿到特别的扶持和合作机会，否则没必要专门配置精力在上面，最多将主阵地的视频同步发一下。**

2.长视频平台

关于长视频平台，我们主要推荐 B 站和西瓜视频。这两者的特点差异还是非常鲜明的。

1）B 站

B 站的特点在于它非常优秀的社区氛围，无论是 UP 主还是受众，对于平台的认同度都非常高，并且是因为共同的"热爱"而不是共同的"愤怒"而走到一起的，所以整个平台的氛围非常轻松有爱。

注意，这里我特意使用了多个"非常"，是因为 B 站的这种优秀是很难被复制和超越的，至今为止，综观国内的泛短视频平台，还没有其他哪一家能在这方面达到这种程度。

这样的优势，使得 B 站的创作者水平高、优质内容多、受众素质较高、平台黏性好、粉丝价值高。有这样一种说法：B 站 1 万个粉丝顶其他平台 5 万个粉丝。这种说法虽不严谨，但贴合实际。这些共同造就了 2020 年 B 站成功"出圈"后，它的广告和资本价值大大上升。

不过 B 站的短板也是很明显的，那就是变现效率比较低。这和它原本作为二次元兴趣社群的出身有关系，虽然有创作激励、"充电"打赏这样的功能，但收入微乎其微。

目前 B 站意识到了这一问题的严重性，于是开通名为"花火"的广告接单平台，帮助 UP 主接单、在原有"悬赏计划"中打通电商。客观来看，这些事情虽然刚刚起步，却是一个良好的开端。

2）西瓜视频

西瓜视频的长处刚巧是 B 站的短处。作为字节跳动旗下的长视频赛道主力，西瓜视频的基因里就带着清晰的商业思路，并有母公司庞大的广告收入体系做支撑，财雄势大有方法，因此**能够给创作者带来的变现效果自然好**。

但它的短板也很明显，而这又刚好是B站所擅长的。**西瓜视频整体上不算一个社区，而是一个海量视频的集散地**。这就使得平台的内容水平和受众素质参差不齐，迟迟无法形成良好的氛围和用户黏性。对此它曾尝试重金采购大IP（如电影《囧妈》）、引进B站头部UP主，却也收效甚微。

用户黏性是情感上的认同，这并不像参加拔河比赛，拉上几个大力士就能以蛮力取胜。也正是因为这样，所以大广告商对于西瓜视频及其生态下创作者的广告价值是不太看好的，对于这种拼概率、拼信任的事，用户黏性差是致命缺陷。

但这只是就目前的情况来说的，毕竟这两个平台各自都在采取一些举措弥**补自己的缺陷**，如果运作得当，也许一年之后情况就不一样了。就我个人而言，我认为B站解决商业问题的概率要比西瓜视频解决氛围和黏性问题的概率更大，毕竟10年积累下的人心和市场认同是比一个模式、几笔资金更难获得的。

从目前B站针对平台自我"造血"的商业化举措来看，它似乎校正了心态，并找到了合理的出路与方向。因此从这场"万里长征"的整体进度来看，B站是领先于西瓜视频不少的。

总体来说，**西瓜视频属于"变现友好型"，适合短期借用；B站属于"创富友好型"，适合长期经营。不过这两者并不是水火不容的，例如西瓜视频相对杂乱的生态使得我们可以将抖音、快手或B站上产出的内容简单改一改，同步在这里**。这样不必投入很大精力，又能享受西瓜视频还不错的收入，可以满足创作者的短期变现需求，与经营价值的长线坚守有效互补。

3.布局建议

如果你所在团队的精力比较充裕，那当然是这几个平台一起抓。在抖音与快手上可以发布同一套视频，但要注意一定要将视频先发布在你选择的主阵地上。**至于B站和微信视频号，都是有特别用途的，所以要有针对性地规划一些不一样的内容**。西瓜视频比较"万金油"，你可以选择把上述长、短视频平台的内容都小改一下，同步上传，不必专门规划。

如果还有余力，可以优先在抖音/快手和B站上再注册一个账号。**即便精力过剩，我也不大建议去特别经营腾讯微视、抖音火山版、好看视频这些第二梯队的平台，因为投入产出比实在太低**。如果想要铺矩阵、把抖音、快手的内容同步发布在上面就好，这一点字节跳动想得比较清楚，已经实现了将抖音视频一键同步到今日头条和西瓜视频上的功能。

那么**如果精力有限呢？** 我建议按照**抖音／快手→B站→微信视频号**的顺序来兼顾，至少要保证在抖音／快手上发布，有余力则再注册一个B站账号，形成长短互补，还有余力再做微信视频号。

由于篇幅和精力所限，在本书中没法把这几个平台都详细说一遍，所以在后续内容中，我们会在短视频和长视频中各选出一个来介绍。

短视频方面，我选择了抖音。 因为与快手相比，目前抖音的大众热情更高，商业化的转变更彻底，生态更能兼顾各类变现诉求；同时，抖音的算法机制在各短视频平台中是启发性和引领性的，透过抖音更容易理解短视频内容平台的推送原理。

不过放心，如果你对快手、微信视频号、腾讯微视更感兴趣，也别担心，因为本书中的绝大部分内容都是共通的。 看完本书，你只要再有针对性地了解一下你目标平台的特色功能板块和运营规则就好。

长视频方面，我选择了B站。 因为这本书讲"创富"而不只是"变现"，从这个角度看，B站有三个优势。

第一，当前传媒营销的大趋势是长短视频优势互补，此时**B站的高品质内容生态更能发挥长视频的价值，从而实现我们期待的"化合反应"。**

第二，**如前所述，目前补足B站短板的希望较大，一旦补足，其价值将不可想象。** 创富看长线，如果最终价值很大，那么我们为什么不能多投入一点耐心呢？尤其在B站这样的生态下，若要立住，本来也要花费一些时间来精耕细作，也许到时候B站的商业问题就解决了，那时刚好是你丰收的好时机。

第三，**B站的特殊性决定了其必须要被特别经营，所以其创作、运营、变现方面都有一些与众不同的地方。** 而西瓜视频则不然，它的运作方法和抖音极像，看懂了抖音基本也就搞懂了西瓜视频，因此专门来讲的必要性也不大。

1.3 给三类人的三条建议

作为一名五年的一线从业者，我有幸在工作中接触了大量的泛短视频"新人"。他们有些是我的合作伙伴，有些是我的朋友与同事，大家都知道我比较"好为人师"，所以在遇到问题时经常向我寻求帮助。在众多困扰大家的问题中，有一些问题和"做不对"有关,但也有很多问题的出现是因为"想不对"。

从某种意义上来说,后者也许比前者更可怕。 打一个比方:假如一个人嗓子发炎了,他自己试着吃了几种消炎药但还是不管用,这就是"做不对"。但是要解决这种问题也很简单,直接去找个好医生就行了——对泛短视频来说,找同行求助或者看一些书或听一些课程就相当于"看医生"。

但是如果他压根不认为嗓子疼是病毒引起的,反而觉得是其他一些奇奇怪怪的神秘因素引起的,这就是"想不对"。出现这种问题,就算家里有药,他也想不到去吃——认知决定方向,方向不对,做得再多也是浪费精力。

所以在具体讲解泛短视频"怎么做"之前,我们先要解决"怎么想"的事情。 在本节,我会针对三类典型人群的"想不对",针对一些规律性的问题提出解决建议,希望能够帮助更多新入行的朋友们少走弯路,缩短你与泛短视频创富之间的距离!

1.3.1 给跨界外行人的建议:仔细体会短视频思维

自从抖音、快手实现更加成熟的短视频商业通路后,短视频从业人群中,来自其他行业的跨界者显著激增;2020 年,又有许多年轻的知识型创作者通过崛起的 B 站进入泛短视频行业。也许此时正在看书的你就是这样的"新移民"。那么恭喜你,和你一样的伙伴正越来越多。欢迎你们!

跨界者往往是优秀的,我身边很多泛短视频"新移民"都拥有极强的创意、审美甚至操作能力。但我也发现,他们有时把这些方面都做到位了,但最后生成的作品却总还是"差那么点儿意思"。

如果你也这样,那很可能是因为你没有采用泛短视频的思维构思。**大家要相信,如果你真的要做好一件事,一定要找到专属于它的思考方式。** 比如,如果你想写一篇歌词,就一定要考虑句子间的韵脚搭不搭、和曲子风格合不合、自然断句处是否就是曲子的换气处……如果只是写一段散文,是不会涉及这些问题的,只有在写歌词的时候才需要考虑。做泛短视频时,也有你必须考虑的事情,这些就形成了所谓"泛短视频思维"。接下来我们具体介绍一下。

1. 目的思维

泛短视频是一种传播媒介,媒介的使命就是把你想说的事用好看的方式进行包装，然后传递给你想影响的人，获取他们观看后的共鸣、喜爱、感动和记忆。

就像每一发子弹都是为了击中目标而生，每个泛短视频也是为了它最后的一次到达而生。 这决定了在泛短视频创作之前，你就应该明确自己要做什么，然后过程中的一切行为都围绕这个目的展开，不要跑题、不要"自嗨"，选择最能帮助你取悦受众的内容、语言、风格和包装。

比如，你要做一个养生相关的视频，受众是中老年人群，那么一定不要谈论黑格尔的哲学，也不要滥用 B 站最火的表情包，即便你再喜欢它们也不行。

2.时间思维

做视频一定要有时间概念，这一点不同于大家过往熟悉的媒介。 比如写一篇文章，比起时间，更直接的概念是字数，虽然字数最终也会关联阅读时间，但这并不是绝对的，你想想自己平时阅读时是一字一字看还是一片一片看就知道了。

然而当我们播放一条短视频时，在不刻意跳跃观看的情况下，信息会严格按照时间顺序依次呈现，无论是配音、文案还是画面，每个信息点都需要占用固定的时间，而我们也必须依照时间顺序依次接收。

因此，构思泛短视频可不是想好情节和文字就万事大吉了，还需要对时间格外在意。**一方面，要把握整体时长**，有意识地确认每条视频大致要做多长，并留意实际进展是否会造成超时或过短的情况；**另一方面，也要给具体信息点设置合理时长**，比如一条关键的文字要停留 3 秒、演员手里的杯子放下 2 秒后再开口说话等，必要时应记录在脚本上。

3.镜头思维

很多新手朋友把实拍类视频做得像录像、把动画类视频做得像动态 PPT，但偏偏就是不像平时看到的成熟视频。究其原因，就是不会运用镜头，甚至压根没有使用镜头的意识。

镜头的运用是一门大学问，它的门道之深不亚于学习一种语言。 它也有"词组"，展现一个场景往往不会只用一"个"镜头，而是会用一"组"镜头，比如拍摄对话时的"正反打镜头"；它也有"句式"，比如在场景交代、对话展现等方面都有很多行业默认的运用套路；它也有"修辞"，比如传达对伟大英雄的尊敬就可以用仰拍镜头，想要渲染卑鄙小人的怯懦就可以用俯拍镜头，程度不够还可以加入倾斜角度；而设计好讲故事用的镜头语言，呈现在分镜头脚本中，就是我们常说的分镜，分镜又被视作泛短视频创作中继内容创作之后的第二次关键创作……

什么？上面这段话没看懂？没关系，这不重要。目前你只需要知道镜头既重要又复杂就好了。具体内容在后面章节会详细讲，但在学习这些之前，至少要在意识中给它留有一席之地。

切记：**正是镜头使得视频成为视频。关于镜头你可以暂时不会，却不能无视它的重要性**。这是外行跨界泛短视频行业务必用心啃下的一块"硬骨头"。

最后给大家一组关于二人对话的处理对比（见下图，左边一列为一组，右边一列为另一组），浅色对话框代表女士说的话，深色对话框代表男士说的话，两人交替发言。

假设这些小图按照自上而下的顺序动起来，思考一下：左边一列是不是你本能想到的对话处理方式呢？而修改后的右边一列是不是更像你平时见到的视频作品呢？灵活使用景别、角度等一系列镜头运用技巧，是不是瞬间就让视频更有品质且避免了单调乏味呢？

这就是镜头思维的重要性。你做的到底是一个动态 PPT，还是一个血统纯正的泛短视频，关键就在这里！

4.听觉思维

这一点主要是针对视频的同期声配音而言的。一般新手看到的配音文案是用 Word 文档创作的，就以为这只是一项普通的写作工作，殊不知这样就进"坑"了。

视频配音文案不同于文学写作，写出来的内容在文学作品上是用眼睛来"看"的，而在视频中是要用耳朵来"听"的。 我们的耳朵和眼睛有着不同的信息接收习惯。比如，当我们听一段语音时，我们必须接受每个信息点只能出现一次的事实，一旦错过，是无法像读文章一样随时跳读回顾的，除非你刻意倒回去重放。

因此，我们在写作泛短视频的配音文案时，要在文笔流畅的基础上尽量降低句子的难度、缩减句子的长度，并多用逻辑词与提示词分出层次、标示重点。具体会在第 2 章细说。

1.3.2 给专业技术人的建议：泛短视频，内容为王

抖音、B 站火了，不只很多行外人纷纷成为"新移民"，本身在行内的许多专业团队也开始转战这一战场。

这些团队有的是来自电视台的，有的是多年从事商业广告的，有的甚至还是拍摄制作过影视作品的，是真真正正的"技术流"，有人才、有设备、有经验，做起抖音来，是妥妥的"降维打击"。

但很有趣的是，我认识这么多转做自媒体视频的专业同行，做出爆款的却没几个。而研究一下抖音平台的大号，背后也很少见到这样的团队。

这就怪了：这看似轻而易举的事情，却并没有像预想般手到擒来，是什么原因呢？

我对谈过不下 10 个这样的团队，发现问题在很大程度上恰恰出在他们太过专业。**他们的技术太好、经验太多，以至于在技术层面陷得太深，反而忽略了技术之外的很多要素。**

讲个故事吧。小时候我看过一部青春剧，剧中有一位富家千金因为和爸爸赌气，要把自己立马嫁出去。她是个吃货，所以她举办了一次厨艺大赛，公开表示会从做饭最好的几个人中选一个当她的老公。

经过激烈的角逐，像"中华小当家"一样十项全能的男主终于获得了冠军。但让人意想不到的是，女孩并没有选择男主，而是和排名第二的人订了婚。

原因是在终极对决的过程中，他的厨艺虽然不如男主，却始终在询问女孩的意见、照顾她的口味，并和她愉快地聊天；而反观男主，只是在埋头苦干，展示他无与伦比的厨艺。所以最终他赢得了第一，而第二名赢得了芳心。

听完这个故事，你能理解这位女孩的选择吗？如果能，那你八成已经猜到我的观点了。

观众选择自己喜欢的自媒体视频内容，就像这位小姐选择自己的老公一样，是一个感性而综合的需求。在这当中，不可否认，技术是一项关键指标，却不是唯一指标。只是做好技术，能够在专业领域获得尊重，并不代表能够被人所喜爱。

我们看抖音、B 站上的视频好像是个小玩意，但它实际也是一款产品——一款正经的"内容产品"。

产品是用来卖的。除了制作品质之外，它的市场定位、品牌背书、营销策略、创意内涵都在同样决定着产品的成败。

同样一个马克杯，星巴克的就是可以比普通的卖得贵一点；同样是星巴克的杯子，网红猫爪杯就是可以比星座杯卖得好一点。不懂得其中的门道，只是烧杯子的技术好，那也是枉然。

同样地，这些专业团队的优势也只是在制作视频方面更在行，但在策划、定位、创意、运营等方面，却不见得同样在行。这时如果因为自己技术好而盲目自信、不去学习这些方面，那结果当然也不会好。

因此，对于专业出身的自媒体视频新玩家，**我的建议就是一定要端正心态，先把自己倒空，暂时忘掉那些技术上的经验和成就，重新认识和学习怎么做好一款内容产品。**

一定要理解：**新媒体泛短视频是"产品"，而你会的只是"视频"。**

1.3.3 给内容运营人的建议：请将状态调到"商人模式"

借着自媒体视频的声势成为泛短视频"新移民"的人群中，还有很大比例是新媒体运营人员（内容运营人），俗称"小编"。

这些人原本是运营公众号、微博、头条号的，因为这些图文新媒体红利渐渐消退了，所以他们就随着潮流，自然而然转向了泛短视频。

这非常明智，也是目前的趋势。但同时，也不可不说仍然出现了一些问题，这主要是由"小编"们原来的职业习惯带来的。

由于内容运营人的上一个出产形态是图文媒介，所以很多从业者是职业的文字工作者。文字工作者和设计师比较相似，都是善于挖掘内在的人，喜欢独立思考、保持个性、安静工作，久而久之，就难免养成一些内向、偏执、理想化的习惯，也就是所谓的"书生气"。

当然，这句话没有任何贬义，只是客观描述。我自己就是根正苗红的文学硕士，也多少有点"书生气"。这样的习惯往往能使创作者更好地探索内在世界，从而帮助文章的创作；但平移到泛短视频领域，却会有些"水土不服"。

如果说公众号代表的图文媒介由于文字的缘故，多少还有点"文人特质"，那么直接用镜头展现内容的泛短视频，则更多体现的就是"平民气质"。

这样的形式需要创作者具有更加包容、更加外向的工作状态，不仅能够创造内容，而且能够灵活地照顾到其他许多方面；再加上目前泛短视频行业的逐利属性极强，这就使得许多转型者面临着一些尴尬。

在我自己的团队和来找我咨询的朋友之中，出现这种情况的非常多。他们能写深刻的内容、对创作依旧执着和认真，账号却做不大；又或者偶尔有粉丝量还不错的，变现效果却不好。

通过对他们的深入了解，我发现这些人90%以上的精力和注意力都花在了在内容创作上，不外联、不花钱，甚至对于行业动态也不甚敏感。 他们在内容创作方面十分勤奋，但一旦涉及商业模式思考和落地就比较回避，当谈到将内容进一步向商业靠拢时，甚至会有些抵触。他们坚信好内容就有好市场，如果效果不尽如人意，也只是围绕着内容找原因……

针对这种情况，我的建议是：请切换到"商人模式"，眼观六路、耳听八方、嗅觉灵敏。尤其当我们是为了创收来做视频的时候，更要摆正赚钱的姿态——做什么事就要有什么范儿！

《世说新语》里有"管宁割席"的故事,讲的是管宁因为好友华歆总是对热闹、财富感兴趣而主动断绝了双方的关系。从古人的角度来看,管宁固然是了不起的道德楷模;但从现代的角度来看,华歆作为一个本身想要获得世俗成就的人来说,关心机会、不耻言利,不也是正当且合理的吗?

所以如果你做泛短视频只是为了自我表达与娱乐,那么怎样都无所谓。**但如果是对它有明显商业诉求的,那么眼里就要有市场、行业和趋势;直面成本和收益、认真思考商业模式;不要什么都想做,也不要什么都要一次性做到完美……**

/第/ 2 /章/

硬桥硬马，培实筑基

泛短视频创富绕不过的"准备工作"

第2章　硬桥硬马，培实筑基——泛短视频创富绕不过的"准备工作"

现在，我们假设在了解完江湖格局后，你已经选择并拜入心仪的门派，正式踏上了习武之路。

但奇怪的是，师傅并没有直接把九阳神功、降龙十八掌拿出来给你练，甚至连长拳、擒拿手这样的基本招式都没有教你，反而每天只是让你扎马步、转石磨、日行千里系沙袋……

这是什么原因呢？

习武之人常讲，"入门先站三年桩""要学打先扎马""练拳不活腰，终究艺不高"，说的是基本功的重要性。腰练好了，才能应变灵活、出招有力；马步稳了，才能不易被击倒、反应迅捷。

基本功不牢，学会招式也总是花拳绣腿。所以别管是谁入门习武应先把各种基本功练起来，等到"腰马合一"了再开始学习具体武功。

而修炼泛短视频也是一样的道理。**在具体做账号之前，许多准备工作是绕不开的。包括：团队、流程、技能。**这些方面都需要在起盘做事情之前，就严肃、认真地盘清楚。

所以在本章就来聊一聊这些"作战前"的基本工作。本章内容是我在多年的一线工作中的真实体会、总结，并且是行之有效的，希望可以真正帮到读者。本章内容结构可参考下图。

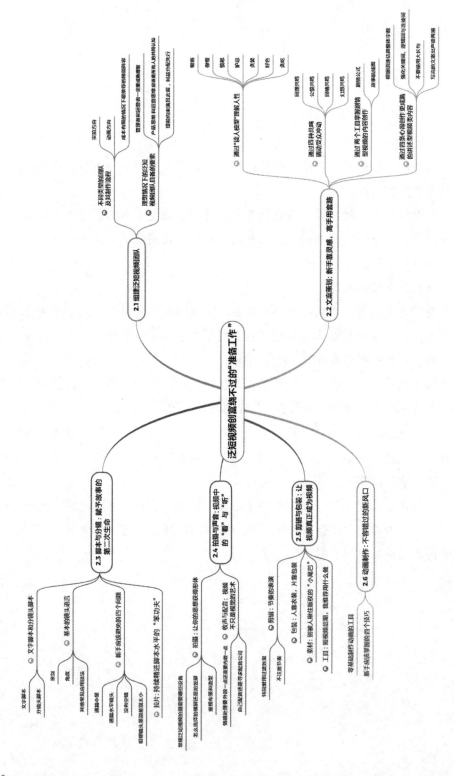

2.1 组建泛短视频团队

你可能会奇怪,泛短视频的基本功为什么会先从团队讲起。我来解释一下。

第一,本书的一个核心态度就是"落地",我希望读者买到本书后,可以最便捷地从中获得帮助。所以本书尽量从一个泛短视频创业者的角度还原依次可能遇到的问题;而建立团队,一定是创业者最先面临的实际问题。

第二,长久以来的行业经历让我认知到,团队问题是许多泛短视频团队速生速死的关键问题。我身边很多同行朋友,本来一切好好的,却总是在关键发展期"中道崩殂",有的是因为团队爆了雷,有的是因为管理者自己的一念之差。之前做得越成功,遇到这样的事情就越可惜。

所以,希望大家暂时抑制一下想要直接学习做账号、做内容的心情,先耐下心来,研究一下泛短视频团队的事。

2.1.1 不同类型的团队及其制作流程

客观地讲,在抖音做短视频的技术要求远远达不到正常的商业视频制作的程度;B站有些题材(比如鬼畜视频)的技术难度会大一点,但通过简单剪辑制作的也还是主流。所以在正常自媒体泛短视频的制作流程和团队方面,匹配商业制作的"减配版"也就够了。

到底要做的是传统的实拍类视频,还是新近大热的动画类视频,需要的人员是不一样的,下面我们依次介绍。

1.实拍方向团队及流程

制作环节及人员: 编写剧本、脚本(**编剧**)→根据要求表演(**演员**)、拍摄素材(**摄像师**)→后期剪辑(**后期制作人员**);还需要全程制作指导(**导演**)。

制作外环节及人员: 选题(所有人)→调动可用资源(**管理者**)→运营及推广(**运营人员**)。

这里大多数内容都好理解,下面只做几点说明。

- 剧本是多数拍摄都需要的,但脚本则不一定,通常只有在镜头极具设计性的作品中才需要。如果需要脚本，一般由编剧与导演共同完成创作。
- 调动可用资源，既包括团队人力，也包括外部的场地、服化道、平台关系等资源。这项工作包含的内容非常综合，且对其他环节具有一定支配作用，所以通常是小团队的管理者和负责人来负责。
- 选题环节常常因为没有专岗人员负责而被忽视，但这却是内容创作至关重要的一个环节。一个好的选题是制作出一期具有话题性和爆点的内容的前提。选题的诞生需要许多奇奇怪怪的点子，团队全员来一场"头脑风暴"是最好的选择。

2.动画方向团队及流程

在目前短视频相关的图书当中，我还没有见过详细介绍动画类视频解决方案的，也许是因为写作时动画类视频还没有这么火热。

但因为前面所说的原因，动画类视频正渐渐成为一个显著的增长点；此外，它还是以ACG（Animation/Comics/Games，即动画、漫画、游戏）文化为底色的B站中极其活跃的一个板块。所以这里有必要根据不断发展的行业动态，将这一部分写入本书。

首先来看一下，如果要做一个产出动画类视频的新媒体账号，需要配置怎样的团队。和实拍制作所需的团队不同，具体如下。

制作环节及人员：编写剧本（**编剧**）→制作分镜头脚本（**分镜师**）→绘制画面（**画师**）、配音（**配音员**）→动态制作（**动画师**）；还需要全程制作指导（**动画导演**）。

制作外环节及人员：选题（所有人）→调动可用资源（**管理者**）→运营及推广（**运营人员**）。

相较于传统实拍，大家对动画制作的了解可能比较少，所以下面多解释一下。
- 相较于实拍类视频，脚本对于动画类视频更重要，甚至可以说是刚需。因为绘画对现实物理世界的改造再呈现更加自由，运用不同的构图和表现手法可以带来非常不同的视觉感受。所以，为了保证最终呈现的效果最佳，需要提前设计好大致分镜。
- 分镜头脚本不只是简单画两笔，它需要镜头语言方面的造诣和对表现内容的充分理解。所以分镜头是一个专业的行当，专门安排一个人来研究、思考、推敲一点也不过分。这也是"分镜师"在动画制作中作为独立职能出现的原因。

- 画面风格不同，画师主要使用的软件也不同。但实际情况是，很多画师做不到熟练掌握多种绘画软件，所以需要在招聘前明确你要做的账号主要依靠哪个软件。这个问题会在后面的章节具体介绍。关于画师的人数，根据经验，我建议对于一个1～3日一更的账号来说，最好匹配2个画师。
- 在实拍中，多数情况下，演员在录制过程中同期收声；但在动画中则不能，需要在动画制作前由配音人员配音。
- 制作动画类和实拍类视频需要的导演，在具备的底层知识和技能方面也许相近，但在具体操作指导方面要做的事情还是很不一样的，所以应区分这两类人才。制作动画类视频时需要"动画导演"，这是一个独立的岗位。

3.成本有限的情况下强烈推荐的精简阵容

按照上面的说法，这样一个团队需要的工种有7个或8个，有的工种还需要不只1个人。也许你会说：早期创业不打算养这么多人，有没有更精简的人员方案呢？

答案当然是有。**上面介绍的只是理想状态下的阵容，但多数团队都会在这个基础上灵活减员**，包括我们自己曾经所在的团队，也没有选择配齐。

用精打细算的方式考虑，我推荐的"精简阵容"如下。

1）实拍方向（共4人）

1个相对成熟的编导（编剧、导演二合一）+1个有后期制作能力的摄像师+1个有潜质走红的主演+1个有管理者素质的运营人员。

如果实拍账号需要多个演员，那么可以先让团队内其他人员尝试参演，如果效果不佳，或者需要多个有戏、能红的演员，那还需再招人。

2）动画方向

1个相对成熟的编导（"编"是主要的，"导"很难要求其专业，但好在新媒体动画要求并不那么高）+2个画师（其中至少1人最好能够自学分镜基础）+1个动画师+1个有管理者素质的运营人员；

至于配音，可以在团队中寻找声音素质和表现能力比较好的成员，由其来"兼职"这项工作。很多时候，自己的团队因为对故事更了解、对作品更上心，所以配音的效果要比配音公司的还要好。

此外，针对实拍和动画的精简方案，再统一做几点说明。

- "精简阵容"的核心思路在于让团队中的每个人都可以同时承担多种职能，所以如果团队中有能人，这个阵容还可以再简化，甚至可以由你一个人全"包圆"。只是这样的能人是少之又少的。**一个人长期负荷太多职能也会影响其持续性。**所以这个方案虽然不是最简方案，却是对大多数团队最容易稳定执行的。
- 这个方案中减的只是人数，要做的事情是没有打折的。不管用多少人，这个团队还是要执行前文提到的全部环节。而如果你发现自己的小团队中有人在做多件事时要么管理不好，效率不高，要么会损伤质量，那么要么换人、要么加人，保证每件事情能被良好完成才是第一位的。
- 这些人物画像是根据目前人才市场的常见情况设定的。按照这个写招聘需求能更容易招到对口的人才。如果你的导演不会编剧但会摄像，而团队里又刚好有个运营人员会剪辑，那当然也没问题。在能够整体完成所有事项的前提下，具体每个人怎么分工都是灵活的。

2.1.2 理想情况下的泛短视频团队具备的要素

在本节，我们会介绍一些经验之谈。

在我经营泛短视频团队五年多时间里，深刻感受到招到人只是第一步，真的要用好人，仍然是个不容马虎的大问题。"用好人"，既意味着要选择一些"好的""对的"人员，也意味着要把他们"用好"，使他们人尽其才，并在项目中成长。

"用好人"涉及许多管理学的知识，这和你做其他行业差不多，我们不去赘述。在本节，我们只针对泛短视频创业中，团队方面要注意的事项说一说，其中有一些是我在行业内时常见到的，有一些甚至直接是我们自己踩过的坑，希望能够帮到你。

1.管理者和运营者一定要成熟理智

自媒体视频还是一个比较新的事物，所以团队整体上还是会年轻一些。**但团队中的管理者及运营者，还是需要老到一些，岁数不见得要多大，但**

第2章 硬桥硬马，培实筑基——泛短视频创富绕不过的"准备工作"

思想一定要成熟一些。

这是为什么呢？

对于管理者和运营者，一方面，带兵打仗需要的是稳重的性格、谨慎的盘算，如此才能做到对内服众；另一方面，新媒体从属于复杂的传媒大网络，管理者和运营者需要外联许多社会关系和外部资源，如果不够成熟理智，很难平和、从容地处理那些错综复杂的情况。

举一个我们兄弟公司曾经吃亏的例子，大家就更容易理解上面这段话了。

在开始做抖音的时候，兄弟公司从国内某知名短视频自媒体核心团队挖了一个成员来做运营总监。这个人是一个十分优秀的内容型人才，不光能编、能导、能演，还能做点设计。

到了新的团队之后，他的工作状态也非常积极，在内容方面的好点子层出不穷。但是在他的领导下，兄弟公司的三个账号做了半年多都没有太大的起色，数据最好的一个也不过拥有18万个粉丝。

于是这家公司的老板请我给点建议。通过与这个运营总监在内的运营团队深度接触，并观察了两周他们的运营行为，我们得出了以下判断。

这位运营总监是内容出身，虽然在原来的团队中也作为运营部门的主力存在，但主要负责的不是运营本身，而是创作能够帮助运营的好内容。因此在他身上存在两个特点。

第一，他对运营的理解几乎等同于做内容，为了做好数据去写好内容，如果数据不好，那就更加拼命地写好内容。他经营的每个号都是"疯狂创作，佛系运营"，既不做宣传引流，也从不购买DOU+（抖音官方的视频推广产品）。当账号遇到了瓶颈，他只会去考虑要不要换选题方向、要不要换演员、把视频做长还是做短，却从不和平台沟通账号权限是否有问题。

第二，他对于自己所统管的团队也几乎只有内容方面的要求。稿子好不好、镜头正不正、剪辑合不合理、音乐过不过关……这些问题构成了他几乎全部的工作关注点；而对团队的职业素养、凝聚力、纪律性、持续提升则很少关注。这导致工作了半年，团队的做事风格基本上还是凭着天赋和感觉"盲打"。

第一点暴露了这位总监作为运营者不成熟的地方，第二点暴露了作为管理者不成熟的地方，导致的问题就显而易见了。

2.产品思维和运营思维应该是所有人的共同认知

在你所搭建的新媒体团队中，有的成员成熟老成、有的成员年轻活跃；有的成员负责编导、有的成员负责剪辑……有管理经验的人都知道，这样的团队带起来是很麻烦的。

一般团队成员中除了各自的个性外，还要具有一些共性，如此大家在具体决策的过程中才更容易达成共识、一致行动，管理也更容易见效。

在我们推荐的这套泛短视频创业团队的架构中，产品思维和运营思维就是这样的"共识性要素"，最好可以让团队中的每一个人都或多或少具备一些。

产品思维，就是从产品的角度来看待所做的账号，而不是将其视为一个基于自己爱好随意产生的东西。产品思维的具体要求有很多，但有几条是最基础的。

- 明白这个账号是为特定人群打造的。深入了解这一人群的诉求，然后让他们的诉求在这个账号的基础设定、内容、运营等方面尽量得到满足。
- 保证这个账号可以稳定输出价值，让用户在足够长的时间中养成习惯、形成依赖。不要一味追求精致而破坏持续性，因为高频、稳定、持久要比片面地追求质量更重要。
- 掌握迭代思维。不求一步到位，而是把大任务拆分成一个个成本可控的小任务抛到人群中试验真实效果，有效就扩大，无效试错成本也不高，就这样实现"小步快跑"。

运营思维，就是懂得以数据为重要依据，想明白怎么能够用产品经营好目标受众的好感度。我们也罗列几条基础的要求。

- 要尊重数据，并以实现更好的数据为导向。当大家有各自主观意见的时候，通过理性分析数据得出指导意见。
- 要接受"受众就是上帝""一切为了受众"的思路，充分考虑受众的感受，并学会根据他们的意愿指导自己的行为。当然这并不是让创作者放弃自我，只是要学会尊重受众，不能"自嗨"。
- 了解这个产品是公司消耗成本做出来的，所以背后一定要实现一个特定的目标（变现或做出影响），这些是不以主观意志为转移的，由不得任性。

总之，视频团队中没有产品经理，也不是所有人都是运营，但大家都要从产品经理和运营的角度来看待工作、判断自己要做什么。

3.提前约束演员去留,利益分配先行

公司辛辛苦苦培养起来的达人,有了流量和名气之后被别家挖脚——这背后是一个个无比现实的故事,情节大同小异,无不痛彻心扉。

对达人而言,他带不走的只有原来的账号,但自己这张脸就是号召力,另立山头很快也能成长起来;对公司而言,虽然能够留下那个账号,但失去了核心的那名演员,想要继续维系这群粉丝是无比困难的。

也许你会说这些演员和公司之间都有合同约束,但事实上这道防线几乎起不到实际作用。比起艺人经济约,劳动合同在生效期限和违约赔偿方面的限制力度更是有限,顶多说好如若在合同期满前解约产生多少违约金。

但事实上,这样的约束对因个人原因提前离职的达人还有一些约束力,但对于那因价值巨大而被别人挖走的大 KOL 来说就没什么用了,一般挖走他的下家都会替他缴纳这些违约金。

对于这类屡见不鲜的情况,其实目前行业内也没有什么特别好的规避办法。也正因如此,所以大家更要慎重对待!这里有几条建议。

第一,**一定在起号之前或早期就把关键演员的协议落实清楚**。虽说这样做在事情真正发生的时候仍然无法阻止,但这也许是能做的为数不多的事了。

第二,**开诚布公地和关键演员谈好利益分配原则**。如果你的团队刚刚开始创业,还没有资本开出相对优厚的条件,那也要把目前能给的有限条件明明白白说好,然后再对未来随着增长能够给出的可能条件谈一下。安定人心的事情,一定要早早讲清楚,不要让人因为不清不楚在心里无端犯嘀咕。

第三,**如果行有余力,可以重视一下动画号**,毕竟虚拟形象只要版权属于你,就没法被别人抢走。除了单独制作独立的账号之外,也可以在产出实拍类大号后,给当红的达人配套复制一个动画版,然后将动画形象申请版权。这样即便达人解约了,这个动画形象和动画账号仍然会属于你,之后换个声线类似的配音人员,仍然可以运营。

好的团队与糟糕的团队对比如下图所示。

好了,接下来我们将正式进入常规意义的"基本功"部分,即很多新手比较纠结苦恼的制作部分。**在许多泛短视频制作书籍中,会将这一部分放在"定位"或"选题"之后来讲,但我并没有这样编排。**

为什么呢?

首先，制作是一门厚积薄发的功夫，单纯靠一章通识内容能讲出的只是皮毛，真的制作原则和技巧还是要花精力特别学习、花时间积累总结。既然篇幅怎么都不够，就不必那么煞有介事地占去一大章讲些大而无当的东西，倒不如在这里挑点核心的小技巧分享出来。

这些技巧不是从纸上抄来的，而是我在五年多的时间中通过实践总结出来的。 快速掌握这些技巧，对于新入门者在前期短暂应付基础制作以及团队管理者指导把关专人的制作是比较实用的。

其次，作为专业从业者，我由衷建议每个新入门的朋友都可以意识到，这些枯燥的制作知识在我们接下来的泛短视频创富征途中，扮演的更多是具有支撑性的基本功的角色。

对于这部分内容，我们应该尽量在入行的时候就开始留心学习储备、藏器于身。如果将它放在"定位""选题"之后介绍，很容易让人把它当作一个程式化的流程环节来对待，长期来看，这是很不利的。

明确了这两点，我们就具体来看接下来的内容吧。

2.2 文案策划：新手靠灵感，高手用套路

策划是内容创作的第一步。把策划好的内容落在纸面上、拆成不同的镜头、标注每个镜头的时长和细节就是创作脚本。

注意，这里我用的词是"策划"，而不是"创意"。

所谓"策划"，单从字面分析就知道它是个需要苦心孤诣、良久谋划的苦差事，**专业的内容策划人员在得出一个看似天马行空的好想法之前，总会经历一系列理性的调研、分析与计算。**

提到"创意"，人们总会认为它是靠灵感完成的工作，但事实上，对于经过规范训练的人来说，**灵感在真正的内容创作中顶多占5%。所以内容营销圈有个原则叫作"理性创作"**，注解它的是另一句营销圈耳熟能详的话：靠灵感写作的营销人不是营销人。

接下来我们就来看一看几个职业内容营销人常用的"套路"。

2.2.1 通过"读人模型"理解人性

其实这一条讲的是"洞察人性"。**我们判断一个内容好不好，看的不是它用了什么新套路、写了多密集的段子，而是要看它是否迎合并巧妙地利用了人性的规律。**

比如：在受众郁闷的时候，你的内容打开了他们发泄的口子；在受众愤怒的时候，你的内容替他们解气；在受众选择困难的时候，你的内容给了他们简洁有效的建议……总之饥送粮、寒送衣，按照人性的规律想到办法，让受众感到舒坦、痛快。

人性千变万化，没有谁能用简单的方式全面概括，但作为基础的思维引导，极富创造力的人们还是归纳出了一些清单或口诀。据此，营销人员可以整理出自己常用的列表或模型，我们称之为"读人模型"。每到需要结合人性思考时就可以逐条比对。

很多时候，有的团队甚至会做出好几个这样的模型。比如，我们就会为了清晰好记，按照底层的弱点、正向的价值、心理学中的一些"效应"分别归纳了A、B、C三套"读人模型"。现在我们就以模型A为例介绍一下，大家理解后，可以归纳适合自己的小工具。

在模型A中，主要有7条内容。博学多才的人也许一眼就能看出它的出处。其实你也可以用类似的方式，从许多前人归纳过的成说当中吸纳有价值的部分，并与营销相关联。

1. 懒惰

几年前，在长视频占据山头的时候短视频仍然能异军突起，某种程度上正是得益于人的懒惰——**我们本能地渴望和需求一种花费更少时间与精力就能获得信息的窗口**。既然泛短视频平台上聚集的大多受众是这样的，那么我们在规划内容的时候就必须善于利用这一点。

把复杂的道理翻译成简单的话，让受众不用阅读就初步了解一个知识；把剧情冲突和反转在更短的时间内集中体现，让受众几分钟就体验到"爽感"；做盘点型的账号，让受众通过一个视频就能同时了解多个相关信息；做影视速看或者图书精读，让受众省时省力地领略其中的精彩……这些都是应用方面的实例。

2. 傲慢

人会因为一些比别人有优势的事情，或一种比别人有优势的错觉而产生一些优越感。这种优越感根据程度和攻击性的不同，可以是"骄傲"，也可以是"傲慢"。**但无论是哪种，都体现出把自己和他人区分开来，并强调对自己的欣赏。**

于是在泛短视频策划中，我们可以为受众所在的圈层进行优越感的塑造，比如"只有广告人才看得懂的梗""外行才问对不对，营销人只问做不做"；也可以把这一心态应用在消费导向的视频内容中，强调购买产品后将获得超越常人的优势，比如"30天学会这门技术，让你的同事望尘莫及"。

3. 愤怒

喜怒哀乐是人类的四种基础情绪。在生活中我们常会被一些场景和现象惹怒，可能会陷入冲动，做出许多反常的事。此时，我们也需要人来安慰或者帮我们出气，对于这些我们会报以好感。

所以在泛短视频策划中，**我们最常用的是把一些有代表性的"公愤"行为作为"靶子"**，然后用故事或道理反驳它、攻击它，这时在评论中就会大面积地出现"引起极度舒适"等字样。在2.2.2节我们介绍的"公愤共鸣"指的就是这个。

当然，还有一种方法，就是把让人愤怒的事情本身如实讲述、呈现出来，比如"某高官贪腐""某名人公开地域歧视""校园食品安全出问题"，然后引发许多人的义愤。一般情况下，这类内容的评论量会比较高，但我们一般不会使用也不鼓励大家使用这种方法。一方面，我们不是媒体，很难获知事情真相如何；另一方面，无端掀起人们的负面情绪也不是一件好事。

4.妒忌

与傲慢对应，妒忌也会将自己和他人对立，只不过此时会认为他人是优越的一方。这时一般会产生两种心态：一种是希望对方不好，让自己在心态上平衡一点；另一种是希望自己靠近对方，缩小两者的差距。

一般来说，我们常用的还是后者。可以运用所谓"明星效应"，给予受众一个缩小他们和明星之间差距的办法："连××都说好，你怎么能不用？""做好这几件事，××也为你鼓掌。"或者用身边的潜在竞争者作"靶子"，激发受众的行动力："你的同事都在学，你怎么还能坐得住？""做好这件事，让同事刮目相看。"

而至于前者，我们不提倡这种引导人们走向偏激的行为，故不作讨论。

5.贪婪

能够帮助受众增加财富、提升地位，或省钱得便宜的信息，只要有道理，通常都还是比较受欢迎的。所以我们会在抖音上时常看到各种"省钱小妙招""性价比好物推荐"视频，虽然制作粗糙，却还是很有人气。

同时，在文案、标题上明确点出利益点，也能大大提高受众的好奇心。比如，我们原来孵化过一个讲职场的账号，在发现前几期数据平平后，我们把账号签名改成了"据说90%今年升职加薪的人都关注了我"，结果粉丝涨幅有了明显改善；而我们见势不错，随即推出了一期名为"当了两年'老黄牛'，老板为什么不给我涨薪"的视频，更直接成为这个账号的第一个小爆款。

6.好色

其实在营销当中我们可以把"好色"这个概念延展得更宽泛一些：**一切对于好看的乃至其他在听觉上给我们带来愉悦的事物的追求都可以涵盖在内。**

用更有观众缘的演员、更精致的场景、更美好的配色、更时尚的造型、更酷炫的包装、更好听的音乐……这些虽然是形式，对于泛短视频来说却是十分重要的。对于好的策划来说，不但要想清楚内容，而且要对这一期视频可以在哪些形式点上进行优化、优化后可以带来多大程度的加分进行预判。所以我们会发现抖音上有"刀小刀"这种视频谈不上有什么内容，却因为极端养眼而火爆的账号。

7.贪吃

"好色"讲的是好看和好听，而"贪吃"讲的是好吃。口腹之欲对于人们的吸引力并不亚于异性。

这一点对泛短视频策划的启示在于：第一，策划美食类内容会具有先天的吸引力优势；第二，在写台词、找话题等方面，可以尝试采用与吃相关的场景或说法，更容易引起共情、打开不同人群的共同话题。

现在我们可以拿起手机，搜索几个账号——"奇妙博物馆""动物启示录""人生回答机"。随便点开某个账号中的一个视频，你都会被故事吸引，甚至产生与视频内容相同的情绪。**究其原因，就是你感受到了以上情绪的某一种，而这些情绪中，有些是你经历过的，有些是你希望去经历的。**

这几个账号的创作者通过对人性的了解，找到了大多数容易产生"共情"的点，从这些点出发去进行内容创作，再选取"大多数人"都熟悉的场景填入视频，如亲情场景、恋爱场景、高考场景……然后再通过巧妙的反转、美好的故事结局来完成你对这个世界美好的期望。这一系列足以让你喜欢上这个账号的内容，并且愿意成为一名"追剧"的粉丝。

当然，这些只是简短的说明和举例。这么写主要是想让大家明白人性洞察与泛短视频营销之间的关系。事实上在真实内容的策划运用中，这样基础的运用显然是不够的，还是应该想办法在这个基础上做出变体、化用无形。

此外，人性也并不都是这些"劣根性"，**我们也有爱意、同情、鼓励、公义、理想这些"正能量"的一面，所以我们还有其他模型。**

只是人性的缺点会更顽固，也更普遍地存在于各类人群中，对于新人做洞察练习来说更好上手，所以我们这里先为大家展示模型A。

不过大家在找到手感、运用熟练后，一定要记得：除了这些，人性还有许多面值得我们挖掘和思索。

2.2.2 通过四种共鸣调动受众冲动

共鸣是让内容引导受众行动的桥梁。认同，是共鸣的前提。一方面，得不到认同，内容对受众的影响就没法继续；另一方面，人是感性动物，获得受众情感上的认同也更容易提升使其行动的概率。

所以在本节我们来介绍四种非常好用的共鸣类型。

1.同理共鸣，打的是"痛点"

我们最常规理解的"共鸣"一般就是指的"同理共鸣"，即你说的这种情况我深有体会。

被老板拖欠工资、被家长催婚、失恋后浑浑噩噩、因不擅长表达而沦为"小透明"……这些"痛点"即便过去了也还是会给我们留下记忆。这时如果有人重现了类似的情节或让我们回忆起了当时的心境，我们就很容易把自己代入，在别人的故事上叠加自己的体会，于是就会对这样的内容分外有感觉。

2.公愤共鸣，打的是"怒点"

这种共鸣就是 2.2.1 节介绍过的善用人性"愤怒"特点而产生的结果。对许多人公认的可恨、可气的现象进行调侃、抨击，共鸣的效果一般不会差。

3.同槽共鸣，打的是"槽点"

一项职场调研显示，在一起吐槽老板可以迅速拉近办公室同事之间的距离。这是因为我们每个人的内心都渴望别人能够理解、同情自己所遭遇的委屈。同槽共鸣就是基于这种心态。

所谓"同槽共鸣"，是指我一直特别想要吐槽一件事，如男友的谜之审美，或随着你回家日久，你母亲对你态度的 180°转变，结果你帮我吐槽出来了，还吐槽得特别精彩，这种情况我肯定要给你叫个好。

这种共鸣的原理与"公愤共鸣"类似，却远没有那么沉重和明显，所以也常被内容策划者所忽略。 但如果你能够发现生活细微处的槽点并把它精准地抛出来，那你的内容将会带来极度舒适且新奇的体验——如果你常看《吐槽大会》应该会深有体会。

4.幻想共鸣，打的是"痒点"

在四种共鸣中，这一种是最特殊的：首先，因为如果不说，很多人自己是想不到这种共鸣的；其次，因为这是唯一一种共鸣对象不是从生活经历中得来的共鸣。

"幻想共鸣"主要是指你有一个美好的幻想，但在现实生活中极难实现，**久久求而不得，于是在内心中无比渴望**。这时出现一个作品，把你想象的这种美好演了出来，让剧中的主人公帮你完成了这一梦想。这时，虽然你知道这一切都不是真的，却也会深深动容。青春爱情剧就是把这一手法运用到极致的体现，所以备受年轻人的热爱。

好了，原理基本就是这些了，听起来并没有多难，但事实上那些创作内容能够打动好多人的高手所用的也离不开这几招。

我们总以为高手和普通人存在差距主要是因为高手掌握了更多十分复杂的招式，于是总觉得教程写得越是天花乱坠就越专业。但实际上，高手所用的招式并不一定有多特别，他们出手之所以和普通人不一样，主要得益于常年练就的"内功"。

打造良好共鸣效果的"内功"主要体现在对生活足够细致的观察和对现象足够精准的描述上。能够带来共鸣的生活体验一定是多数人都经历过的，但是高手就知道在这些稀松平常的事情中有哪些是值得提炼的、提炼后怎么加工，然后用怎样的情感和形式把它们顺着人性的规律呈现出来。

我是文学专业出身的，上学时我的导师从我们提交的故事习作中发现我们"写什么人物都像个学生"，于是给我们布置了一个为期半年的训练：每周我们都要带着录音笔去市场、公园、操场等人群聚集的地方转两小时，录下形形色色的人所讲的话，然后回到屋里听写出来，仔细体会。

在这一过程中，我渐渐发现了不同职业、不同场合、不同年龄的人在不同情绪之下讲话的区别。虽然说的都是中文，但他们所使用的词汇、口头禅、语气助词真的很不一样。这让我切身感受到了观察生活是如何知易行难，而它对内容创作而言又有多么重要。

这一认知后来也被我带到了一线工作中。我会要求团队中每一位策划同事进行各种生活体察与共鸣打磨的训练，并强制要求在每一个作品中去体现至少一种共鸣点。这些年来，我们的作品广受大家喜爱，与这方面的努力是密不可分的。

2.2.3 通过两个工具掌握剧情型视频的内容创作

尤瓦尔·赫拉利的《人类简史》讲了一个观点：**智人之所以能够区别于此前各类人种，发展出极高的文明水平并最终称霸地球，得益于其领悟了讲故事**

的能力。我们的祖先靠讲故事彼此沟通，沟通内容不必局限在此时此刻正在发生的事情，并用共同认可的故事凝聚团队，摆脱了对物质利益的绝对依赖。所以对于早期的人类而言，故事也是生产力，人类就这样一步步发展起来了。

所以可以说，听故事的习惯应该是人类潜藏在基因与血脉中的一个特点，不同地域、不同民族、不同教育水平的人的认知习惯会有很大区别，但对于听故事一般都还是愿意接受的。

于是就容易理解为什么抖音上剧情号会那么火。至于B站上，剧情型视频虽然没有讲述型视频那么强势，但也并不少。此外，B站正在热推的特色题材"互动视频"，对于剧情的需求也很大，比如百万级UP主"打泥泥"就靠高超的剧情构思配合互动的新颖体验，收获了现在的影响力。

因此可以说，学会讲故事是泛短视频领域"通杀"的一个绝招。

关于剧情型视频的故事怎么写，具体涉及极其极多的理论、原则和技巧。如果你想在内容创作方面成为高手，对于小说写作与编剧技巧的成体系学习是必不可少的。但本节，为了方便大家感受，并解决一些初级需求，我还是会介绍两个实用、好上手的小工具。

1.剧情公式

是的，写故事也可以套用公式。我们熟悉的好莱坞、TVB（香港电视广播公司），都是以编剧和制作的"标准化"著称的。他们会在各方面总结一些行之有效的"套路"并固定下来，在快速产出作品的同时，也尽可能地将作品质量稳定在及格线以上。

这样的做法随着成功作品的逐渐增多而获得了行业越来越多的关注。于是许多内容创作者也纷纷根据自己的阅历、经验整理一些套路出来。接下来介绍的这条公式就是国内一位资深的编剧总结的。

这位前辈是我导师的朋友，在我上学时曾与我有"半师之谊"。从那之后我们常在私下探讨问题，于是一来二去，他也就和我分享了不少他的心得，其中就包括这个公式。

后来正式从事内容营销工作后，我把这条公式引入了团队人员的工作方法之中，几年来确实帮助我们创作了许多有趣的商业及自媒体泛短视频内容。所以写到本章的时候，我也特意征求了这位前辈的同意，与大家分享。这条公式是这样的：

初始状态—打破稳态—努力克服（多次）—暂时失败（多次）—关键转折—最终状态。

下面拆分来讲这个公式，为方便大家理解，我会以我过去参与创作的一个相亲故事（以下简称为《相亲》）来举例。这个故事的梗概如下：

主人公是一位单身多年的职场女性，她实在拗不过母亲的催婚，但鉴于过去失败的感情经历，始终无法自信地面对相亲，于是寻求一位擅长恋爱之道的朋友的帮助。

在朋友的指导下，她先后接触了一个不修边幅的"奇葩男"，以及一个表面体贴、帅气但本质花心不堪的"魅力男"。在这两段啼笑皆非、一地鸡毛的"闹剧"中，主人公身心俱疲。

就在想要放弃的时候，她看到了自己的老领导出嫁的消息。这位领导由于性格严苛、不近人情且多年单身，大家都认为她是不会和爱情产生任何关联的，没想到她不声不响地搞出了这么一个"大新闻"——这深深震撼了主人公。

借助这个转折点，朋友鼓励她重拾信心，并换个角度思考爱情的方向：有的爱情不靠外求，也许它早就在你身边。这样的思考让主人公逐渐留意到，原来一直有一个暖心的同事在自己身边嘘寒问暖，她却从未在意……

最后，主人公准备珍惜眼前人，而这一次，无论对爱情还是对自己，她都已经有了全新的理解了。

好了，记住这个故事。下面就紧贴着这些情节正式开始讲解"剧情公式"的每一部分。

1）初始状态

交代主人公身份、性格和基本处境。无论是用一个小情节还是一段话，这里一定要把主人公的性格立住。因为在一个好的故事中，主人公的一系列遭遇多少要有一些是由其性格决定的。

在《相亲》中，通过从开头到她和母亲啼笑皆非的互动，快速明确了主人公琳达是一位到了适婚年龄的职业女性，性格独立、事业为重，内心住着个"戏精"，性格粗放中带有细腻的一面。

2）打破稳态

关键问题出现，使主人公原本稳定的生活状态被打破，于是其不得不想办法解决问题，以找到新的平衡。

在《相亲》中，母亲的话使主人公原本以事业为重、暂不考虑感情问题的稳态难以为继，于是不得不转向擅长恋爱的朋友寻求帮助。

3）努力克服、暂时失败

这里要让主人公（当然其也可以有同伴）做出具体努力，但都以失败收尾。通常一个回合是不够的，最好安排主人公可以经历 2～3 次循环，每次刚看到一点希望结果又失败了。在这个过程中要着重运用反转技巧，让惊喜与失落频繁交替，吊足受众的胃口。同时要让最后一次失败从最接近成功的位置点上跌落。

在《相亲》中，这部分对应的是主人公与两个相亲对象的两段遭遇："奇葩男"的起点比较低，从出场就基本可以知道他不是良配；但"魅力男"则不同，无论是他的外形、谈吐还是两个人的升温状态，都会让受众跟着主人公一起期待起来，然而就在这时突然曝出他的"渣男"行径，一个大反转直接让进度跌到谷底。

4）关键转折

在最为绝望之际，要出现一个新情况，使主人公发生关键变化并重新振作，进而使故事的走向出现一个大转折。这件事可以是其获得了一个信息、体验了一件事情，或受到了谁的劝告；它也许来自外部，但主人公自身却必须对它做出改变，并通过自己的努力去解决问题。

如果主人公不能自己解决问题，就会成为一个"工具人"，故事就会失去魅力。比如《西游记》中，取经路上唐僧师徒好几次都遇到了妖怪太强、孙悟空都搞不定的情况，于是最终靠请救兵来解决：太上老君、观音菩萨、托塔天王、昴日星官……这时，受众的情绪已经随着剧情推到顶点，却发现推动关键解决问题的并不是主人公，而是一个之前从没预料过会在这里出现的什么人，受众的期待之情难免会受到影响。

在我们的《相亲》中，朋友引导主人公去看老领导的恋爱公告就是关键转折，这背后的道理深深启发了主人公，并让她重新燃起了希望。

5）最终状态

这部分即故事的结局，但我的前辈坚持用"最终状态"来描述，是有深意的。一般故事进行到此处，问题应该会被主人公解决，但我的前辈认为现代的观众越来越不喜欢理所当然的发展，而主人公在关键转折后全力一击一定会迎来成功，就是一种典型的"理所当然"，所以不该进行这样的设定。

也就是说，在故事的结尾，主人公在故事任务的执行上可能仍然是失败的；

但作为一个完整的故事，其在重新达到"新稳态"这个层面一定要是成功的。 那么不做成主人公本来要做成的事情，其要怎么实现"新稳态"呢？答案是靠主人公状态的转变，在内心上与他人、与过去的自己实现了和解。

所以这一部分最重要的是展现出主人公不同于故事开始时的新状态。是的，新状态，一定不要让主人公的性格、思想从头到尾一成不变，要让其先前坚固的、持续影响着前面剧情的这些东西坍塌（至少是局部坍塌），这样才是一个有推进的故事。

在《相亲》中，主人公最后接受了默默守护她的同事的好意，换了一种更加柔和的眼光来看待这个习以为常、熟视无睹的同事，虽然没有讲他们是否真的能够成功走到一起，但无疑她已不再处于故事开始时那个状态了。

2.故事航线图

上文介绍的公式是我们构思剧情时要用的，那构思完我们就要动笔了吗？

错，这样大概率会写出一个生拼硬凑、缺乏感染力的作品。因为你还没有把受众的情绪设计进去。**我们要对着一个东西，像画设计草图一样把该考虑的故事要素靠着理性（是的，你没看错）预先布置进去。**

在常规的文章写作中，起到这一作用的是提纲。但对于一个故事的创作来说，只写出提纲是不够的，它只能解决我们对表意先后的构思，而情感、共鸣这些则放不进去。因此，我们还需要一个功能更强大的"升级版"，这就是故事航线图。

为了一目了然，我把《相亲》的故事航线图贴出来，如下图所示。

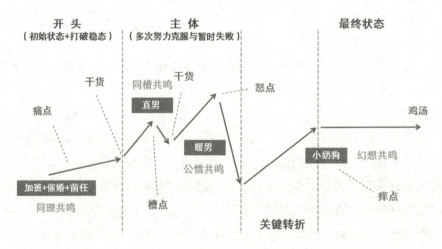

通过这张图我们应该不难理解为什么要称其为"航线图"了。**因它和航海时的航线图一样,都是从一个起点出发去往一个终点,但这两者之间却是曲折的曲线。**

在实际航海中,因为暗礁、岛屿、补给等情况,虽然起点与终点在一开始就确定了,却不能直接画出一条线段顺着走,要充分考虑上述因素来安排实际的线路。而在剧情内容创作的时候也是同样,只是中间制约航线的是人性的特点和人类的认知习惯。

一般来说,故事的爆点、共鸣、架构都是要体现在航线图中的,此外还要有情绪和其他补充信息。所谓"山川常在掌中瞧",故事航线图就是可以把这么多复杂信息整理在一起方便规划设计的道具。

一般来讲,绘制故事航线图分成这样几个步骤:定结构、画走势、埋爆点、写剧情。 下面我们仍然结合《相亲》来讲解一下,还原这个故事创作时的情景。

1) 定结构

这一步就是设计故事结构,要么用哪种剧情公式、创作模型,要么自己来设计,总之要得到一个提纲。

在《相亲》中,采用的结构比较简单:使用我的前辈的那个剧情公式做主架构,然后在中间"努力克服—暂时失败"部分采用"三段式",即让性质类似的情节(接触相处对象)出现三次。

"三段式"属于"分段展开",除此之外,我们常用的还有"线性展开",即按照时间顺序,在一条故事线上往下推进,然后不断反转、反转、反转;或者选用"平行展开",让两个以上主角各带一条故事线,两条线暗自呼应,然后在合适的时候交叉合并……很显然,在这个主线为"相亲"的故事中,展现多种情况会好一点。

2) 画走势

第一步的工作相当于拿到一个提纲,而第二步就是故事航线图比提纲多出来的部分了。在这一步,我们首先画了一条高低起伏的折线。**这既代表着剧情的走向,又代表着理想情况下受众观看这个故事时情绪的起落情况。**

做《相亲》的时候,考虑到这是一个戏精风格、乌龙不断的内容,受众在看的时候心情应该是频繁波动的,像坐过山车一样。于是我们结合故事架构画了如下图所示的一幅折线图。

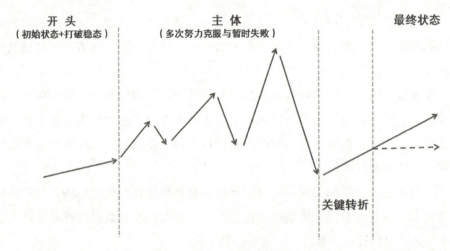

开头阶段（初始状态＋打破稳态）平缓上升；主体部分（多次努力克服与暂时失败）不断起伏，但最好一个比一个峰值高，最后一次达到最高潮，然后跌到故事最低谷；接着出现关键转折基调回升；最后收尾制造上扬的喜剧效果或平缓的回味效果，具体选哪个到时候再定。

3）埋爆点

第二步的工作类似于搭骨架，而第三步我们就要开始贴肉、往上丰富具体情节了吗？

不不不，先别急。俗话说"打断了骨头连着筋"，"架骨头"和"贴肉"之间还要有一道"造筋"的过程。**对于一个故事而言，爆点和共鸣就是这个"筋"，先把这些埋在相应的位置，剧情进展到这里的时候才能有力地打动受众。**

于是构思到这一步，我们进行了如下工作：首先，共鸣必须有，前文提到了四种共鸣，先看一看可以用几个。感觉和无厘头的恋爱主题关联哪个都不突兀，于是姑且先试着把四种共鸣全用上一遍。

公愤共鸣情感最强烈，所以全局最低谷可以配给它；同槽共鸣比较轻松，同时不乏刺激，可以将它放于小高潮；同理共鸣最普遍，可以贯穿始终，但故事开头必须让人看得下去，所以可以多安排一点过去；最后就只剩一个幻想共鸣了，看来看去结尾还没有安排，考虑到这是个积极向上的喜剧，所以用幻想升华一下也不错，所以就放在了结尾。

于是故事航线图变成了如下图所示的样子。

做完了这些，我们开始往里面预埋爆点。和四种共鸣配套的痛点、槽点、痒点和怒点肯定会有；在先前的受众分析中（是的，定结构只是开始构思的第一步，但在此之前还是有许多准备工作的），考虑到目标人群的知识水平比较高，应该会对一些知识感兴趣，所以还可以加入一些知识性的干货。放到哪里呢？见缝插针放到每次高潮前后的转折点吧。每个案例结束后总结一下也合情合理。

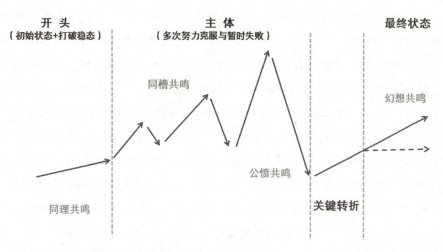

于是故事航线图进一步丰富，如下图所示。

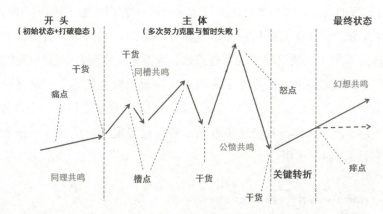

此外，我们还明确了搞笑风格、彩蛋细节和养成游戏等特色亮点，并争取到了热播IP《恋爱先生》的许可，使用其中的人物设定与音乐。把这些都算上，作品的这些"爆点"还是相当丰富的。但因为这些是要贯穿作品始终的，而不是特定出现在哪一处的，所以就没有体现在故事航线图上。

4）写剧情

前面的工作做完，才到了发挥想象力编故事的时候。

大家发现没有？我们很多时候都会认为剧情型视频的内容是靠感性和灵感

创作出来的,发挥想象力怎么精彩怎么来。

但事实上,**在职业的故事创作中,感性和灵感的发挥是建立在前面大量理性工作的基础上的:我们要像计算一样把故事的结构、情绪、爆点、共鸣统统设计进去,并尽可能地优化、提高它们产生好效果的可能性。**

于是这一步我们才开始具体构思《相亲》中各个阶段可以发生哪些具体的事情:用什么样的情节在开头就立住人设?是什么样的事件打破了原本的平衡?事情的关键解决思路是什么?让大家同槽、公愤、幻想的都是什么样的事情……

这一步我们以脑洞、自身经历及对生活的观察为主线,此外会从豆瓣小组、知乎、微博、论坛中听取一些单身女性的心声,渐渐搭建起现在大家看到的故事。

在这一步会涉及对前面几个步骤的微调,对于没有提前考虑清楚的或者存在更优新方案的地方重新校正。比如在《相亲》中,我们就在这一步取消了主体部分的一处高潮,因为时长有限,若结构太复杂,则精彩的部分没法展开。

但"三段式"确实是能把故事讲丰满的稳定结构,也符合看故事的人心态中的某种"仪式感",所以我们决定将第三个男性与结局部分合并。

先前我们在决定主体时曾列举过7种不同类型的男性,其中有一个年轻体贴的暖心同事的设定,因为该设定不符合最初设计的"同理""同槽"两点共鸣,所以没有入选。但在作为结尾对故事整体升华方面,它一下子变得格外合适起来:被美好、体贴、温柔又年轻的男性追求,对很多女性而言都是美好的体验吧。

于是关于结尾是平收还是扬上去的那个问题也顺便确定了:这样一个带有梦幻气质的结尾,留个开放结局,惹人无限遐想,无疑要比给出一个具体的"阖家欢"会更适合。这样,我们终于得到了前面已经展示过的成片所依靠的最终版故事航线图,如下图所示。

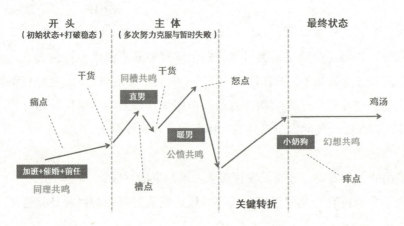

2.2.4　通过四条心得创作更成熟的讲述型视频类内容

剧情型视频的内容是靠行为、对白推动的，所以除了旁白式，文案往往不会贯穿始终，更多是作为对白出现的。而**讲述型视频则不同，在视频中，大多情况下文案会被配音，然后贯穿全片，表意、节奏都主要依靠文案。**

在泛短视频中，Vlog 和科普类、分析类、评价类内容常常为讲述型视频。从这些类型上不难知道，长视频会比短视频更擅长这些题材。不信你打开 B 站，首页上大多数应该都是这种视频。

这种视频文案的写作，一般按照自己的想法发挥就好，在内容不错的前提下，不求文笔多漂亮，只要逻辑清晰、表达有自己的风格就好。**不过在 1.3.1 节我们讲过，视频文案和普通文本又有不同，因此在文本写作的能力之外，我们还有注意一些事项。**接下来，我们就择其要点说说四条心得。

1. 根据语速估算整体字数

对于文本写作，我们限的是字数；对于视频制作，我们限的是时长。为了避免尽兴写完结果达不到或超出时长要求，我们要在写作前就对文案的字数做一个整体评估。

通常来说，对于不同的题材我们往往会用不同语速来配音，不同的配音语速又使得单分钟的文案字数不同。

我们正常和人聊天的语速一般是 250 ～ 270 字 / 分钟，250 字 / 分钟是慢条斯理、偶尔停顿时的语速，而 270 字 / 分钟是我们说至兴起、滔滔不绝时的语速。所以如果你要用和人聊天的口吻做解说配音，字数可以按照这个数值来估算。

但如果你要做一个节奏轻快的，类似《飞碟说》这样的科普，就要提高语速。但尽量不要超过 300 字 / 分钟，如果像说唱歌手玩"快嘴"，就算你说得清楚，受众也反应不来。我会建议按照 280 ～ 290 字 / 分钟的语速来写，尤其是在短视频中做科普，我们观看短视频时的耐性总会比长视频慢一些，所以就适合采用更快的节奏。

语速为 250 字 / 分钟以下的情况在自媒体泛短视频中出现得会比较少，因为互联网上的受众看视频不调倍速已经很够意思了。不过这种语速在制作宣传片，尤其是传统企业和政务单位那种"平缓沉稳"的宣传片时用得到，《舌尖上的中国》这种纪录片也用得到。一般将语速设置为200～220字/分钟，如果你有一期内容会模仿这种口吻来做，字数可以按照这个数值标准来估算。

2.强化关键词、逻辑词与连接词

我们前面讲述"听觉思维"时说过，视频的文案是用来听的，我们没法像读书一样自由决定在哪个点上停下来仔细分析一下文本的重点，或对前面错过的信息补看。**因此在视频配音文案中对关键的信息点、逻辑词与连接词做格外强调就至关重要**。务必使它们不会被轻易错过，否则会让观看者出现类似"什么冬梅啊""马什么梅啊"的疑惑（如下图所示）。

举个例子：

按照各类餐品在外卖平台的销售情况，比萨、汉堡的满减机制不变。新增加的炸鸡翅、炒年糕等品类，单次点餐超过80元可进行五折优惠。需注意：此优惠不能叠加抵用券。

这句话并没有语病，仔细读下来也不会特别难懂。但是如果你只能靠听来接收，配音一个字一个字地从头开始念，念到最后需要整整15秒，读完后你还能记清前5秒说了什么吗？如果这中间你又稍微走神了几秒钟，最后就可能只记得"比萨……汉堡……鸡翅……炒年糕……五折……"至于它们之间到底有什么关系就不清楚了。所以我们尝试这么修改：

按照各类餐品在外卖平台的销售情况，原定比萨、汉堡的满减机制不变。而/至于新增加的炸鸡翅、炒年糕等品类，在单次点餐超过80元的情况下，可进行五折优惠。但是需注意：此优惠不能叠加抵用券。

加入了一些逻辑词或方便让句子逻辑层次更加明显的词，就可以使人更容易理解这个句子：听到"而/至于"时，你很容易知道后面讲的和前面的内容不是同一件事了，即便前面走神了，也不影响对后面内容的理解；而听到"但是"时，你会本能地竖起耳朵听清楚接下来的一句，并知道它与前面内容的方向相反。

3.不要使用大长句

大长句对视频文案而言是"毒药"。因为如果一个句子太长，配音读了十多秒，受众听到宾语时早就忘记主语是什么了，这无疑是个悲剧。**所以在视频配音文案中，高手总是那些会写漂亮短句子的人，能用 10 个短句子表达，绝不使用 1 个长句子**。举个例子：

侠客提着他父亲传下的那把锈迹斑斑、卷刃缺牙，却浸染上百人鲜血、承载几代人荣耀的残剑，像鹞子一样从草丛中拔地而起、直跃而出。

这句话仍然没有语病，而且这样结构复杂的句子在文学写作中往往是功力的体现，所以很受一些写作者追捧。但这句话中关于残剑的描述多达 24 字（读下来大约要 6 秒钟），且把核心句的主谓宾拉开得格外远，所以一旦没有仔细听，就很容易搞不清楚是谁拔地而起——是剑吗？还是侠客？另外这个句子的重点在哪里？是说这把剑很厉害吗？

对于这些问题，可能你现在觉得有点过于低级，但是如果真的让你只能用耳朵去听，很可能也会被难倒。所以为了避免出现这种情况，我们把复杂的部分单独拆出来，做成几个主谓宾紧凑的短句子：

侠客提着他父亲传下的那把残剑，像鹞子一样从草丛中拔地而起、直跃而出。这把剑锈迹斑斑、卷刃缺牙，却浸染着上百人的鲜血、承载了几代人的荣耀。

4.写完的文案出声读两遍

这是一个特别好用的检查技巧。我们正常写作的习惯是默读，一般来讲，这还是可行的，因为我们的受众也是靠默读甚至扫读、跳读来接收这些信息的。

但是**视频的文案是通过配音呈现的，我们的耳朵要比眼睛更敏感，不光要求字没错误，句子的节奏、音律最好也要舒服**。太长太碎的句子一般听感就不好，多个字或标点换个位置，往往也决定着句子听着是否舒服。

但这种不是硬伤的事情主要在于一个感觉，光用眼睛看很难评判处理得是不是合适，所以只有读出来，让我们的耳朵感受一下舒不舒服。你认为的舒服与否，往往也代表着受众的感受。

另外，出声读也更容易找出被我们忽略的错字和病句。不同于默读时偶尔会把一些字句一带而过，出声读必然是字字过口、句句入耳的，有没有"硬伤"，耳朵会知道的。

2.3 脚本与分镜：赋予故事的第二次生命

"脚本"和"分镜"是两个我们日常相对陌生，却对视频行业至关重要的词汇。从严格意义上来讲，这两者不是并列关系，分镜实际是脚本中的一种。

脚本，简单来说，就是把视频接下来展开的一系列信息落在纸上的结果。对于这些信息，我们可以用文字来描述，称为**"文字脚本"**；同时对于镜头设计要求比较高的片子还会用草图示意，这种带草图的脚本就叫作**"分镜头脚本"**，简称"分镜"。

也许你听过"戏剧是表演的艺术，电影是导演的艺术"。没错，电影也是一种视频，视频和戏剧最大的不同在于，观众并非在现场直接观看演员表演，他们接受的其实是经过镜头设计和剪辑加工的成片。而其中每个环节的不同处理，都可以传达截然不同的思想。可以说，这里每个环节都是继文案策划之后，导演的再表达。

而对这些再表达的设计，是从脚本环节开始的。所以说**脚本赋予了一个视频作品第二次生命**。如果在文案策划阶段有一些信息没有装进来，或者想要让视频拥有单靠文字很难描述清楚的某种风格，就可以用对应的镜头语言来补充。

所以这一环节至关重要。许多刚入泛短视频行业的人，在缺乏专业人员领路的情况下很容易跳过这一环节，写好了东西就直接随性地拍，没有镜头组织，也不会用镜头来表达，于是作品既混乱又单薄。

为了避免拿到本书的读者也因为这种情况走弯路，接下来就详细说说脚本。

2.3.1 文字脚本和分镜头脚本

文字脚本和分镜头脚本的区别主要在于后者有草图示意的部分。这一点区分的必要性在哪里呢？

视频是一种平行于文字的语言，它有自己的词汇，那就是镜头。脱离镜头是很难谈视频创作的。既然是词汇，就一定有表意的作用——不同的镜头之间的差别绝不仅仅是角度、远近的问题，其中还涉及所表达意思的不同。

这时候，如果视频表达的内容比较单纯（比如机位固定的颜艺视频、段子视频、知识分享等），就不需要太多的镜头表达介入，通过几个简单的直拍就可以实现了。这就好比去伦敦旅游，想去大英博物馆参观却找不到路，这时候你抓住一个路人，然后用地道的英语解释一下你的情况，当然可以解决问题；但如果你的英语确实不好，直接对着路人反复念叨"British Museum"，同时配合疑惑的表情和无奈的手势，八成也能达到目的。

但如果你的视频作品需要比较丰富的表达和相对精良的品质（比如微剧、有品质感的Vlog、动画内容等），就必须精准地使用一些镜头了。**不仅要决定是仰拍、俯拍还是斜拍，还要指定好角度、景别、构图。这时用语言是很难描述清晰的，只有画下来才能让除你之外的其他同事准确无误地了解。**

所以，这种情况就必须对具体的镜头知识进行一些相对"硬核"的掌握。这就好比想要和外国朋友讨论一部你非常喜爱的小说，这时大量的词汇和有序的表达就避无可避，达不到这种程度就只能"抓瞎"了。

目前自媒体视频中，这两种情况都很常见，因此要从这里入行，对于镜头的熟悉是无法回避的。关于镜头的基础表达在后文会讲，这里先给大家看下文字脚本和分镜头脚本的样子，这两个表格也是常用的创作工具，大家可以留下来之后用。

1.文字脚本

文字脚本如下图所示，相对比较简单。

镜头	旁白	画面描述	景别	镜头运动	音效	备注
1-1	想象一下：你正置身在一片黑暗之中……	黑色逐渐填满屏幕		固定		
1-2	这时的你，会怎样？	伴随配音逐字出现本句文案		固定		
2	面对原本熟悉的一切，你会突然变得畏畏缩缩、小心翼翼吗？	叠画转场，黑屏淡出：一只手摸索着在洗手台上寻找着什么，却不慎碰洒了几个瓶瓶罐罐	近景	固定	瓶罐跌倒声	主观镜头
3	还是随时防备着被突然出现的异物打断前行的步伐？	眨眼效果转场：上一镜头中一个瓶罐在地上，接着一只前行的脚刚好向它踩下	特写	固定	脚步声	
4		瞬间黑屏		固定	倒地声	

续表

镜头	旁白	画面描述	景别	镜头运动	音效	备注
5-1	这样的生活，一分钟已是难熬，更难想象终生不见光明的日子，将会是怎样的！	屏幕亮起：一个人眼睛被黑布蒙住，身后出现一个巨大的时钟	大特写——近景	拉	时钟指针声	伴随拉镜头，逐渐出现：被梦者的眼睛→人脸→人半身→时钟
5-2	但关于这些，我却无比清楚——因为我，正是中国1000多万盲人中的一个！	镜头继续拉，那个人的旁边开始出现众多被黑布蒙着眼睛的人。时钟消失，人群背后出现"1000w+"字样	中景	拉		

2.分镜头脚本

分镜头脚本如下图所示，比起文字脚本，分镜头脚本明显多出的是画面草稿和动效标示。

镜头	画面	文案	镜头运动	音效	备注
1-1		黑色逐渐填满屏幕	固定		
1-2		伴随配音逐字出现本句文案	固定		
2		叠画转场，黑屏淡出：一只手摸索着在洗手台上寻找着什么，却不慎碰洒了几个瓶瓶罐罐	固定	瓶罐跌倒声	
3		眨眼效果转场：上一镜头中一个瓶罐在地上，接着一只前行的脚刚好向它踩下	固定	脚步声	

第2章 硬桥硬马，培实筑基——泛短视频创富绕不过的"准备工作"

续表

镜头	画面	文案	镜头运动	音效	备注
4		瞬间黑屏	固定	倒地声	
5-1		屏幕亮起：一个人眼睛被黑布蒙住，身后出现一个巨大的时钟	拉	时钟指针声	伴随拉镜头，逐渐出现：被梦者的眼睛→人脸→人半身→时钟
5-2		镜头继续拉，那个人的旁边开始出现众多被黑布蒙着眼睛的人。时钟消失，人群背后出现"1000w+"字样	拉		

2.3.2 基本的镜头语言

本节介绍一些基本的镜头语言，可以分为"景别""角度"及其他常见应用技法。

1.景别

根据镜头（如果是动画，那请想象有个镜头）到画面主体之间距离的远近，分为不同景别。**镜头离主体越远，景别就越大，越适合表现场景环境；反之景别就越小，越适合表现人物**。将景别从大到小排列，我们可以分为**远景、全景、中景、近景、特写**几种。它们通常以画面中的人（如果没有人，就结合参照物想象一下如果这里有一个人，大概会是多大）作为参照，根据画面最下方框住的人的身体范围来界定。如下图所示。接下来依次介绍一下。

1）远景

镜头离人很远，远到人几乎只是很小的一个影子，这时画面的绝大多数都是场景，这就是远景。

远景的主要作用就是表现场景，许多电影开头交代故事发生的地点，就使用远景。

2）全景

在全景中，整个人从头到脚一般都要收在画面里来。但全景表现的重点仍然在于场景环境，以及人与环境、人与其他人之间的位置关系。

3）中景

一般来说，如果画面能够收入 2/3 个人（如果从上往下看，大约能把头到膝盖收进来）那就是中景。日常生活中，在人与人保持一定安全距离的情况下，视野所能收进的景别就约等于中景。**所以这个景别是我们最习惯的、感到最舒适的。**

从中景开始，表达的重点就已经转向人了。在这种景别下，人的动作是可以看清的。同时，因为画面仍然可以同时容纳 2～3 个人，所以拍对话时常用到这种镜头。

4）近景

假设从上往下看，画面大约框住从头到腰部上下的范围，这就是近景。从近景开始，人的表情会变得更清晰，同时也能容纳一些小幅度的动作，展现的细节更多了。

5）特写

大家应该经常听到。比近景更近、集中聚焦在主体的小范围就是特写了。如果还是拍人，基本上展示范围就是从头顶到胸部上下。这种情况下，画面一般就只能集中表现一个人了，此时他的表情和身体细节会被更放大。如果想突出细腻的表情或细节，就一定要学会用特写。

特写可以做到很大，比如专门聚焦在一个人的眼睛、嘴巴或手部，这些我们也常在视频中看到。这些情况叫作**大特写**。大特写是专注于突出细节的镜头，格外适合营造悬疑的氛围。

2.角度

角度的变换十分常见，但很多人认为这个只是摄像时怎么顺眼就怎么拍的。实际上，不同的拍摄角度所传递的语言是不同的。接下来简单介绍一下。

1）水平镜头

水平镜头是最常见的，就是把设备摆正直直地拍，让画面中的地平线与我们的视线平行。因为它平平无奇，所以常用作最基本的镜头表达。

同时，水平镜头也代表画面中人物相对平等与平凡。这一点是相对仰拍、俯拍等带角度拍摄而言的。

2）倾斜镜头

把一个水平镜头向顺时针或逆时针倾斜，就得到了倾斜镜头，又称"荷兰式镜头"。因为这种视角下画面中的内容会偏离日常所熟悉的景象，所以会使人觉得与众不同，具有戏剧性。

同时，由于画面的重心与常识中存在的理所当然的画面重心偏离了，所以就产生了一种玄妙的"作用力"，**在视觉作用下会带来动感、速度感与力量感**。不信对比一下下图中的两个画面，感受一下。

所以，在表现激烈的打斗、跑步、飞车等场景，或想要使场景富有一定戏剧性和力量感的时候，可以让镜头倾斜过来。

3）仰拍镜头

这种镜头从字面上就很好理解了，同时因为机位放得低，所以又称"低角度镜头"。很多时候我们会看到街头有一些摄影、摄像人员躺在地上拍，就是为了获取这样的镜头。

仰着拍出的主体，一方面可以单纯还原人向高处仰视的视角，另一方面也可以用来模拟心理上的"仰视"，给拍摄对象"加光环"，即让其多出一些权威、身份、有力、崇高的属性。偶像剧中总裁出场、英雄人物塑造，常会采取这样的角度。

将仰拍与倾斜镜头结合，可以得到**斜仰拍镜头**。这种角度在仰视的基础上加入了倾斜镜头带来的力量放大效果，于是压迫感更强。这时可以用来表现角色的异常强大与嚣张，总之会给人带来异乎寻常的压迫感。比如拍一个老板指着主角大骂，或一个法官宣判庭审结果，就可以使用这样的镜头。

4）俯拍镜头

这种镜头又称"高角度镜头"，与仰拍镜头截然相反。在这种镜头语言中，除了单纯模拟俯视之外，它所表现的主体与观众之间同样也不是平等的，只是这里拍摄主体的地位要低一些。**突出拍摄对象的弱势、可无助、恐惧、被窥视……**这些都是它的语言。

同时，倾斜镜头结合俯拍镜头得到的**斜俯拍**镜头，同样也可以强化这一效果。恐怖片里就常用到这样的角度。

此外，把机位拉到高空，这就带来了所谓**"鸟瞰镜头"**。这是一种特殊的俯拍镜头，一般会借助航拍来实现。这种镜头因为景别太大，人物基本已经很小了，所以对主体弱势、恐惧化处理的意味就很少了，从上空表现环境的全貌才是主要作用。

3.其他常见应用技法

1）交代镜头

在一个新场景出现的时候，通常要给出一个或一组镜头（多为全景）来交代场景、人物、环境等基本情况，然后再开始做具体表达。这种镜头就是交代镜头。在讲究更简炼、更直接的泛短视频创作中，这种镜头的使用频率大大降低，但如果出现非账号常用、受众不大熟悉的场景，或在着重进行氛围塑造的视频中，还是会使用到这种镜头。

2）过肩镜头

过肩镜头即拍摄对话的两人时，让镜头放置在其中一人的身后，并越过其肩膀去拍另一个人。这是拍对话时十分常用的技巧。

通常在拍摄对话时，始终把对话的两个人框在同一个框里，或者反复在两人之间切来切去（俗称"正反打"），都会使视频看起来很别扭。这个时候就可以搭配过肩镜头一起使用。如果你想不明白怎么用，可以照着以下这个程序操作：**先给两人同框镜头，然后一个过肩镜头从A背后拍B，最后给A特写**（注意要迎着人物视线方向）。这是一组稳定的对话镜头，是视频语言中的一个基础"句法"，如下图所示。

3）插入镜头

插入镜头是指在一段常规的镜头组合中偶尔"打个岔"，插入一个相关但不包含主体的镜头。 比如拍老板和员工一对一谈话，给出上面所说的"过肩+正反打"是常规的，但在给完老板特写后不马上给员工镜头，而是特写拍一下桌上的一个小盆栽，或墙上的日历、员工握着水杯紧张的手，然后再接员工的面部特写，这就完成了一段插入。

这样的处理会让整体视觉节奏变得更加游刃有余，同时借助这些插入的小镜头来表现更多信息。2020年年中播出的一部悬疑片《隐秘的角落》很火，许多观众看完后都说这部剧除了表面展现的剧情，还有另外一种可能性：导演在正常叙述中将许多提示埋在了剧中。感兴趣的朋友可以去网上搜一下这方面的分析帖，再和原片对看，其中有许多细节就是借助插入镜头"夹带"进来的。

另外，许多"神解读"对于隐藏线索的挖掘，也是通过片中的一些镜头手法来推断的。这是因为观众对于这部剧的导演有信心，他们相信好的导演是不会滥用和浪费镜头的，导演选择使用一种特殊的拍法，一定不只是展现一个画面而已，褒贬、真假、虚实、悲欢都在里面。虽然这些"神解读"不乏一些过度解读和穿凿附会，但从中还是能够深刻体会到"视频是门语言"的含义。

4）视点镜头

这是一种**把镜头放在一个人物（也可以是观众）的眼睛位置，模拟其主观视角的手法**。这样的好处在于跳出旁观者视角，像玩第一人称VR游戏一样，代入感极强。

一般视点镜头还会伴随手持效果，即不使用支架、稳定器等设备，直接用手拿着设备拍摄，难以避免的摇晃感会更接近真实视线的飘忽变化，以及伴随走路、跑跳或脖子运动带来的动感。

2.3.3 新手应该避免的四个问题

前文所讲的镜头知识虽然是我们在日常泛短视频创作中常要打交道的，却只是非常基础、浅层的一部分。想要成为个中高手，还是需要不断深入学习和探索。

但在没有学到火候的时候拍泛短视频，有什么办法仍然能达到至少还过得去的程度吗？

当然有办法。

从业以来，我见过甚至直接带过许多"分镜新人"。在长期指导他们的分镜后，我发现，抛开因为基本功不牢而造成的绝对失误，大多数（或者说，几乎所有）新人，包括许多影视专业科班毕业的，都会出现以下四个问题。

1.通篇中景

中景是最接近我们视觉经验的景别，所以没有足够景别训练的创作者就时常本能地使用它，导致一个作品中大面积使用中景的情况。也许偶尔会使用近景或全景调剂一下，但对于特写几乎是看不到的。

造成它的主要原因还是对景别的熟悉度不够，这种情况下就只能更多地从经验出发，并且选用景别时偏向保守，不敢大开大合。

2.通篇水平镜头

如果一个人让你画一头大象，你大概率画的是一头水平视角下的大象，因为这是我们的本能与习惯。所以对于许多没有形成镜头创作意识和习惯的新手而言，这种情况也就可想而知：没有倾斜、没有仰拍、没有俯拍，一切都是最理所当然的样子。

3.没有空镜

空镜又称"空镜头"，就是纯粹交代场景环境、不含人的镜头； 即便偶尔会有人，人也只是作为场景中的一个道具，而不作为重点表达对象存在。它所对应的是那些直接服务于主线的镜头。

但如果一个视频全是用来讲主线的镜头，就会像读一篇文章没有呼吸、听一首歌没有停顿一样，又累又难受。所以这个时候要用空镜来平衡这个节奏。

但新人的毛病往往在于把全部的精力都聚焦在怎么把文案或文字脚本转化

成镜头上，一段转完就去转下一段，这样就不容易留意整体的节奏设计；同时，写作视频文案的人，除非受过训练，否则很少会主动想到把空镜的内容也写进去，于是也就不能给分镜师提示。这就造成了视频没有空镜、缺少休止的毛病。

4.相邻镜头景别差别太小

许多新人的景别切换习惯一般是从一个点（一般是中景）开始，然后要么往大要么往小，挨个变化，变完再依次回来，如中景—近景—特写—近景—中景，宛如吉他和弦弹奏……

主要的原因还是对于各个景别具体所表达的意义不够熟悉，于是选择了一种保守的方式来变化，既然感觉变得不大，那么应该也不会出大错。

但问题恰恰在于这里，这种做法会造成强烈的视觉疲劳。另外，每种景别本就有一定上下浮动的空间，最小的特写和最大的近景在实际的镜头中并不会差太多，这时很多连在一起的镜头甚至看不出实际变化。

正常情况下，即使在我们根据实际需要严谨地设计出一段镜头后，还是会整体看一看，尽量调整一下连续景别差距过小的段落，更不要说一开始就没有依据，只是单纯通过这种办法设计的做法了。

所以，如果你是个完全的新人，那么在一步步学习和进步之前，首先可以想办法规避这四个问题，这样至少就能比多数新人的分镜做得舒服一点点。虽然你也不见得比他们更了解镜头。

具体你可以这样做：首先要有意识地避免大量用中景和水平镜头，然后看看哪里合适，往里插入一些空镜和特写（注意也别插太多），最后把分镜表格整体缩小或拿远一点，看一看从上到下浏览是否舒服，会不会存在"差不多的构图差不多的形""差不多的景别差不多的满"的情况。我们的视觉也像耳朵一样喜欢有节奏的东西，如果发现了哪里过于乏味，那就仔细看看要不要调整一下构图、角度或景别。

2.3.4 拉片：持续精进脚本水平的"笨功夫"

我相信对于许多初入泛短视频行业的朋友来说，看完前面几节内容可能整个人都是迷糊的。没关系，别怀疑自己，当初我刚刚接触这一部分内容时也是一样的。

我们觉得难，主要是因为镜头设计是一个我们在日常生活中很难获得经验的事情。在视频制作中,后期也难,但在你已经掌握基本操作方法的前提下,如果你是个常年观影的"老影迷",凭着感觉也能大概掌握个好坏。但镜头设计不是这样的,对于这方面的操作如果不真地去学习、和专业知识"硬碰硬",是很难进步的。

所以不管你听懂了几分,从你正式把脚迈入泛短视频行业开始,都要开始进行拉片训练。它就像歌手天天练嗓子、舞者时时做拉伸一样,是视频人要持之以恒去下的功夫。

拉片没有什么神妙的,简单来讲,就是拿着一张空白的文字或分镜头脚本,对着一个作品,从专业的角度拆解它的每处细节,试图还原出它所遵循的脚本的样子,就如下图所示。

镜头号	画面描述	机位	景别	角度	运镜	台词	时长	其他(声音、剪辑、构图等,有特色就写)
1	寨门,辛龙子慢慢向镜头走来	门内,正对辛龙子	全景	平	固定		9秒	
2	敌兵们持枪严阵以待	背对敌兵	中景—新景	俯—平	推		4秒	
3	除离镜头最后的旗手,其余敌兵都向前冲出	背对敌兵	近景	平	固定	出去把人抓进来	3秒	台词从画外传入
4	辛龙子口部特写,本来正常,突然咧起发狠	正	大特写	平	固定		2秒	

你可以根据自己重点想要学习的方向来微调拉片表中的细项,比如上图是我以电影《七剑》为对象,研究其镜头运用时做的,因此对于镜头相关的情况就比平时的分镜脚本更详细。

就我个人而言,会要求自己每周拉5条喜欢的视频:2条自媒体泛短视频、2条商业广告、1条影视片段。因为这些都是我日常工作中要打交道的几种视频类型。刚刚入行的新手当然不用这样,在同类型抖音、B站账号里选几条优秀作品就好。

但一定要坚持,并保持规律。这个要根据你自己的情况来,但我建议每周至少能练习两三条。这种事和健身一样,量太小了没效果,量太大了一下累伤了又不利于坚持。

在这样日积月累的练习之下，前文介绍的那些抽象、枯燥的知识点会在你意识中和各种各样的具体镜头、场景、剧情联系起来，变得无比清晰，这层难关也就突破了。久而久之，你还会总结出许多属于自己的心得体会，再设计脚本时就文思如泉涌，有时即便是下意识也能产出不错的想法。同时，在对内容的看法、后期的节奏、剪辑技巧这些方面也会有很大的提升。

这不是什么"洪荒神力"，而只是水滴石穿的力量。也正因为它是这样，反而人人都可学、都能有作用。

2.4 拍摄与声音：视频中的"看"与"听"

步骤推进到了这一步，终于迎来了拍摄与声音获取。这两者是我们有形工作的开始，也是许多外行朋友们认为的视频创作的第一步。

在这一步，我们将获取到构成视频形体的两个关键要素——画面和声音，虽然在后期阶段可以对它们进行编辑（有些编辑甚至是"改头换面"的），但这一步仍然是重要的基础。接下来我们就来说一说。

2.4.1 拍摄：让你的思想获得形体

关于拍摄，这是一个既可以做得简单，又可以做得复杂的活儿，专业的设备、专业的技法，可以把拍摄一路提到一个完全不同的境界——只要你想，它可以是一个相当专业且复杂的事情。

但对于自媒体泛短视频创作来说，我的建议仍然是做得轻一些。还记得前面我提到的技术流做自媒体的尴尬吗？目前虽然没几个自媒体视频大号是完全没有机构在背后制作的，但大面上仍然会维持在一个相对"平民化"的定位水平上。在这样的平台，技术达标就好，多留点精力分配给创意内容和对镜头、剪辑的设计会好一些。

尤其在 2020 年年初，因为众所周知的原因大家无法聚在一起工作，许多过于依靠专业团队制作的账号遇到了不能见面就不能正常制作的情况。达人自己连拍出基础好用的素材都做不好，于是要么断更、要么水平降低，总之没少吃亏。受到了这样的教训，无论平台还是创作者目前都更倾向于用门槛更低，同时也更灵活的拍摄解决方案来做内容，同时提升资深达人的拍摄能力。

所以在本节，我们就不把技术作为重点。这些讲深了没必要，在百度、知乎上可以查到，就不拿到这里说了。

1.常规泛短视频拍摄需要哪些设备

本来这个问题也太过基础，我开始并没有打算特别来讲，但在许多同类书籍中，我看到了一些匪夷所思的答案：万元以上的专业设备？轨道？无人机？在十分不解的同时，我又担心不明所以的读者朋友真的按图索骥走入误区，于是决定先来简单解决一下这个问题，介绍一下我比较推荐的配置方案。

1）拍摄设备

这需要根据你账号的定位来选择，室内、偏静止、画质清晰即可无特别要求、后期不打算使用太多高难度技巧的对设备要求就低一些；反之则会高一些。

基础的设备当然是智能手机，甚至可以说这是我建议大家优先考虑的设备。智能手机发展到现在，拍摄效果已经完全足够我们应付大多数抖音视频的创作需求了，同时便携、容易实现防抖和对许多人来说相当重要的美颜功能，都是其他设备无法比拟的。

坦率地讲，目前泛短视频平台上能够看到的 80% 以上的视频都可以用手机拍出同样效果。但如果你觉得你账号的拍摄需求也许会超出常规手机的负荷，也可以考虑一下佳能 EOS M50、索尼黑卡 5、佳能 G7 X Mark Ⅲ等价格、功能、便携性适中的"轻专业"设备。如果你打算以公司的形式去做多个账号，我也建议在这三款中选一个，可以应付大多数的拍摄。

此外，如果常在运动中拍摄，GoPro 是很好的选择；如果拍户外 Vlog，可以考虑大疆的 Osmo Pocket。

2）辅助设备

首先是布光设备。这又是一个专业起来收不住的项目，但我们仍然只说最基础的。如果你制作的是测评、颜艺、脱口秀这种在室内一个相对固定位置来拍摄的视频，那么不妨放一个主光灯、一个反光板；而如果拍一些剧情型视频，那么基本利用自然光就好。当然如果你要出外景，或对上面的简单配置不满意，也可以上网查找关于具体使用场景和需求的针对性建议。

其次是稳定设备。三脚架是最基础的一种，几乎可以说是必备设备。如果常用手机拍摄，也可以买一个手持稳定器。市面上的品牌比较多，我用过大疆和智云的产品，都不错。如果常去户外拍摄 Vlog，可以再买个"八爪鱼"支架，它可以自由弯曲成不同形状，既可以摆放在各种平整或不平整的台面，又可以缠绕固定在栏杆、树干上，然后架上拍摄设备。

3）收声及配音设备

虽然有许多拍摄设备也会强调自身的收音功能，但以我们的经验来看，能实现降噪的效果非常有限。**所以即便是最低的配置方案，我仍然建议收入一个外接声音设备。**

目前我见过短视频从业者选择最多的是<u>指向型麦克风</u>。就像名字所体现的，它收录的声音主要取决于麦克风所指向的方向，对于指向之外的声音屏蔽效果很好。这种麦克风有许多样式，形状、大小不一。可以选择一个小巧的，比如 RODE VideoMic GO，可以固定在相机或支架上，省去专门找人举麦的情况。只要演员说话时大体朝着镜头，其声音都能被有效收录。

"小蜜蜂"也是人气爆款，便宜、便携、好用、不占用双手，对于单人内容或配音型内容来说基本是够用了。对于多人的拍摄场景，需要给有台词的人人手一个"小蜜蜂"，这可能是它比较明显的一个短板；但这种操作也可以保证在户外人和人离得比较远的时候收音良好。

但如果你觉得不够，或你做的是唱歌、动画、朗读这些对声音格外看重的题材，那就需要匹配适合的<u>麦克风和声卡</u>了。这种配备的最大限制就是不自由，基本上就只能固定安装在一个地方，但在呈现音色方面没得说，甚至可以起到美化的作用。其具体的选择既与用途相关，也与是男是女、声频多高相关，所以统一推荐不合理。

总之在设备这件事上，我不是"技术流"也不是"穷拍档"，我的主张一直是按照真实工作情况科学配备，既不一味迷信高价的专业设备，也不鼓吹"零成本"。

智能手机只是拍摄能力比较可观，它没法解决至关重要的打光问题，收声功能也非常基础。你要是只拍摄那种坐在屋里对着镜头讲话的视频那还好，但对于稍微复杂点的拍摄来说就不够了。真的那样做，你会将许多时间和精力耽误在用土办法（比如，"把卫生纸打湿粘在手机收音口收音"等方法）或后期手段弥补手机的先天不足上。

在我看来，"一部手机搞定所有"之勉强就像一个人穿着一件小衣服，但凡抬个手、弯个腰都要仔细注意不要把衣服撑破，或顾此失彼，让其他部位暴露出来,这种麻烦本是不必要的。千万不要因为要省那几元钱让自己陷入这样的尴尬中。要记住:**泛短视频是值得长期深耕的事业,所以要让自己的创作尽量舒服从容;同时你也应该将更多精力投入内容中,不要被这些无端的琐事消耗太多。**

2.怎么选择拍横屏还是拍竖屏

这个问题主要还是针对以抖音为代表的竖屏短视频平台来说的。

一些"专家"会说一定要拍竖屏,因为这样可以获得平台算法的更高权重。对于这个观点我不做评价,因为我们自己做过不少内容是横屏的,流量并不差;同时,我确实除了向在字节跳动工作的朋友询问(结果是"没听说有什么不同")外也没有更多获取确凿答案的途径。所以这里我们只说这两种拍法各自的特点。

首先说横屏,从创作的角度来讲,这种拍法完胜。横向画布不仅具有丰富的镜头设计空间,可以把场景与人、不同人的关系容纳得更精巧,还非常便于许多经典镜头手法的利用(仔细想想,前面讲过的镜头与景别实际上是在默认横屏拍摄的前提下总结的)。无论从表意还是视觉美感方面,横拍都具有明显优势。

但竖屏拍摄是抖音、快手这些平台基于智能手机的形状设计的创意玩法,将横屏的视频上传,通常只能用屏幕的短边作为视频的长边,整体非常小,观看很不舒适。同时,比起传统的横屏,这种近年来新兴的短视频拍法不知不觉也被赋予了潮流、平等、个体崛起等人文标签,于是许多在意这些标签的创作者也会倾向于这样表达。

所以选择横拍还是竖拍,可以更多地根据你的账号内容和风格定位,看一看哪种拍法的特点最适合你并且它的短板你也刚好能接受,那就选择哪种吧。

3.重视布景和造型

这一点看似"废话"但常常会被忽略。我见过许多创作者花很大精力和财力研究、购买各种专业的设备,明面里看似一个"形式主义"者,但在布景与造型方面暴露了其"实用主义"的本性,非常奇怪。

收拾好屋子,如果还不美观,就在网上买一个美观的背景布;如果条件允许,就像出席重要活动或与心爱之人约会那样打扮一下。即使不爱打扮,也建议做一做发型、擦一层素颜霜,这也是对受众的一分尊重。千万别把99分都做好了,

第2章 硬桥硬马，培实筑基——泛短视频创富绕不过的"准备工作"

却最终输在了这举手之劳的 1 分上。

2.4.2 收声与配音：视频不只是视觉的艺术

这里先强调**"视频不只是视觉的艺术"**。我们从字面意思出发，总觉得视频更重要的是"看"，但我始终觉得听觉的友好并不比视觉精美次要。因为视频的美感主要在于节奏，而在捕捉节奏方面，我们的耳朵比眼睛更擅长。所以在抖音的游戏规则里，背景音乐仍然是一项重要玩法。

让一个视频听觉友好的因素包括背景音乐、音效、对白人声、背景人声，其中声音的大小、速度、情绪、清晰度、停顿长短都影响着视频的效果。音乐、音效是现成的，我们先不说；本节只讨论人声的获取。

一般情况下，视频的人声可以通过收声和配音两种方式获取。收声是指在拍摄的同时录下人声，适用于剧情、露脸的知识分享等声画同步的题材。而配音则针对的是声画不同步的题材，如动画、Vlog、影视解说、不露脸的知识分享等；这时声音是在一个安静的空间里单独录下来，然后通过后期配上去的。

接下来就来介绍一下在收声和配音中，我们会遇到的一些问题。

1.情感处理要外放一点还是要内敛一点

一般情况下，外放的讲话方式，如夸张地、富有激情地讲话，无疑会增强戏剧性。而内敛的讲话方式要分情况：对于知识分享、Vlog 这种单纯解说的题材，内敛体现在讲话的平静与慢条斯理上，这样会更突显睿智的人文气质；而对于剧情类的题材内敛体现在塑造情绪质感，比如表达生气偏偏不用大喊大叫，而是要表现得更隐忍低沉，展现人性真实且复杂的一面，听起来更"高级"。

所以说采用怎样的处理都有道理，不同的声音方式各有千秋。但是，接下来的话你也许会有点意外：**在泛短视频的创作中，我几乎是一边倒地建议大家选择外放的声音表达风格。**

因为泛短视频本来就属于注意力经济，有调研显示，短视频平台的用户对于视频的观看耐性普遍只相当于长视频平台用户的不到 30%，所以虽然时长更短、完播更容易，但我们需要花更大的力气去留住他们看下去。这时夸张、激情的语言风格就更擅长抓住人的注意力，并调动对方的情绪了。

比如 B 站知名 UP 主"敖厂长""宝剑嫂"，夸张的表达方式就是他们的一大标签,让粉丝们直呼"上头"、记忆深刻。

不过就我自己而言,我会更欣赏内敛、睿智、有质感的表达,这样的风格细细去品常有回味。但情况转到了泛短视频,它的短板就太过明显了。因此在单纯解说的题材中,如果你本来就是个儒雅的智者形象,不适合张牙舞爪地讲话,那至少让说话的声音大一点、轻重起伏都更明显一点;如果是在剧情类的题材里,情绪的演绎就建议"流于表面"一点——生气就要大声喊、高兴就要溢于言表,虽然略显肤浅和浮夸,效果却会好很多。

2.自己配音还是寻求配音公司

我见过许多朋友在制作自媒体视频时纠结要不要求助专业配音员,因为要么因为有口音,要么因为音色和情绪,总感觉自己或自己团队的声音演绎不够专业。

确实,市面上也有许多配音公司是服务于泛短视频制作的,但需要他们出力的大多是企业宣传片、广告片这种商业短视频,即专业生产内容(Professional Generated Content,PGC)视频。

而若我们观察抖音、快手这些主打平民创作的平台上的视频,会发现专业配音是很少的;相反,这里许多视频甚至是用各种人工智能语音软件合成的——这就是用户生产内容(User Generated Content,UGC)的创作文化。

对于 UGC 视频而言,比起专业、完美,恰恰是那些真实的"不完美"才是大家真正看重的。

另外,目前市面上的短视频配音公司的配音老师大多是"播音专业",而非"配音专业"出身的。比起配音的重点在于"无我"地适应不同角色,播音专业训练的重点更多是用一个标准的发声方式来规范学员的发音——于是就有了所谓的"播音腔"。

在这种情况下,这些播音训练出身的配音老师们如果不能足够用心地对着你的视频脚本体会和练习,"职业病"就会不时露出来,专业、华丽的声音反而带不出自然的情绪和生活的感觉,这样反不如自己来配音效果更好。

无论抖音还是 B 站,都是鼓励 UGC 创作的平台,从创意到制作都欢迎每个普通人来参与,同时也以比你想象得更大的尺度包容着各种专业与不专业的作品。所以只要不是声音情况特别糟糕,建议还是自己来配音。

2.5 剪辑与包装：让视频真正成为视频

如果要在"视频"前面加一个动词，大多数人还是会讲"拍视频"。在我们的印象中，仿佛画面获取才是关于视频的最重要的事。但从我五年多的从业体验来看并不是这样的，或者说它至少不是"唯一"重要的。

那么到底是哪个环节的重要性可以与拍摄不相上下呢？答案是后期制作。

短视频就像一道菜，拍摄（如果在动画制作中，那就是画面设计）的过程只相当于解决了食材问题，而真正把它加工成好吃的菜肴靠的是烹饪，后期制作对应的就是这个部分。**是后期制作把视频真正做成了它最终呈现给我们看的样子。**

后期制作所包含的范畴是比较广的，其中制作不同形式的视频要操作的重点也不一样。在自媒体泛短视频中，主要涉及的还是实拍、动画、剪辑三大类，动画类会在 2.6 节来讲，这里暂时先聚焦实拍类和剪辑类视频。

对于普通人适合操作的实拍类短视频而言，后期制作部分主要就是剪辑和包装两方面工作；剪辑类视频操作与之类似，但要格外注意所用素材的版权问题。接下来我们就简单谈一下。

2.5.1 剪辑：节奏的表演

剪辑就是从原始视频素材中剔除无用部分、提取有用的部分，然后把它们重新连接在一起，很像一个做衣服的过程。

关于剪辑，我们在这里同样不介绍太多，因为如果你不做炫技视频和"鬼畜视频"（如果你是做这两种视频的，应该也不需要看本节），涉及的操作并不会复杂。同时，因为泛短视频内容一般相对简单，所以剪辑逻辑也不会太复杂，基本只要看着顺眼就差不多了。所以在本节，我们来聊一下新人剪辑师时常会犯的两个问题。

1. 特别爱用过渡效果

一些新人剪辑师总觉得把两段本不连贯的素材重新拼到一起，就要用淡入淡出、叠画或其他酷炫的转场效果，如果不带着这样的"仪式感"仿佛片子就很不专业，于是一条 1 分钟的片子能出现近 10 处过渡效果。

这是非常错误的做法。

首先，过渡效果也和镜头一样有着自己代表的意思。比如，淡入淡出是"分割"的意思，代表视频翻到了新的章节；而叠画（上一个画面没完全消失，下一个画面就开始进入的效果）则往往代表"关联"，主要用来在前后两段内容之间建立起联系。**所以滥用过渡效果一定会导致在许多不恰当的地方出现不恰当表达的情况，从而让片子的逻辑十分混乱。**

其次，这样会产生极度的视觉疲劳。过渡效果是一种技巧，在关键的地方恰当使用会瞬间提升视频的效果。但如果频繁使用，即便你用得都是恰当的，那也会是场"悲剧"。炒菜加点作料好吃，但你用半盘作料炒盘菜试试？

我们不妨回忆一下平时看的电影、电视剧，那么长的时长、讲述那么多的情节，但几乎都是朴实的"生切"。那么为什么我们感觉不到尴尬和生硬呢？

一方面，是因为连贯的内容调动了我们大量的好奇和关注，于是忽略了这些剪辑处；另一方面，是因为影片中大部分的剪辑是根据**"有缘剪辑"**（或叫"关联剪辑"）的方式处理的，**即让前后两段素材中至少有一处是有相关性的**，如有同一个角色、在同一个场景下、在做相似的动作、两个主体有着相似的形状、属于相同类型或单纯在逻辑上能够产生关联……

所以剪自媒体视频的时候千万不要害怕"生切"，善于动脑和使用"有缘剪辑"就好。至于那些过渡效果，在恰当的地方偶尔用一下就好，千万别贪多！

2.不注重节奏

很多新人剪辑师真的就只是在把片子剪出来，但片子的可看性欠缺。

在视频可看性的诸多要素中，**剪辑主要负责的是节奏：既包括视觉上的，也包括听觉上的。**

无论视觉还是听觉，首先节奏要对。欢快的、搞怪的，整体的节奏就不妨快一点，而沉重的、感人的就要慢下来。其次，内部要有张有弛、有快有慢，并且隔一小段就来个"刺激点"。视觉上主要靠画面变化的频率和幅度来掌控节奏，听觉上主要靠音频的起伏和重音来掌控节奏。如果让受众在看你片子的时候心如止水，那么你的作品也就基本没戏了。

我们发现，对于多数剪辑师而言，随着经验越来越丰富，视觉节奏的提升会远比听觉节奏快。这主要的原因是剪辑师们都把视觉效果作为工作重点，却很少会想到保证听觉友好也是他们的重要任务。

我们的耳朵比眼睛更刁钻，节奏好不好，听觉的体验很重要。不信你看抖音上面许多视频无论从场景、人物还画质上都没有那么"养眼"，却因为配了一首特别好听的音乐，就一下变得好看起来了。

所以新人剪辑师一定要同时关注视频剪辑和音乐素养两方面的提升，不要养成随随便便给作品衬个音乐就再也不管它的习惯。同时，**在每次剪片时，都先闭着眼睛听一下音频是否舒服合理、有节奏和代入感，先保证耳朵舒服了，再来处理画面。**

2.5.2 包装：人靠衣装，片靠包装

自媒体泛短视频常见的包装包括调色、加字幕、配花字、加风格元素等，它们有着同样的目的——让视频的"颜值"变得更高。

这一项工作的处理思路基本和平时大家用修图软件修图是没有太大区别的，大家已经很熟悉了。所以我们只提醒新人朋友们一件事：先整体后局部，从"风格"的高度来决定你的包装。

大家以前做 PPT 的时候有没有这样一种经验：你挑选的每个素材单看都还不错，偏偏整合到一起之后就不忍直视。这就是因为风格没统一。**如果风格统一了，即使再不会设计，你的画面也只会乱，却不会"惨烈"。**我们常用的剪辑工具中都会有大量的包装素材样式，所以同样面临这样的问题。

一般来讲，包装的风格是根据视频内容来确定的。比如搞笑类的内容，色彩就可以跳跃一些、元素可以可爱或魔性一些；情感类的内容，小清新的风格搭配带有人文风格的手写字体会更适合；知识类的内容，极简是很不错的选择，方便塑造可靠感；美食类的内容，包装尽量以暖色为主，能让食物看起来更好吃……

但有时，风格也可以完全基于形式上的考虑。目前在主流泛短视频平台上，各个赛道都有许多创作者，想单靠内容出位是具有一定难度的，于是就有许多创作者从视觉风格上找特点、求机会。比如手账风、漫画风、剪纸风、波普风……把差不多的内容包装进这样强烈的风格里，一下子就变得不一样了。

我们就曾经在自主运营的一个账号中开辟了一个系列专门做成漫画书的质感：先按照漫画分镜的规则设计镜头，然后把拍好的剧情素材对应装进或大或小的漫画格子里，最后在画面里加入漫画常用的字体、波点、拟声词、对话框、

速度线和部分手绘元素……想象到效果了吗？这就是风格的魅力。

想要确保风格统一，关键是要找到你喜欢的风格。可以把它想象成一个人，明确告诉自己这个人是朴实可靠的、知性儒雅的、活泼搞怪的，还是神秘魅惑的？

然后以这个方向为指导，对应找到适合表达它的字体、配色、版式、素材等等。这里有个前提，就是要对这些要素所代表的语言（是的，它们和镜头一样，也有各自的语言）有个基础了解。但这并不难，网上有许多干货帖，直接"抄作业"就好了。

最后，尽量确保你通篇使用的版式（字体、字号、出现位置）和色彩有一定的规律。尤其是色彩，色彩是我们在看一个东西时最直观的感受来源，色彩和谐了，其他都好说。

2.5.3 素材：别被人揪住版权的"小尾巴"

在视频制作中，我们常会用到各式各样由他人生产的素材——视频、图片、字体、音乐、音效……而在剪辑类视频中，素材的用量尤其多。

此时，保证这些素材的版权不出问题是很重要的。否则辛辛苦苦把账号做大了，却因为版权问题被人追责，就得不偿失了。

所以，我们不要在百度或一些后期论坛上随便下载素材就拿来用，要去寻找有版权许可的可商用素材。

这里优先推荐的是"爱给网"。这个网站的好处，一是素材广泛，包含图片、视频、音效、音乐等类型；二是它是国内网站，下载速度快；三是这里的素材免费都可以下载，所花费的币可以通过登录打卡积累而得；四是因为它在每个类目下面明确开设了符合**"知识共享许可协议"（Creative Commons License，CC 协议）**的专栏，这些素材是版权所有者自愿开放使用权给广大网友的。

下载时，要先进入 CC 版权专区，然后留意每个素材的右下角对于是否可以商用的描述，选择"可商用"的下载。其中，有些可商用素材会要求署明版权所有者，如果你用的是这类素材，记得标明版权所有者。

如果你认为"爱给网"上的素材还是满足不了你，那么可以去 Pexels、Videezy、Mixkit 这几个国际性的网站看看。

至于字体素材，只要你的内容题材不是和设计与美术相关的，免费商用的那些字体就基本够用了。

目前在泛短视频平台上，我们常能看到各种影视作品、综艺节目、新闻采访剪辑加工的片段，如果不是官方行为或征得版权所有者同意，原则上是构成侵权的，所以不建议大家做这样的内容。

2.5.4 工具：短视频后期，我推荐用什么做

视频行业里，软件工具是个大门派，而其中又以后期工具为最大一支。现在市面上的后期软件大大小小应该有30多种：国外的、国内的；专业的、基础的；重实拍的、重动画的；付费的、免费的；重剪辑的、重包装的；当然还有好用的、不好用的……

对于新手而言，选择太少是个问题，选择太多有时也是个困扰。我们被一件事挡在门外，有时会发现恰恰不是因为那些真正的困难，而是在还没进门前就被这些眼花缭乱的工具迷住了，不知该怎么选。所以在本节我就重点推荐几款软件。

1.剪映/必剪

剪映和必剪分别是抖音和B站推出的"官配"，是两家公司为两大平台量身标配的手机剪辑软件，都是免费的。

它们的操作十分简单，简单到许多图书和教学帖靠着截图也能把它的操作讲得七七八八。但我们这本书不做这样的"手把手"，就不在这里细讲了，大家在网上到处都能搜到关于它们的教学内容。

两者的主要功能大体相似，在这基础上又针对各自"官配"的平台提供了一些特色功能。

比如无须转存、一键发布，剪映剪出的视频可以直接发布到抖音上，必剪剪出的视频可以直接发布在B站上。

又如代表性素材提供，在剪映的音乐插入功能中可以完整使用抖音平台无版权风险的所有音乐，而必剪中也有许多带有极强B站色彩的动漫素材、表情包素材和诸如"一键三连"这样的特色素材。

这些都使得这两款软件在针对对口平台进行简单视频剪辑时，成为理所当然的首选。在前文中我向大家推荐过用智能手机来拍摄，如果你听进去了，直接把拍好的素材导入剪映来剪辑就更加方便了。此外这两款软件也可以对其他

用途的简易视频进行剪辑。

不过如果一定要比个高下,以我个人的感受来看,剪映的操作体验感会略胜一筹,事实上它在我所见过的所有手机剪辑 App 中也是最成熟的。

2.快剪辑/会声会影

快剪辑和会声会影这两者都是可以在个人电脑上借助大屏幕畅快操作的软件。目前剪映虽然也推出了电脑应用,但从功能性来讲,与这两款软件还是有些差距。

快剪辑是 360 公司旗下的,上手难易度与剪映差不多。因为其门槛比较低,并且暂时免费,所以是现在许多新媒体人乐于使用的工具。

会声会影则是国际知名公司 Corel 的大作,其姊妹工具 CorelDRAW 对于广大设计师而言一定都不陌生。我们都知道,专业度和操作复杂度之间往往存在一些关联,太简单的工具也不能指望实现太过专业的操作,因此快剪辑虽然好用,但还是有许多功能效果实现不了。

这时,**在直接使用复杂的专业软件之前,还可以有会声会影做个缓冲**。比起快剪辑的基础入门级来说,会声会影功能略多、上手略慢,但也远没有到复杂的程度。相反,通过一点点额外的学习,会声会影却能多实现许多效果,甚至向上兼容一部分相对专业的制作,所以是一个性价比较高的剪辑软件。

此外,B 站倒是推出了名为"bilibili 云剪辑"的剪辑工具,我之所以没推荐,主要是因为它是网页端操作的,上传素材时有时需要等待久一些。不过客观来讲,这又确实是一款平衡了简易性与功能性,并极其贴合 B 站创作特色的工具,所以如果你不是个急性子,在做 B 站视频时也可以试用一下。

3.Adobe Premiere Pro

这个名字你可能不熟悉,但是说起一款叫"Pr"的剪辑软件你可能就有印象了,Adobe Premiere Pro 就是这款软件的全称。

首先说明:Pr 和前面介绍的几款软件不同,它是一款专业级的软件,功能强大、界面复杂,对于新人来说一点都不友好。**所以我并不推荐广大泛短视频新人一开始就上手 Pr。**

但如果你的韧性和学习能力较强,并且有志往更高的后期目标迈进,就另当别论了。 Pr 虽然整体比较复杂,但它的基础剪辑板块却没那么复杂,多花一点时间搞懂这个板块的一些基础操作基本就属于"一步到位"了。若论功能强大、科学合理、天花板高、性能稳定，上面几款软件倒还真没法和 Pr 相提并论。

本来在用快剪辑或会声会影剪辑的朋友也可以不失时机地向 Pr 升级过渡，有了操作简易软件时对剪辑原理和意识的锻炼，学习 Pr 的两大障碍就被解决了，剩下的主要是熟悉如何操作了。如果你立定心思在泛短视频行业里深耕，早点上手 Pr 绝对是件好事。

2.6 动画制作：不容错过的新风口

动画是泛短视频这个"风口"下的又一个"风口"。

对于它自身呈现的优势和特点，我们在前文详细讲过，这当然是它成为"风口"的一大原因。同时，过于依赖真人使得账号、MCN 机构饱受达人解约与名誉风险等问题的纠缠，从而使得抖音、快手等平台纷纷扶持非真人的账号，并向它倾斜大量资源。这是此时动画类视频具有重大机会的第二个原因。

原本动画在抖音上并不多的主要原因在于它的性价比不高：首先，制作难度比较大；其次，没法通过直播开辟广告之外更广阔的变现通路。但这两个障碍现在已经被突破了。这是动画类视频具有重大机会的第三个原因。

针对制作难的问题，众多国民级简易动画制作工具的出现，已经可以使得普通人通过简单操作就能得到一个动画作品，并且效率完全跟得上新媒体的发布节奏。这些软件不仅有动画后期功能，还能解决动画设置等部分中期工作问题。

而关于直播问题，新兴的虚拟直播技术能使虚拟的动画形象在直播间进行不亚于真人的交流互动，这无疑为二次元的"虚拟明星"们打开了一扇新的大门。

所以，能量巨大却尚未过度开发的动画类视频，非常值得我们在今后关注与投入。在火爆的泛短视频市场竞争下，"弯道超车"的大门虽然没有被完全关闭，却已不像前些年那么容易了。**这个时候，用动画这种新形势撬动为它匹配的流量、话题与公众兴趣，无异于"换道超车"，在更宽广的道路上超越你的对手也不失为一个好选择。**

接下来，我们就来谈谈新手或非专业的团队怎么来搞定动画类视频、拿到这条黄金赛道的"入场券"。

2.6.1 零基础制作动画的工具

看到这个标题你的心里一定在打鼓,因为在正常的观念中,做动画应该是个挺复杂的事。别的不说,首先得会画画吧?但对于一般人来讲,这根本不现实。

是的,这样想是正常的,传统的动画制作工艺确实很复杂。但是,伴随着新的生产力工具的出现,动画的制作方法也已不再局限于这样一种情况了。这就像时至今日,传统的专业摄影摄像设备依旧又贵又复杂,但对于大多数自媒体视频创作者来说已经完全不用考虑这些,举起手机就搞定了。

目前能够帮助我们简单制作可以服务于抖音动画类视频创作的工具,我在这里推荐两款:一款是"来画动画",一款是来自国外的PowToon,两者都是在全球拥有千万级用户量的优秀产品。

想要通过"傻瓜化"的操作重新解构一个在传统意义上相当复杂的工作,本身是非常不容易的。

但据我所知,目前市面上的许多动画类视频工具并不是精心设计、迭带而来的。大家可以多试用对比一下。

2.6.2 新手应该掌握的四个技巧

和前文介绍过的拍摄与剪辑一样,动画制作也有一些常见问题。如果不提,新手很容易"踩坑"。如果早早准备避开这些"坑",在起步阶段就能甩开许多同级别的选手,成为新手中的"先行者"。

于是我给大家准备了四个技巧,有能力的朋友可以试着理解一下其背后的道理并举一反三,而觉得太麻烦的也可以直接"闭眼执行",仍然可以让你的作品少犯些错误。

1. 遵循"对比原则"与"亲密原则"

这两条原则来自知名设计师罗宾·威廉姆斯总结的"设计四原则",这四条原则如今已成为设计相关行业普遍遵从的经典法则。

掌握"对比""亲密"两原则,主要可以保证动画画面的足够规范与美观。同时,据我们实践感受,这两条原则不仅适用于设计领域,在脚本、绘画、剪辑、动效制作等泛短视频制作相关的领域也极具启发性。

1）对比原则

这是"设计四原则"中我个人认为最重要的一条原则。基本上，对比原则在动画作品中的应用频率和重要度可以达到70%以上。因为**这一原则主要塑造的是画面的层次，而层次是我们对于一个好作品的重要诉求之一**。

对比原则具体是指要注意**在设计中使用形状、大小、色彩、方向、字体等多方面的对比，让画面里的元素富于变化**，避免过度相似带来的乏味感。比如在下图中，右图在左图的基础上在字体、大小、色彩、粗细、边框等方面进行了对比处理、彼此区分，就使内容更加易读且美观了。

扫码看彩图

在这里，一定要注意：既然不同就一定要让对比的两者非常不同。对比的使用最忌畏畏缩缩，只做出一点点差异。

比如在下图中，右图把一些重点信息加粗并从白色改成了灰色，但因为差异很不明显，因此不仅起不到带动视觉层次的作用，还很容易被受众认为是失误，而不是刻意的设计——这种情况在设计中被称为"冲突"。

扫码看彩图

除了画面之外，其他环节也同样适用这一原则。比如配音时的起伏、轻重和情绪转变；后期制作时的快慢、虚实、张弛、同镜动态，也都要让它们在不同中对撞。

2）亲密原则

如果说对比原则是制造差异，那么亲密原则就是在"求同"。一般一个画面中会有很多元素，这时我们要做的就是给它们分组：**让一些内容或作用相近的元素形式接近、位置接近、色彩接近，使之并为一组，让画面不至于散乱。**

我们来想象一下你每天上下班坐电梯的场景：通常一部写字楼电梯一趟最多载客10多人，而且大家都处于相对小幅度的运动中，但我们还是会明显感到这里是10多个人。

但在一场足球比赛中，双方更多的人在场上跑来跑去，我们直观感受到的是"两拨人"，而不是"22个人"，这就是因为同一队的球员会穿上统一的服装，我们的眼睛就自动把他们分到同一组去。这时即便两个同队球员离得较远，我们也会自动认定他们是一组，而不会认为他们和离他们最近的那个对方球员是一组。

有亲就有疏、有近才有远，令一部分元素"亲密"了，就一定会让它们和其他元素相对疏远。这时，加强这中间的区别，"对比原则"就出现了。**所以这两个原则时常会在同一个画面中配合使用，它们互相作用，共同造就了设计的层次**，看看下图就很直观了。

扫码看彩图

在左图中，所有的信息字体、字号、行间距都差不多，因此不仅视觉上不美观，信息层级也不分明，一眼看去找不到哪里是重点。而右图和左图文字信息一模一样，却不再能感到这些问题，这就是综合运用了亲密、对比两种原则的结果。

"1个账号+2个人员+一点时间的学习"是页面中的核心信息，因此使用了特异的字体、字号和色彩，拉开和其他信息的差距。

然后下方对于这三个词的三段解释语彼此功能相同，因此采用了同一种字体和色彩，并都按照"小方格"的形状排布，并依附蓝色的线。这部分文字夹在上方的核心信息和下方的效果总结之间，但因为它是对于核心文字的解释，从逻辑上离上面的文字更近，因此位置上也更贴近上方。

而最下方的效果总结，讲的是另外一层意思，因此不仅远远拉开了和上面信息的距离，还使用了醒目的黄框加大了分隔。此外，对于其中的重点词语，为了将之突出，又采用了醒目的橙色来标示。

2.尽量不要使用纯黑色

看到这个标题你可能会感到有点费解：黑色在设计中是多么常见的颜色呀！不用怎么可能？

先别急，且听我说：这里的重点在于现实物理世界没有纯黑色——RGB参数为(0,0,0)的纯黑色。

我们对于视觉舒适、美丑的判断标准中有一部分是来自现实物理世界带给我们的习惯。

比如我们喜欢有层次感的东西，这是因为在物理世界中很少看到绝对的平面，即便是在绘画中，一片绿色的一棵树在光影之下也会呈现出不同的绿色。

又如我们对于构图和美术透视的追求，本质上也是在追求"力"（上升、下沉、聚集、发散等）和"眼动"（我们的眼睛按照一定引导运动，避免停留一处），因为我们日常接触到的物理世界中大多都体现了这两者。

虽然随着设计的发展，出现了一些流派和作品并不符合甚至完全打破了上述规则，同样也能被许多人接受，但这并不妨碍这些自然赋予的习惯仍然潜藏在我们的意识底层并发挥作用。这就像我们的穿着、造型已经完全不同于古人，但饿了要吃饭、困了要睡觉，这些底层的习性也还是古今一同的。

在现实物理世界中，通常被我们认为是"黑色"的东西有很多：墨水、木炭、黑色的衣服和印刷品……但在光的作用下，它们在我们眼中呈现的都不是纯黑色，而是各种程度的深灰色。

所以对于真正的纯黑色，我们的眼睛是陌生的，陌生就会显得突兀、不自然。因此在设计的时候，我们要尽量使用深灰色来替代纯黑色。 如果你还不会使用设计软件，那就先打开PPT，把同样的一段文字设为纯黑和深灰两种，对比就能发现这样做的道理了。

3.慎重使用蓝色

看到这个标题你的费解程度可能并不亚于上面那条。没关系，听我说。

这样建议的主要原因是在设计中蓝色的使用门道比较多，对于设计者的操作要求比较高。

这一点仍然跟现实物理世界有关。我们对于蓝色最直观的认知和最自然的联想就是天空和水。而无论这两者中的哪一种，蓝色赋予它们的都是透亮澄澈、富有柔和层次的感觉。

所以在设计中要想做好，就一定要在使用蓝色时注意塑造层次。如果不这样做，呈现的结果要么很脏，要么很土。对于新手来说，使用蓝色的失败率会比使用其他颜色高得多。因此在确保自身有足够的处理能力前，建议不要轻易选择蓝色。

但作为三原色之一，始终回避使用蓝色又是不现实的。因此，在这里我也分享一些我自己在常年的设计工作中整理的处理办法，方便在必须使用蓝色设计时来保证品质。

- 如果画风允许，制作一定渐变、光影、材质（如金属感）可以直接解决这一问题。在科技类手机 App 中常用蓝色却很自然，主要就在于通过这些处理直接模拟了蓝色在自然界中呈现的层次。
- 如果是相对扁平的、不适合制作渐变或光影的画风，则可以选择介于蓝、绿之间的蓝色，比如我们常说的蓝绿色、湖蓝色、"蒂芙尼蓝"等，降低操作风险。
- 在使用一种蓝色的同时，可以再选择同为蓝色系的其他或深或浅、或明或暗的蓝色，或者蓝色的邻近色的绿色作为辅色，来配合制造层次。
- 白色和少量对比色有助于平衡视觉、打破单调，利用多样性从感官上塑造层次。

通常，上述各条可以搭配使用，而且配合使用效果更佳。不过这些技巧仍然需要通过练习找到手感，在熟练掌握前对于蓝色的使用还是要慎重。

4.戒掉匀速平缓运动的毛病

许多新手在做动画时总喜欢设置匀速平缓的动态：一辆车开过去是匀速的、一个人摆摆手是匀速的、一行字打出来也是匀速的……

这样做，一方面是因为动画软件总把匀速设为默认，还没有形成意识或习惯进一步操作的朋友一般就会维持默认状态；另一方面也是因为普通人最熟悉的动画操作来自 PPT，而 PPT 中使用的动画基本都以匀速为主，所以习惯成自然。

但我必须郑重地讲：对于动画来说，这样的处理是致命的。

仍然要从现实世界中找原因，想一想也知道：在我们的现实生活中，见到的大多数运动都是变速的。所以当绝对匀速出现时，无疑会让受众感到乏味、不舒适，大大降低动画的感染力。

在专业的动画制作中，我们甚至要把一个动作拆解成几段来分别分析速度。比如人挥手，先会把手臂上挥，这个过程是加速的；达到尽头时手臂不会骤停，而会反弹一小段，这个过程是减速的；然后以手腕驱动手部反复晃动，这里基本会把整体速度处理得比前面快一些。

又如一辆车驶过，如果是展现"起步—行驶—停止"的完整一段，车一定是前段加速、后段减速的；如果只是聚焦在中间平稳行驶的过程，也会做一些轻微变速，这样更接近真实开车的运动规律；如果根据作品判断确实没这个必要，也会给车做一些不规则的轻微颠簸，避免过于平稳。

当然，这四个技巧只是动画制作技巧中的九牛一毛，学会它们也只能说在入门阶段比别人少走几段弯路，对于真正用动画制作好的作品而言还远远不够。我在这里提到这些，一方面是因为它们确实重要且实用，另一方面也是让读者朋友们以小见大感受这些看似简单的操作背后，无不隐藏着深刻的科学原理与实践经验。

其实不光是动画，其他类型的泛短视频，以及泛短视频领域的方方面面都是如此——它们是开放的"风口"，同时也是严谨的学问。征服一座高山必然不是轻易的，泛短视频看似容易上手，想要成为个中高手却离不开"硬核"的学习和辛苦的实战。

所以如果你想好了要选择从事泛短视频行业、用泛短视频来创收，一定要准备好平和端正的态度：不要过度紧张、畏畏缩缩，也不要轻慢大意。踏实地走好每一步，"风口"对你才有意义。

/第/3/章/

南拳北腿，因才定向

做好定位，别把账号弄成"朋友圈"

第3章 南拳北腿，因才定向——做好定位，别把账号弄成"朋友圈"

基本功打牢了，师傅把你和师兄弟几个叫到屋里，然后掏出了几本秘籍。

"我门中共有八门绝学，凡入门下必择一门而入。先精一门，有余力者再徐图旁通。"

于是开始分发：王大、李二拿到了《通臂拳谱》；张三、赵四拿到了《凌云腿法》；马五拿到了《百鸟朝凤枪》和一杆镔铁点钢枪；而你则分到了一本《流星花园三十六式》和一对八卦瓮金蕾丝大铁锤……

你正纳闷为什么大家拿到的秘籍有的一样、有的不一样，以及另外四门绝学为什么不发下来，师傅就开始缓缓解释了。

原来不同的人有不同的先天禀赋、身体状况、精神性格，所以适合学习的功夫也就不一样：臂壮手长、刚猛踏实的人学拳；身矫腿长、腾挪飘逸的人学腿；身法轻捷、心灵意巧的人学枪……至于你，臂如老树、腰如水缸、一身蛮力，不学耍大锤就太浪费了（如下图所示）。

所以学武也要因材施教，根据个人不同条件匹配不同功法。如果开始就不考虑这个，或者评估错了自己的优劣势，非但发挥不出自己的优势，还有可能把一门功夫练得一塌糊涂。

自媒体泛短视频其实也是这样。**对于一个账号来说，你所发布的内容、发布后的效果，都要从你的账号定位出发：要做什么，就要有做什么的定位；有怎样的定位，就去期待怎样的事情。**

许多人不讲定位，只把视频账号当作朋友圈：一会儿发一条养生知识，一会儿录一段零食"种草"视频，一会儿晒一顿烛光晚餐，一会儿又来一段唱跳篮球……结果越做越是一塌糊涂，这显然是不正确的。

所以在本章，我们就来讲一讲至关重要的定位，具体内容可以参考下图。

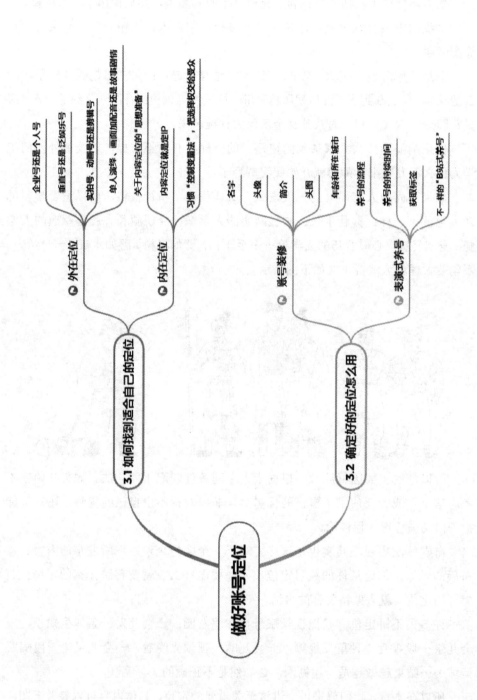

第3章 南拳北腿，因才定向——做好定位，别把账号弄成"朋友圈"

3.1 如何找到适合自己的定位

一般来讲，内容从定位来、定位从需求来，所以明确需求、搞清楚自己做短视频要达到什么效果，是定位前必须要做的事。

本书是一本专讲泛短视频创富的书，所以关于这个问题，我相信读者朋友们不会有太多纠结。我们的目的，无非是想通过泛短视频赚点钱而已，**所以变现就成了我们定位的逻辑起点。**

一般来讲，泛短视频变现比较显著的有广告合作、橱窗电商、关联站外服务几个方向，这些在抖音和B站两个平台都能得到支持。关于这几个方向，之后在第6章我们会详细来讲。我们现在提到它们主要是来说明：在定位的初始，我们就要想清楚自己要走哪条路。

这主要还是从你自身的实际情况出发。比如你开了一家餐厅，并没有什么食物适合在线上卖，那通过短视频让更多人对你或你的餐厅感兴趣，然后去店消费就很适合；而如果你手里有货，并且主要面向C端销售，那开通小店，然后在商品橱窗卖商品就不错；至于没有货也没有店的朋友们，也可以用好内容把账号做起来，然后通过接广告、IP合作等流量变现的方式来做，这也是现在最常见的形态。

当然，建议把直播也开起来。虽然直播不是泛短视频，但它在抖音、快手和B站这些主流泛短视频平台中是可以天然打通的。直播自成体系，有多元丰富的变现通道——打赏、卖货、佣金，也可以导流到平台外变现，非常适合作为泛短视频变现的延伸。

大家千万记住：**以创富为目的的泛短视频账号就是一个产品，是产品就一定要在一开始想好商业通路。**目前泛短视频平台上有太多拥有几百万个粉丝但无法正常变现的账号了。

比如我的一个客户，在接受我们辅导前，看到许多剪辑相声片段的内容数据很好，于是也找了两个大学生专门帮忙做这个，认为流量好了自然有机会变现。确实没几个月他们的流量就涨起来了，却尴尬地发现根本没法变现。不久后，抖音又针对搬运号特别进行了限流，于是彻底做不下去了。

我还有个媒体客户，在咨询我们之前做的是原创的小短剧。这固然没有限流封号的风险，但又过于低估了流量变现的难度，所以虽然账号拥有82万个粉丝，却因竞争激烈加定位混乱，只接过一次线下商业活动，赚了 2000 元钱劳务费……

出现这样的尴尬，都是因为他们对内容规划的考虑先于商业通路，甚至都没怎么想过商业定位，既浪费了时间，也错付了精力。当然，如果仅仅是出于兴趣或情怀发布东西就还好，有人喜欢就是最大的嘉奖了；但如果你认定了就要靠这个账号创造财富，那就必须商业规划先行——想好到底要怎么赚钱！

想好了这一点，我们才能正式开始为账号做外在和内在的定位，接下来我们就来具体说一说。

3.1.1　外在定位：让账号摆出对的"姿势"

先说账号的外在定位。外在定位，即账号最外在的基本展现形式。用盒饭来举例，确定外在形式就是确定用什么样的盒子装食物：方形的还是圆形的、塑料的还是木质的、三个格子的还是四个格子的。

做什么事情就要有做那件事情的样子，我们要通过外在定位，围绕我们具体选择的变现通路来找到账号最适合的"姿势"。

1.企业号还是个人号

个人号就是我们正常注册抖音或 B 站时就能拥有的普通账号；而企业号则是需要上传企业资质认证开通的账号。你也许会说：我是一家企业，当然要开通企业号。但等等，事情并没有这么简单。

在 B 站认证企业号倒是问题不大，B 站对于企业号打广告和做引流也不大抵制，所以原则上企业号也不触及平台特别敏感的利益点，企业愿意认证也就认证了。

而且目前懂得入驻 B 站的企业一般也会适当迎合 B 站的调性，不会把广告做得太没水平。如果内容好，就正常推荐；如果内容差，就不推荐，平台也没什么好操心的。

所以认证企业号这件事在 B 站上还算单纯，无须多说。不过在抖音上，这件事就没有这么简单了。

抖音企业号又叫"蓝 V 号"，它的优势在于可以明确地在内容里打广告，并且可以建立引流页面、关联联系电话，简单粗暴地完成从内容到转化的逻辑，无须遮遮掩掩。**但从实际情况来看，在抖音上，把企业号的流量做起来远比个人号要难。**

这里存在受众心态上的问题——大家或多或少还是会对企业号的内容缺乏一些热情。也存在创作者的问题——内容和商业虽然不是水火不容，但如果处理不好确实会互相妨害，更多商业性质的内容难保不会让内容质量跌破及格线。

但反观个人号呢？在抖音上要比企业号好做一些，但却无法享受如企业号一般自由显示商业信息的特权，于是打广告也要软一点、隐蔽一点，更考验手艺。

从变现的角度来讲，两种号其实各有千秋，仔细体会一下上面所说两者的优势便不难想清楚：

个人号的长处就在于做流量，因此接广告和橱窗电商都比较适合，对于直接关联开通直播也很有优势。

而企业号的长处不在于做流量却在于引流，因此适合走关联平台外服务的变现之路的企业。比如餐厅这种线下门店，或动画、视频制作类软件产品，流量不见得要很多，但要有足够明确的商业宣传和丰富的引流途径，可以让看完视频感兴趣的人轻松找到并咨询或购买。所以它虽然流量不见得多，变现却不见得困难。

所以在抖音平台要不要做企业认证，大家可以根据自己的商业定位来判断；另外，**同时开通多个账号，以一个企业号搭配几个个人号，从不同侧面来做也是我很推荐的做法**。这种矩阵形式，在第5章会介绍。

2. 垂直号还是泛娱乐号

垂直号就是专注锁定一个内容领域的账号。比如只谈宠物、只讲剪辑，或只关注数码产品的开箱评测，这些内容吸引来的人应该以对这些领域感兴趣的人为主。

泛娱乐号与之对应，内容并不具体锁定某一领域。比如搞笑剧情号、歌舞才艺号、个人Vlog、鬼畜剪辑……这些内容吸引来的人就不固定，什么职业、年级、岁数都有可能。

这两者的优劣势也非常明显：垂直号因为专注一个领域，所以牺牲了吸引广泛人群的机会，但也恰恰因为垂直，所以对对应群体的黏性和影响力是巨大的，在变现方面会比较有优势。

比如我做了一个专门讲腕表的号，一些腕表品牌当然可以找我打广告，我的粉丝大部分也是他们的精准客群；同时这些粉丝本身也认可我在腕表领域的专业度，于是对于我推荐的产品，大家也会优先相信。

泛娱乐号打动人的点主要是搞笑、走心、好看等普遍的吸引点，这样聚起来的人群虽然庞大，构成却十分复杂；同时他们因为娱乐而关注你，当你开始卖东西时不见得就会买你的账，所以起量虽快，变现的效率却不见得高。

不过，这并不是说要变现就不适合考虑泛娱乐号，做哪种形式还是要根据你的具体情况来判断：如果你主要还是想走流量路线接广告，或后续靠直播赚打赏，这时泛娱乐号就更适合；或者你本来就是个在高效方面极有天赋的人，你靠泛娱乐号吸引的粉丝可能是垂直号的10多倍，这时如果你推荐的产品和你的粉丝画像整体贴合度还不低，那么转化概率虽小却也不见得不如做垂直号。

当然，不管你最终选择了哪条路线，你都最好可以向未选择的路线借鉴一些长处：垂直号可以在形式上尽量娱乐化，避免一本正经地知识输出；泛娱乐号则可以在人群聚焦上多用点心，比如做工作场景下的搞笑剧情号就能很大程度上避免覆盖大量年龄过低或过高的群体，这样当你推荐一款高颜值小家电时，变现的效率就可以高一些了。

3.实拍号、动画号还是剪辑号

在前文中我们说了很多关于实拍类和动画类视频的事情。我们知道，实拍类视频长于展现真人、真东西、真场地；动画类视频长于展现幻想、夸大、虚拟的东西。所以如果你做一个景区、密室逃脱，或是一个美食或商品种草类账号，实物展现必不可少，选择实拍类就是天经地义的。

但如果你的定位并不是特别依赖实物的展示，甚至连你自己都不一定需要露脸，那么就应该好好衡量一下这两者：**实拍类**生产效率高，但形式略为平常，背后潜藏的达人合约和风评安全问题也存在一定隐患；**动画类**表现力强且形式新颖，同时零丑闻风险、IP延展能力强，但生产成本和效率比起实拍类就没那么有优势。

明确两者优劣势之后，大家可以根据自己的需求来选择合适的形式。也许有人会说动画号不好变现，但今时不同往日。虚拟IP直播技术解决后，动画号的变现通路已与实拍号相差无几，可以自由采取适合的形式变现。

至于**剪辑号**，如果你是做知识和观点类内容的，可以选择，尤其是在B站这种长视频平台上，丰富的素材比一个人坐在那一直讲好看多了。但如果你想做鬼畜或其他类型的趣味剪辑，最好要先想一想是否有清晰的变现思路，就一般情况来看，这类内容变现非常困难。

此外，还有一种**图文形式的短视频**也可以选择。一般来讲，主要是一些PPT式的动画，让配着文字的动画一页页出现；或者文字动画，要么是文字快闪，要么是字幕动画（业内也称之为"倒鸭子动画"）。这些形式最突出的优势就在于制作成本极低，靠着软件几乎可以一键生成。虽然会单调无聊，很难做成优质内容，但据我所知，在诸如卖书、卖课的知识型产品的电商模式中，这种形式常有奇效；在针对下沉群体的一些营销中，这种形式的效果也不错，有时会强过动画——东西没有高下，关键要用对。

但话说回来，我个人对于图文短视频的前景并不特别看好。用这种形式很难创作出优质内容，而这种形式多起来后，平台的整体质量也势必被拉下去，届时平台难保不会对这样的内容进行打击限制。而且长期通过这种方式创作，创作内容的能力和品牌的价值也很难得到成长。

4.单人演绎、画面加配音还是故事剧情

单人演绎就是在一个固定镜头前，一个人（也许画面中不止一个人，但却主要由一个人输出内容）要么说话，要么唱歌，要么跳舞，要么讲段子。

画面加配音就是用一段连贯的配音作为主线，然后根据这条主线剪辑不同的素材进来，比如影视解说、Vlog等。

故事剧情则更好理解，就是小剧场，即一个人或多个人表演一段故事、还原剧情场景。

从整体来看，这三者的趣味和吸引力也是递增的，大家还是喜欢有趣、多变的形式。**单人演绎作为制作最简单、成本最低的方式，虽然吸引力最低，却仍然是很多创作者的首选**。于是我们就这种情况如何尽量提高可看性，简要说几点。

其实唱歌、跳舞、讲段子也不错，因为这些形式本身是富有表现力的，只要第一时间抓住了人的注意力，大家还是愿意继续看下去的。

但知识分享、情感心理这种谈话型视频就有些麻烦了，本来这些内容就有点抽象，普遍还缺少趣味性，想要持续抓住人的注意力也是最难的。**对于做这类账号的创作者，我的建议有两点**。

第一，提升演员表现能力。用夸张的语气和表情配合丰富的肢体动作是一种。如果本身展现的人设不适合这种夸张的举动，那就更难了。要像明星和

播音员、主持人一样让表情、肢体、语气在不显山不露水之间富有华彩、自然不尴尬。

第二，增加镜头呈现的变化。要么把整条视频分在几个不同场景拍摄，说两句就换一个场景，顺便再让主角变换一下在画面中的站位角度；要么双机位互切（前提是拍摄时架两个机位）或干脆在剪辑阶段人为裁切出变化；要么不时插入一些花字、图片、表情包、PPT 等内容打破画面的沉闷。

3.1.2　内在定位：让账号讲述对的事情

内在定位，就是关于内容方向的定位。仍然用盒饭来举例子，就是考虑里面有几荤几素、是家常菜还是精致菜色、有没有小菜等。

关于这一点，我们要依次谈谈以下几个方面。

1.关于内容定位的"思想准备"

在正式开始介绍怎么确定内容定位之前，我们先来向大家做个基础介绍，以便大家统一思想。

这是一些几乎形成定论的知识型内容，但对于许多没有自媒体视频创作经验的朋友来说可能还是一件新鲜事。如果不注意，即便误打误撞做出了比较适合的内容定位，效果也还是会大打折扣。所以这里就来简短说一下。

1）在抖音和 B 站上，什么样的账号最吸粉

什么样的账号最吸粉？简单来讲：有用，有趣，有料。

有用，就是内容要有知识性、有干货。教程类的、科普类的、垂直领域知识类的账号都属于这个范畴。

有趣，指的是搞笑的、能够让人放松开怀的。抖音、B 站上很多剧情号、段子号账号都属于这个范畴。

有料，要么是好看养眼，要么是好听养耳，要么是走心感人，要么就是诸如娱乐八卦这种能够作为社交货币增加谈资的，都属于这个范畴。

大家发现这三者有什么共同特点？

是的，**无论是哪一点，都是在向受众分享价值**：知识、欢乐、愉悦、共鸣、谈资，都是受众本身所需要的。所以我们讲，这三种内容方向都离不开"利他思维"。

第3章 南拳北腿，因才定向——做好定位，别把账号弄成"朋友圈"

"利他思维"是新媒体运营中一条重要的底层思维。欲先取之，必先予之。想要用最快的速度突破疏离、赢取陌生人的好感和信任，给他们想要的、需要的是最直接有效的办法。

千万不要站在自己的角度自说自话，把哪里都当成你的广告位。即便你真的很厉害，但这也构不成别人关注你的理由。因为人都是自私的，你再怎么好但不能给别人好处，那也就和别人没多大关系。所以即便你再着急变现，也不要直接表露出这样的倾向。

大家看到这里可以拿起手机刷刷抖音，看看受欢迎的账号是不是都是这样定位的。

2）明星都在玩的"人设"，你也要来一个

"人设"是"人物设定"的简称，也是这些年高频出现的词。我们经常听说明星"卖人设""人设做得好""人设崩塌"，可见这确实是明星塑造上比较普遍的方法和工具。

事实上，强调人设的背后是把明星作为一个"产品"来包装的逻辑，不是直接让大家来了解这个明星，然后选择你要不要喜欢，而是让这个明星先变成特定群体可能喜欢的样子。

这其实是种伪装与虚假，是人工对于天性的强制干预，和现在"keep it real"（保持真实）、"做自己"的价值观念十分矛盾。但为什么它还能大行其道呢？

因为它管用。它不仅对明星塑造，对我们打造视频账号和IP内容也一样管用。所以在这里，我们抛开对其他层面的探讨，仅仅从技术的角度出发，推荐大家为自己的账号主角做一下人设。

对于人设的构思，**一是要从你的目标受众出发**，搞清楚他们喜欢看到的是个"沙雕青年"还是"完美男友"；**二是要从你自己的特点出发**，把你个性中符合受众胃口的部分提出来放大，尽量不要完全迁就受众而生造一个根本不存在于你身上的特质，那样的"表演"是不能持久的。

接下来的内容构思就都要围绕这个人设展开，用不同的场景和故事来强化你的人设。我们说到"朱一旦"就能想到黑色幽默的老板、提到"老番茄"就能想到无厘头"游戏故事王"、提到"田一名"就是一个会拿"油腻"标签自嘲的歌手，这些明确的人设正是靠无数期围绕它所创作的内容立起来的。依靠这样的人设与内容，账号就有了"人格"；而如果能够匹配上流量，它便成了IP。

3）是标签化，还是展现多面人格

这个问题是从人设衍生出来的。我们经常遇到这样一种情况：一个账号在一个人设的支配下太久了，感觉被一个"标签"定死了，这时主创难免想要突破这个框框，展现主人公性格中的其他面。

确实，无论是看小说还是看影视剧，有魅力的角色总是多面的，像天生的英雄、纯粹的坏人这种"脸谱化"的角色越来越没有市场。所以大家常认为当账号里的角色以一个形象出现太久之后，就要适时地打破它，让粉丝看到这个主人公是立体、鲜活的。

这有道理，但很可惜，我的建议却是尽量不要这么做。

我们设想一下：有一天，你的粉丝看完你不卑不亢地与老板据理力争的视频后被你的性格魅力迷住了，于是关注了你。接下来，你的账号对他来说最大的作用就是，在其遇到职场压力时解解压。结果突然有一天你变成了一个爱旅游、爱听歌的文艺青年，虽然依然能靠精致的画面和感人至深的鸡汤文案给人带来治愈感动，但和这个粉丝所关注的其他鸡汤号功能"撞车"了！这个粉丝关注了两个让其感动的账号，却没有了那个可以帮其发泄职场郁闷的口子……

所以大家发现了吗？**我们对于"人设丰满"的预判和想象，更多的是我们站在自己的角度和立场产生的结果**——你是你的全部，于是会关注自己身上每一处新增和改变，并欣喜于自己的完善。

但对于粉丝和受众而言，他们关注你是基于"索取"而不是"养成"的心态。在关注你的时候，你原本塑造的人设就帮他们为你贴上了标签。你是能在夜深人静时让人走心落泪的，那他们在白天工作、吃饭、"飚段子"的时候就不会想到你，但当他们到了晚间又需要你时，你就一定要满足他们。但此时你变方向了，对他们就起不到原来的作用了——你是你的全部，却是粉丝列表中各司其职的 N 分之一。

所以，虽然我们都不愿活在"标签"下，但对于一个产品（自媒体账号）而言，我们还是建议不要轻易甩脱标签，哪怕扁平、脸谱化，也要把一个人设坚持到底。如果实在想变化，偶尔来一期就好，但绝对不要大面积地改变受众对你的原有印象。

当然这只是在我们做自媒体账号的层面来说的，当我们做其他文艺创作时，还是要尽量展现人性中的多维层次的。

2.内容定位就是定IP

统一了基础的思想，我们现在来看看账号到底怎么确定内容定位。

内容定位与具体每一期选题写内容不同，它定的仍然是策略层面的东西，是打造一个 IP 的方案、是指导之后无数次实践的环节。

是的，IP。在互联网的内容经济中，IP 可谓是其最终形态，也许变现可以不必靠 IP，但 IP 却可以帮我们的变现走上快车道、获取更多附加值。

很多时候我们认为一个形象就是一个 IP，大错特错。IP 一定是内容和独特价值共同构建起来的，它要突出、影响力，要有不可替代的特质与魅力。所以关于它的思考注定不能太简单：让谁做 IP、怎么构建、怎么让它与众不同，都是我们要考虑的常规问题。

1）人物还是内容，让谁成为 IP

打造 IP 时，我们可以围绕人物进行，也可以围绕内容进行。

类比到我们熟悉的事物："孙悟空""黄飞鸿"这些虚构或真实存在的人物就是人物 IP；《哈利·波特》《唐人街探案》这些综艺、文学作品、影视作品就是内容 IP。

在我们的账号定位规划中也是一样。内容 IP 和人物 IP 往往不是完全独立的，内容 IP 里也有许多让人印象深刻的人物，人物 IP 又离不开优秀的内容。所以这里我们区分这两者的关键主要在于你认为谁是可变的，而谁是不能轻易变的。

对于**内容 IP** 来说，运营的关注点主要是某一内容模式对于受众的吸引力，这里的人是可以变的，内容定位却不能轻易变。虽然人物的变化难免会导致一部分人的关注度降低，但仍然不会是颠覆性的。这种靠内容的有用、有趣、有料带动的账号，或各路抖音蓝 V 企业号，即使换掉某个角色，账号也照样做。

而**人物 IP** 则相反，它所打造的主要是某一个个人，只要人设不变，原则上内容的形式是可以变换着来的。比如"代古拉 K"的账号就是这样，除了主人公赖以成名的舞蹈之外，也常发一些自拍、小剧场、和朋友的合拍等内容，粉丝照样喜欢看，这是因为她的大多数粉丝喜欢的是她这个人本身。

但人物 IP 由于太过依赖人，所以一旦这个关键的人离开了团队或因其他情况不能再出镜，对账号的影响几乎是毁灭性的。**在此给想要泛短视频创富的朋友们提个醒：如果你就是想做人物 IP 号，那尽量围绕自己来做，或选用动画的方式，不要给你的生意留下"聚沙千日、毁塔一时"的隐患。**

2）你的 IP 由什么构成

无论内容 IP 还是人物 IP，一条视频内容都可以拆解成以下几个方面：**主角人设、服装道具、场景环境、情绪状态、行为活动、镜头状态、标志符号**，如下图所示。我们各取用一字概括，再稍微调换一下顺序，就能得到一句"顺口溜"："**人物情场符行态**"。下面依次来说。

"人"——**主角人设**。这个账号里挑大梁的是一个人还是两个人？分别是什么人？他们的人设是什么？性格是什么？作用是什么？……

"物"——**服装道具**。这既包括主要人物的着装（什么风格？是否确定一下某一款式？中国风还是外国风？古代还是现代？……），也包括是否有关键道具（如"无敌灏克"的浮夸头套、"朱一旦"的名贵手表）。

"情"——**情绪状态**。主要人物要用什么样的情绪状态来说话、做事？是暴躁的？温柔的？夸张的？做作的？快速的？缓慢的？……

"场"——**场景环境**。视频内容会在怎样的场景下发生？办公室？家中客厅？户外？餐饮店？……

"符"——**标志符号**。这是指属于主人公或这个账号本身的一个极为突出的记忆符号。它可以是一句话，"Papi酱"的那句"我是 Papi酱，一个集美貌与才华于一身的女子"；可以是一个表达习惯，如"我是不白吃"每次表达哭泣时的"嘤嘤嘤";可以是一个动作,如"尬演七段"灵活魔性地转动脖子;或者干脆是一种十分独特的风格,如"刀小刀"在耀眼的彩色光照下变装。

"行"——行为活动。主要人物比较固定的主要行为是什么?比如"郭聪明"的主要行为就是唱歌+说段子;"漫雪"的主要行为就是挂着"迷之自信"的表情跳舞;号称"谁学谁破产"的"雪茸堂小马吃草"的主要行为就是用各种原生态食材豪迈地做菜。

"态"——镜头状态。这个方面包含的内容相对较多,一切镜头呈现出的视觉状态都在其中。比如拍摄角度,是固定角度拍摄还是不固定角度拍摄?是固定正面拍摄还是固定侧面拍摄?是露出人脸还是不露脸?是正常调色还是调成黑白或者赛博朋克的色系?……凡此种种,皆在其列。

我们分析成为 IP 的自媒体视频账号,无一不是在上述内容中的某几项做出了特色的。所以千万不要凭感觉任意地弄,一定要在开始定位阶段就逐一想一想。不见得这时想的就是最终效果最好的,但一定要有意识地去设计这些项目。

3)如何打造与众不同的 IP

首先当然是靠天赋和运气,无招胜有招。但这种成功几乎是开宗立派式的,概率不高,又没有什么套路可复制,所以不是我们介绍的重点。

我们在这里介绍的主要是一个可执行的方法,最后火不火,虽然还是要靠你自己具体的创作与运营操作,但这样至少可以少走一些弯路,且把爆款 IP 的种子悄悄埋下。

第一步:调研符合你商业思路和外在定位的同类账号。

具体的做法是先在飞瓜数据、卡思数据等第三方平台上从"抖音"或"B 站"的通道进去,然后按照类型检索。我们一般建议在抖音要观察 50 个以上同类账号,如果时间精力有限,最低也不能少于 30 个;B 站在 30 个以上,最低不能少于 10 个……当然前提是账号数量足够多。

如果这时你发现在你想做的领域,案例还没有达到上面最低标准的一半,或者还没有大号出现,就要先想一想这样做本身有什么问题。如果你来做,你是否有别致的思路?是否有别人不具有你的实现条件?想好之后再决定要不要继续。

第二步:拆解三个借鉴对象。

这里我们建议优先选择新晋蹿红的中小号。因为成名已久的大号,除了内容足够优秀之外,也极有可能是当时的具体平台红利和竞争环境造成的,事过境迁，不见得适合你学习。

但近期快速成长的账号则不同，它们和你起步的时间差不多，在同一种条件下起步却能成长迅速，其中一定有你能借鉴的地方。

对于你所选出的三个账号，我们要按照上面所说的"人物情场符行态"七个维度拆解出来，然后整理成表格，对每个难度进行描述。我做了一个示例，见下表。

账号	主平台	人（主角人设）	物（服装道具）	情（情绪状态）	场（场景环境）	符（标志符号）	行（行为活动）	态（镜头状态）
罗翔说刑法	B站	主角罗翔，中国政法大学教授，刑法老师。性格风趣幽默，逻辑缜密。身形消瘦，但面部表情丰富	符合刑法老师的着装，基本是正装，即衬衣搭配西服。也有偏正式的POLO衫	情绪是夸张、激昂的，时不时来点尖细的变声	搭景，背景是纯蓝背景，配合着"罗老师法律小课堂"文字	法外狂徒张三，经常在案例中举例用的虚构人名	科普法律常识，通过案例具体讲解	固定正面镜头，景别是近景，基本没有后期效果
说车的小宇	抖音	主角小宇哥，做过四年汽车测评，交友广泛，待人真诚	服装很有特点，内着黑色卫衣，外搭篮球服和黑色长裤，穿篮球鞋。还有斜挎包和墨镜的点缀	情绪热情，配合着浮夸的动作	户外，基本属于介绍某个地方，就在该地拍摄	"×××的人都开什么车？"×××是根据具体选题来的，比如：-30℃跳广场舞的人，都开什么车？同时会将看点前置于视频开头。还有固定穿着、固定音乐、固定开头等	带受众去了解新奇的内容，或者介绍该场所的目标群体都开什么车，整体倾向于调动受众好奇心	镜头不固定，视频节奏快，没有多余镜头，有Vlog的拍摄手法
卢正义的雕刻时光	B站	主角卢正义，是一名木雕的手工艺人，是老爷爷，喜欢年轻人尤其是"00后"的文化	主角卢正义的衣服是典型的广东地区服装，背心+短裤+拖脚	主角情绪保持着比较开心的状态	院子里，木雕的操作台	木雕过程的实录，以及最后成品展示，配合原有动画背景音乐，代入感强	木雕还原经典动漫或近期热点人物形态，并记录过程	镜头不固定，多采用特写镜头，尤其是在雕刻过程中

第三步：替换可替换的 IP 要素。

接下来就是对于你所整理出来的三个账号的任意元素进行替换。比如借鉴对象的主人公是一位居家女性，你就可以改成一个普通大学生、摇滚青年或干脆是一只猫；借鉴对象穿着家居服饰，你就可以改成穿着校服、汉服或 Lolita 服饰；借鉴对象采用轻松日常的风格，你就可以改成悬疑、迷幻或土味的风格……总之发挥你的创造力去爆改，但记得不要违背你的目标受众画像。

大家注意，在这一步我们改动的都是呈现方面的要素，对于账号内容的脚本结构我们是不去改变的。

第四步：选择一个你觉得效果最好的方案。

这一步没什么好多说的，从改造后的三个方案中选一个出来执行就好。只是注意，这里的选择标准不光是你自己的喜好，也要考虑到目标群体的口味。但这一过程整体也不要太紧张，因为对于很多细节，我们接下来还会继续试探调整。

3.习惯"控制变量法"，把选择权交给受众

做好了内容定位，你可以先长舒一口气。不是因为事情结束了，而是刚好相反：因为事情才刚开始，你要调整好心态、提起状态来。

请大家把下面这句话默念两遍：泛短视频的效果，没法预测、只能测试。

人性本就难测，更何况互联网连接着那么多的人，大家各自不同的意志放在一起共同决定着视频的收效，其中的不确定性就更高了。同时，现在平台的推荐与审核规则越来越复杂，有越来越多因素影响着一条视频的传播，而其中我们自己能够掌握和左右的仅仅是一部分，这两个因素共同决定了视频效果的不可预测。

因此我们只能一丝不苟地不断测试，用具体的内容来获取真实的数据反馈。在这个过程中，"控制变量法"是一个基本工作法。

对初中物理还有印象的朋友应该对这个词不太陌生，**它是指一套操作中的其他项都不变，每次只对其中的一项进行改变，然后进行对比测试。** 这样可以最大程度地摆脱复杂的干扰，而只把影响因素聚焦在被改动的这一项和它的替代项上。在运营领域，这一做法还有另外一个名字叫"A/B 测试"（A/B Test），大家可以按照自己的喜好去称呼它。

我举个例子让大家直观感受一下这样做的必要：一年前我们服务了一个客

户,当时我们就给他做的这个抖音动画号是选择横屏还是竖屏产生了分歧:客户希望按照抖音的常态来做竖屏,但我们考虑到这个账号所选的美术风格的美感来自于配色,非常有必要多露出一些场景以确保色彩展现得多一些,所以建议采用横屏。

无疑谁都有那么些道理,于是谁也没法说服谁。所以我们同时开了两个账号,用同样一期内容剪了横屏与竖屏两个版本发布出去,结果横屏的数据表现更出众,最终就选择了这一种。

后来这个账号又遇到了配音问题、字幕形式问题、辅助角色设定问题等争议点,无不是靠着控制变量法试出的答案。其中,有时是我们的想法对,有时是客户的想法对,有时的答案竟是我们双方都始料未及的,但无一不是受众真实用数据反馈的,也无一不是让大家心服口服的。

所以在这里,我希望大家遇事能够常用这种办法找方向,不要盲目相信自己的判断。给受众的东西,还是要把选择的权利交给受众。

3.2 确定好的定位怎么用

费了半天事,定位终于确定好了。接下来,我们除了一丝不苟地按照定位来创作内容,也有必要让别人了解我们的定位,这样才能更好地吸引更多对的人。

在这一阶段,我们需要完成账号装修。如果是抖音,还要进行养号和贴标签。

3.2.1 账号装修:让受众看懂你的定位

所谓"装修"只是打个比方,指的是完善账号的基本信息。我们任意点进一个抖音号,都能进入一个界面,有一个头像,并写满了你的各种信息。

这些都是运营者自己编辑的。但要清楚:这些信息填成什么样虽然是你的自由,但如果是以变现为目的认真做的,我还真心不建议你胡乱写。这就像一个屋子,你自己住就爱怎么装修就怎么装修,但如果是拿来开咖啡店的,装得像个洗浴中心总归是不妥当的。

所以我们这就来看看,一个定位清晰的账号是怎么设置这些信息的。

1. 名字

我的建议是别乱起名字，同时最好要表达清楚你是干什么的，像"虎哥说车""牛肉哥严选""侃片乌贼君"这种。看不清楚主题的名字也不是不能用，可以和同方向的大号靠拢，这样可以省去受众对你账号定位的许多疑问。如果是抖音上的名字，这样做也可以更直接地向平台提供替你贴标签的依据。

2. 头像

最不会出错的当然是以主人公的脸来做头像，如果你的定位是泛娱乐的，可以任意发挥，让人印象深刻就好；但如果做的内容要表现一定的专业度，那使用的照片最好能够端正、亲和或正式，让人能够产生信任感。

另外，用 logo 来做头像的账号也都有许多，不光企业号可以这么做，很多个人号也可以取账号名中的一个或几个字设计成 logo 来做头像。

那么哪些不适合做头像呢？违禁的内容就不说了，审核也不能让你通过。这里主要说的有：风景、子女、字画、工艺品、手串、鱼缸、车钥匙……接触了许多商界伙伴，这些确实可以说是许多老板做头像的高频选项。这些也许对你很重要，但真的不要这么弄，**抖音归根结底和你的微信朋友圈不一样**。

3. 简介

如果是内容 IP 号，写清楚你是干什么的，如 "一天一个冷知识，喂饱你无聊的好奇心"。**如果你做的是人物 IP 号，写清楚你的价值、身份和优势**，如"6年健身教练，只教你最实用的健身技巧"。但切记，不要写什么"第一人""教父""唯一××"，我知道市面上许多人会这么讲，但这样做违反了《中华人民共和国广告法》（以下简称《广告法》）。

除了个人介绍，你也可以写明你更新的周期、时间、开直播的时间等，方便别人熟悉你的规则。

至于微信号、微博号、手机号这些平台外导流信息，B 站账号简介中建议你写上，这样更有利于你做引流和被商务合作找到。但如果是做抖音号，我不建议你写，包括"vx""围脖"这样隐晦的方式，一旦被盯上是会被处罚的。

关于简介内容的编写，如果在抖音上，整体建议尽量控制在 40 字以内；为方便阅读，最好分段，一层意思分一段。而 B 站只给了一行显示空间，多了就折叠了，所以要注意，文字显示不下时，尽量要让最关键的信息在第一行显示完全。这样即便折叠起来了，扫一眼也能大概明白你是做什么的。

4.头图

头图就是你头像上方的背景图。你放个美观整洁的照片基本就不会出错，但不放过哪怕一丝机会露出信息肯定是个不错的习惯，**所以你也可以在上面写上文案来引导关注，靠卖萌或者送福利引导都可以。**

比如在下图中，作为主角的橘猫憨态可掬，旁边的文案显然也在卖萌。在醒目配色的提示下，受众在浏览这个账号主页时很容易看到这里。面对这样一只小猫咪的"恶意卖萌"，要不要买小鱼干收买它先另说，点一下关注还是可以的！

5.年龄和所在城市

关于年龄和所在城市这两项内容，抖音会在个人信息页面直接显示。有的人不想透露这些信息，但我的建议仍然是尽量填写。如果实在觉得年龄属于隐私，那就填一个大于"18"的数字，不要冒领未成年人的身份。

B站不需要我们填写所在城市，却需要我们填写年龄，只是不会显示在个人信息页面上。不过这个条件在B站要比在抖音更重要，因为**在后续开通一些平台嫁接的变现服务时，是否已满18周岁经常是个硬性条件**。千万别随手一填或强行卖萌，把自己的年龄写得太小，B站是不会坐视一个未成年人在它的平台上打工赚钱的。

3.2.2 表演式养号：让平台相信你的定位

在本节我们重点聊抖音。因为B站的账号权重并不会特别影响视频的推荐，而抖音在这方面却比较在意，做不到位的麻烦也相对较多。

关于抖音养号，一直是一件短视频运营界争论不休的事情，有些人把养号传得神乎其神，但也有些人言之凿凿地指责这是压根不存在的"伪需求"。我还记得在我为写这本书而做的一次调研中，我的一个朋友激动地说：他挑短视频书的标准就在于看作者写不写养号，只要目录里有这项内容，直接放弃这本书。

但很遗憾，我还是写了这一部分内容。原因并不复杂：我在短视频领域实践这么久，操作账号许许多多，养不养号的直观效果确实不一样，仅此而已。 对于抖音官方没有定论的事情，我们无法证真，同样也无法证伪，于是我们便从经验出发，听从自己的判断。

1.养号的流程

养号，其实是说在拿到一个新账号时先不忙着大面积地发布作品，而是先根据你的定位持续一段时间做一些特定的事情。**这么做的目的主要是向平台算法不断传递信息，让它相信你的账号定位。**

不建议直接发太多作品，主要是因为新账号缺少操作记录，权重还达不到一般程度；同时在抖音平台没有明确你账号的定位之前，给你推送内容的精准度会差一些。

那么我们在注册一个新账号之后要做些什么呢？

（1）刷视频。为了让抖音平台知道你是个使用正常的账号，每天最好能够保持至少1小时在线时长，刷一刷抖音。由于集中刷1小时很容易在后来沉不住气，所以我们建议分批次来刷，比如中午刷15~20分钟，下午刷15~20分钟，晚上再刷20~30分钟。

每天注意去专门搜索和你定位相近的账号，然后看一看他们的作品。这样既可以帮你积累创作灵感和素材，又能让平台感受到你的重点关注方向。

（2）勤互动。在刷视频的过程中，你可以根据自己的喜好看完或刷走，但点赞、评论尽量要克制，这些互动要重点留给与我们同类型的账号。这些账号前期先靠专门搜索，看得多了系统自动判定这是你的兴趣点，于是你就能自己刷出更多了。无论是哪种情况，我们都要积极互动。

不过注意一点：互动一定要在视频观看得差不多后再进行，上来还没看几秒就互动是很不合常理的，被平台判定成机器刷粉行为也未可知。

（3）**看直播**。观看直播主要的作用是提高你账号的点开频率。在前期我们没有什么内容的时候，赚取路人点开率唯一的办法就是靠评论出圈了。我们在刷到同类优秀视频时要写些金句评论，同时也可以刷刷直播，在一些50人以下的直播间里刷点"惊世骇俗"的"神评论"。由于直播间人数总共不多，所以你的评论很容易被人看见，这时直播间里的人就可能出于好奇来看看你是什么人了。

注意：养号期间尽量不要用不同的手机登录这个号，同时严禁为了让数据好看而刷粉、刷赞。永远记住：**不管规则怎么变，抖音需要的一定是一群操作正常、习惯良好的健康账号，所以看着就不像正常人做的行为尽量不要做**。

2. 养号的持续时间

养号总不能漫无边际地做下去，那么养到什么时候才算可以了呢？

一般来讲，认真养号5～7天就差不多了。不过也不是单单依靠时间长短来判断的，同时也要做一些小测试。

（1）先搜索一下你的账号名称，看看是否能被搜到。

（2）尝试发一条作品，看看1小时的播放量可以达到多少。如果能够在200次以上，那基本也算不错。

如果上面两条里你有一条还没能实现，那有可能火候还没到，继续按照流程好好养号，等过两天你再试试。

3. 获取标签

当你养号5～7天后，你可以开始尝试着发布视频；但如果你还是觉得养号是个无稽之谈，那也可以开号就发。但不管是哪一种情况，我们都要保证自己可以尽快拿到平台给我们的账号贴的"标签"。

如果你的账号定位清晰，且内容、装修和发布文案都是围绕着这个定位来的，发布5条视频之后应该就能够获得这样的标签。

我们知道，抖音算法的核心推荐原理就是先通过发布和观看喜好给一个个创作者和一个个受众分别贴上标签，然后再把内容对应推荐给与其标签一样的受众。因此反过来可以说：没有被贴"标签"的账号，就还没有得到通往流量之门的通行证。

那么如何判断你是否有被平台贴上标签呢？

很简单：随便用其他什么人的抖音号找到你的账号，然后在个人信息界面的"关注"按钮旁找到那个向下的三角号。把它点开，你会展开一个叫"你可能感兴趣"的栏，下面列着几个系统自动判定你可能关心的号。

这时你仔细研究一下，首当其冲的这几个号是否和你正养着的那个账号定位相同的：如果是，恭喜你，标签已经贴好了！但如果定位对不上，那就是系统还没判定出你的标签，或判断错了你的标签。这时，你就要通过更多更明显的内容来校正平台的标签。

例如我养了一个橘猫账号，系统给我的推荐也都是宠物猫咪类的账号，这就是标签贴准了的标志。

为了尽快顺利拿到标签，账号前五条视频一定要格外认真规划，不仅内容要足够垂直，发布文案和封面标题都要明确提到关键词，帮助系统判定你的创作方向。 即便不是这样，冲着平台为了鼓励新手而特别倾斜的流量，我们也要好好创作这开头的几条视频。

一般在前五条之后，新手流量倾斜消失了，你的数据会出现一个短暂的滑坡。但别紧张，这是正常的，只要你踏踏实实养好了号、贴好了标签，并仔细设计好了前面的内容，基础打牢的账号成长是不成问题的。

4.不一样的"B站式养号"

在本节，我们的篇幅几乎都给了抖音，不过为了不那么"厚此薄彼"，我们也来讲讲B站的养号。不过此"养号"非彼"养号"，抖音的养号更多是为了使账号能够走上正轨、使内容能更顺利地分发，而B站的重点却不在此。

在B站，账号的权重主要体现在"电磁力"上，它是B站对于一个UP主综合优质程度的量化体现，主要由"创作力""影响力""信用分"三项数据构成。

"创作力"评估的是UP主的原创内容创作能力，考察的维度包括你原创视频内容的发布数量和视频的互动数据；满分100分，从少积累。

"影响力"评估的是UP主的粉丝数量及活跃度，潜台词约等于一个账号的商业价值；同样也是满分100分，从少积累。

"信用分"评价的是你在平台是否"遵纪守法"，它是从高分往低扣减的，一旦你出现不诚信、不道德或其他违反公序良俗的问题，这项分值就会扣减。

根据这三项得分，"电磁力"会分成七个等级。这个等级的高低对内容推荐的影响并不大，价值主要还是体现在对于版权保护、创作激励、超大视频等不同功能权限的解锁上，后续我们在谈到许多 B 站的功能权限开通门槛时经常会涉及"电磁力"。

"电磁力"的等级高一点固然是好的，但低一点也不会是"致命"的。所以对于它的维护更多要在日常持续的运营中下功夫，和抖音在起始阶段"养号"的逻辑是不一样的。

/ 第 / 4 / 章 /

欲善其事，先利其器

做好内容，泛短视频创富的重中之重

行走江湖,一件称手的兵器是必不可少的。这个兵器,是我们寄托雄厚内力的载体,也是我们对战敌人的关键。对于高手自己,人器合一是个理想的境界;而对于老江湖而言,见兵器如见其人。总之,兵器和人是分不开的(如下图所示)。

也正是因此,江湖中人对于兵器的选择是毫不含糊的。同样是用刀,不同的样式、长度、重量,一万个人可以有一万种选择,但最适合你的往往只能是有限的那几个。而一旦你选择了那个最适合你的兵器,你和它的相互成就,会成就你区别于其他人的成就。所以,兵器的可选择性看似很大,其实是非常考眼力的事情。

同样地,同一个兵器在不同人手中的发挥又是不一样的。君子侠士以正气驭之,声影中正,如风过松竹之海;魔道中人以邪法驭之,阴毒狠辣,欲掀动血海滔滔;野间浪人用之,横削直砍,锋芒毕露几迫于云沙;山中高手用之,平平挥洒,含光不露却能动天地……因此,兵器之道又千人千面,玄乎其玄。

那么这样既简单又玄奥、既考功夫又看眼力、看似标配却又十分紧要的东西,在泛短视频创富中也有吗?

是的,就是内容。

我们常说"内容为王",这一句话便道出了内容的重要。只是现在许多人对这句话存在一些误解,认为做泛短视频就是做内容,解决内容问题就万事大吉,这确实有点偏颇。也许在泛短视频创富中,其他因素加起来50分,内容一项就能占50分,但真正要想及格甚至优秀,光靠内容独自优秀是不够的。

所以内容之于泛短视频创富,真的就如兵器之于江湖中人:万法之中,至关重要;至关重要,却又不能以器夺人。这里的修为、分寸、眼力,值得创作者们下足功夫去体会和修炼。

本章就来重点聊聊这重要绝伦的"内容",具体可参考下图。

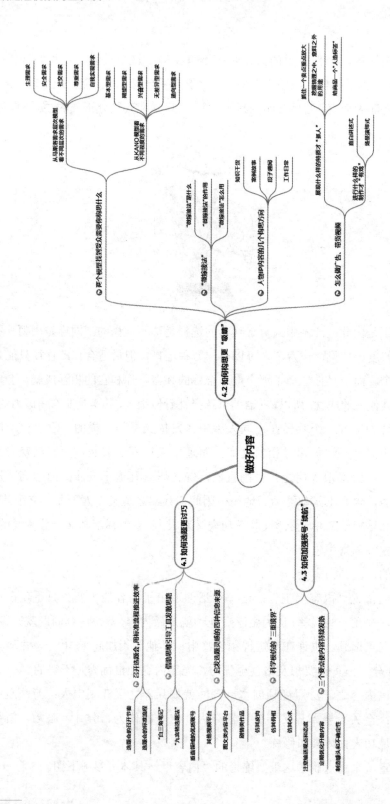

如何选题更讨巧

选题，即决定即将制作的泛短视频的内容方向，这是泛短视频内容创作的第一步。

对泛短视频创作者而言，这一点几乎没有几个人不知道，但同时，真正能够对它足够重视并花足功夫的却没有多少人。这主要的原因就在于它太容易被当作一件靠灵感和聪明就能完成的事情了。

确实，没有灵感的注入，选题将黯淡无光，但对于一个职业短视频内容创作者来说，我们要的可不仅仅是得到一个选题而已，我们要的是持续、稳定地得到一堆数量庞大的水准线以上的选题！

这要求我们能够"细水长流""星星点点"或"汪洋恣肆"都是不能完成这一任务的。**灵感对我们的帮助只能是一时的，但若要持续、大量地输出，是怎么也离不开良好的习惯和科学的方法的。**

接下来我们就来介绍一些常用且行之有效的做法。

4.1.1 召开选题会，用标准流程推进效率

选题会既是个方法，又是个习惯。如果你不是单兵作战，那就一定要拉上团队一起来召开选题会！

我们建议在这个会上不只带上编导，项目内的其他成员乃至对泛短视频内容创作感兴趣的其他部门的同事都可以一起叫上，因为创意不看职能，人人都能产出。

1.选题会的召开节奏

就召开节奏而言，我建议可以每月召开1次大选题会，每周召开1次小选题会，如遇特殊情况可以临时加开。之所以会有大小之分，主要是讨论的对象不一样。

大选题会是针对接下来一个月的内容进行粗略的规划。例如，上半个月集中做宠物饮食类科普，下半个月集中做宠物疾病科普或趣味冷知识；在下半个

月开始前先按两个方向各发 1 条视频测试一下，哪个效果好就以哪个为主；贯穿整月，每发 5 条知识类内容就插入 1 条仍以宠物为主角的蹭热点或趣味性内容用以激活流量，避免长期以一种形式的科普把粉丝增长越做越沉……总之这是个看宏观而不怎么讨论微观的"战略会"。

而小选题会则会更具体一些，要把当周要发布的选题全部定下来。定完后不出意外就照此执行，如果有特殊情况就做一些替换和插队，通过临时会议或线上群聊搞定就好了。

发现没有？无论大小，选题会上的工作都是"前瞻"的。也许你会说许多时候我们的选题要跟着时下的新闻热点走，这些事情很多都是突发的，提前的选题讨论根本覆盖不到这些事。

是的，但这仍不能掩盖召开选题会的价值。定期召开选题会，一个重要的作用就是通过一次次的重复，使每个成员都熟悉前瞻设计的理念和一套行之有效的方法，并将其深深烙印在心里，洗去团队的浮躁、轻慢和自作聪明，真正做到踏实地创作内容。

2.选题会的标准流程

选题会的标准流程简单来讲，就是**提案—初筛及调整—复筛—排序**。

首先是提案。选题会是"选择"题目的会，而非现场"头脑风暴"，所以这里有个前提是，在会前大家就要各自准备好一些选题。我们曾在团队中制定的规则是每个人带 5 个想法来，然后在会上大家按照一定次序依次讲述自己想到的选题方向。

在这之后就是初筛。大家对上一步提到的这些方向进行讨论，一方面删掉明显不适合选择的，另一方面对一些不解的地方询问确认。最后，大家针对剩余的选择重点讨论，看看是否能通过修改或者两两结合的形式让它们变得更好。

做完了调整，我们要复筛，把目前的结果再筛一遍。也许你觉得剩下的都不错，很难抉择，但没办法，做内容就是要精益求精，如果这周只有 7 个发布名额，就要把最精华的 7 个推出来。为了这个结果，甚至可以追加多次调整和复筛。

我们团队比较偷懒，一般就在调整后的选项里挑选最喜欢的几个，选够发布名额数量。如果最喜欢的选完还没足数，剩下的或多或少都会让人觉得有点勉强，那么就再次调整。但我的一位老朋友所在的团队，也是目前国内为数不多的在图文新媒体和短视频领域都跻身第一梯队的机构，则会主动选择最艰难的模式：固定每次会议至少调、筛 3 次。

有时候会遇到好选题多、名额之内选择不完的情况，这时该怎么办呢？ 我们的做法是把它们"流局候选"，放到下一周的提案当中再次比拼。但还是上面说的那家机构，他们会选择另一种方式：同样把这些选题做出来，然后发到公司大群里，让更多人看着成片来选择，让票数最多的"出道"。每次听说他们的工作模式，我都会由衷感叹：越优秀的团队越努力，越努力的团队越优秀！泛短视频领域，真的是相信苦功夫的！

而当这一切都做完，我们最后要做的就是把它们排序，最终确定发布的具体时间，并整理成当周任务表格分配下去。

4.1.2 借助思维引导工具发散思路

介绍完选题会，你应该感受到职业泛短视频创作可绝不是抖抖机灵、耍耍聪明而已。但你也许会产生这样的疑惑：选题会每周都开，每次都需要这么多的创意，这些方向要从哪里来呢？

我们的灵感当然支撑不了这么高强度的创意输出，再聪明的人顶多也就是比别人多撑几周而已，却也做不到"永久续航"。因此要完成这一过程，主要还是要依靠一些好用的思维引导工具。

我们常用的是**"白三角笔记"**，这是日本广告人小西利行总结的。简单来讲，就是在一张纸上画两个三角，**一方列举你的产品（账号）直接可以关联的东西，另一方列举你目标受众所必然关心的东西**。比如我们做一个图书推荐类的账号，面向的是作为非重度阅读者的年轻都市人群，就可以画出如下图所示的图样。

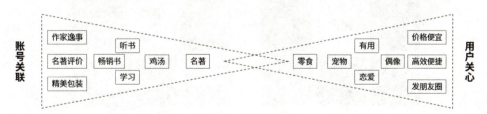

做完了这一步，我们就来给左边和右边的名词任意配对连线。在这一步我建议你收起所谓的逻辑和判断，做最本能的连线就好，等连完再分析这两者是不是有什么契机能关联起来。比如在上一幅图中，我们关联了"偶像"和"名著评价"，那么就可以得出这样的一些选题："×××倾情推荐的这本书，到底是什么水平？""×××私房书单曝光，竟然这么有货！""×××主演的这部热剧，原著竟然是部轻小说？"

当然上面这种配对是很好想题目的，但实际操作当中我们时常会遇到一些看起来风马牛不相及的离谱搭配，那要怎么办呢？我的建议是在你得到这样的意识之后多问自己一句："虽然荒谬，但真的就无解吗？"然后逼着自己再想一想。**在我们的亲身实践中发现，一群人在一起真的怎么也找不到两个关键词间成立联系的概率大概不到30%**，毕竟事物是普遍联系的。

有时我们认为想不到只是因为它们违背了正常的逻辑，用正常的思维想不通而已；但如果我们像小孩子一样突破想象的局限，通过一些脑洞清奇的嫁接也许就能说过去了。比如："零食"和"作家逸事"，我们就可以写"盘点那些在作品里讲零食的大作家""没准备两斤瓜子，别追××的八卦"。这样得到的结果往往也是超乎受众想象的，所以反而容易出效果。

就这样，假设我们在两边各写出了10个关键词，通过排列组合，你想想我们可以得到多少种可能搭配？而假设其中有70%可用，并各能延展3条选题，你总共又能得到多少选题？

和"白三角笔记"起类似作用的还有目前泛短视频教培界赫赫有名的"九宫格选题法"。道理是一样的，只是后者把关键词写在了九宫格里而已，如下图所示。这样的方法是科学的，不仅能有效引导我们产生选题想法，长此以往，也有助于我们开发联想能力，所以大家也可以大胆用。

4.1.3 启发选题灵感的四种信息来源

当然，"白三角笔记"主要是帮助我们向内挖掘思路的；**除了向内，我们**

还可以向外寻求选题的方向。

具体的办法就是多看别人的东西，然后多总结。但应该注意：这不是在鼓励大家做低级的搬运和抄袭，这样做不仅有违公德，而且平台和受众眼睛雪亮，也是不会答应的。

这里指的是根据别人内容的一个点去做联想发散，然后把你所联想到的及时作为灵感素材记录下来，以备之后选择。往往创意高手都会有这样的灵感素材库，每当输出困难时就可以翻一翻曾经记下来的这些关键词，灵感就又回来了；即便有的想法是很早以前记下来的，但难保它不是个常用常新的好主意。很多想法在我们过了一个人生阶段后就不会再有了，这时一条几年前产生的灵感也许还真就能把你从瓶颈里拯救出来。

那么我们可以去哪里看哪些东西呢？我有四点推荐。

1.垂直领域的优质账号

仍然分为头部大号和近期蹿升较快的潜力账号，看看它们反响热烈的那几条在内容方面是不是有什么建树。

比如其中有一条员工指责老板的视频，主打身份反差和公愤共鸣，那你能不能干脆策划一条让老板在平行世界变成员工，然后真实感受员工立场上的不易的内容呢？反差冲突感更强、更直接，同样也能让大家的公愤得以缓解。

2.其他视频平台

如果你做的是抖音号，那可以先去快手看看，那里也有大量优秀的创作者。如果在你的领域，快手特色创作者不多，大多只是抖音上的那几个账号在快手开的"分店"，那也不怕。快手的段子号是很有特色的，你可以去看看这些，它们示范的实际上是沟通受众情感的技巧，提取这里面的精髓嫁接你的垂直内容也是很有效的。

如果还不行，B站也能帮你。因为受众和视频时长、变现生态不同，所以在这个平台抖音达人直接开"分号"的情况很少见。即便他们想要耕耘这里，一般也会推出更符合这个平台的专属内容。这时我们就又可以尽情找灵感了。

而如果你做的是B站号，也可以去短视频平台和西瓜视频、YouTube这样的平台去逛逛。

3.图文类内容平台

不要忘了，公众号、微博、豆瓣、知乎是许多短视频运营者厮杀的上一个战场，这场泛短视频内容的革命也曾经打出"所有图文内容都值得被短视频再做一遍"的口号。所以，图文类内容平台上无疑充斥着与你人群定位相似、数量却更加庞大的新媒体内容。所以它们也是我们学习的榜样。

4.剧情类作品

图文类内容平台格外适合启发垂直领域的视频创作，但对于剧情类的视频账号则略显乏力，毕竟在公众号写故事、发漫画的创作者远没有做分析、写评论的多。

但这样的缺憾可以在影视、动画、剧情类综艺这些作品中弥补。而且，剧情类的内容更容易激发我们的联想。

比如我们曾在一部影片里看到一个一贯表现得羸弱的妹妹突然在关键时刻挡在了姐姐面前，成熟得有些不可思议；也许实际情况可能是编剧处理得太生硬，但如果我们暂且把这个失误当成合理的，那这背后会不会有什么隐情？于是我们顺着这条思路想到了其实这个妹妹才是姐姐，只是因为一个特殊情况身体停止了生长；而现在的姐姐本来是妹妹，在那次劫难后便失去了记忆，随着自己渐渐长大，渐渐以姐姐的姿态保护"妹妹"，但却没有意识到她自己才是那个被人默默注视和守护的人。

同样地，世界观和故事设定也可以借鉴。比如《步步惊心》可不可以启发我们写一个回到过去某个时期的故事呢？《灵魂摆渡》可不可以启发我们写一个凌厉、传奇但内里温情的故事呢？《十万个冷笑话》能不能启发我们也写一个不断反转的"精分"题材呢？

当然可以。

4.2 如何构思更"吸睛"

内容是用来表达的，但比起自我表达，以创富为目的的短视频还必须能赢得受众的喜爱，并愿意持续关注、互动。

我不提倡大家上来就直接编故事、写脚本，因为盲动是没有策略可言的，但人心必须经营，如何让别人喜欢你必须要讲策略。因此每一期内容在制作开始之前，我们都需要经历类似定位阶段所讲的那种思考和规划：在不偏离账号大方向定位的前提下，每期内容依旧需要我们从人群出发，依次想一下需要出现的人物、场景、内容主线、主要冲突、服装、情绪及背景音乐。

总之创作的策略部分一定是理性的，虽然创作本身更多表现得像个感性工作。接下来我们就来说说在这个环节要理性地"计算"哪些方面。

4.2.1 两个模型找到受众需要你构思什么

前文我们提到过洞悉人性，又提到过从受众出发，都是在强调做账号不能以自我为中心、从"我"出发，尤其当我们希望这个账号可以很好地变现、帮助你创富的时候。

要变现的账号就像一个销售员，当然是无微不至地从客户的需求出发关注客户、体贴客户、为客户提供周到的服务更容易成单。也许你听过有的销售高手也会一反其道——门难进、脸难看，充分利用"距离感"战术反而让客户"得不到的永远在骚动"，但这一招在个人水平极度过硬的前提下才勉强可以一试。对于大多数普通人而言，还是顺着客户效果最好。

那么类比到自媒体泛短视频内容，受众的需求都在哪里呢？

1.从马斯洛需求层次模型看不同层次的需求

"马斯洛需求层次模型"现在应该已经是最"出圈"的学术理论之一了，同时也是互联网领域的"常客"，单就讲述新媒体的图书课程中，其身影也常常出现。

坦白地说，在写到这里时我犹豫了很久要不要讲这一点，因为这既不是个新理论，我也没什么新阐发，何必唱那"陈词滥调"？但纠结再三，我最后还是决定简单说一说，因为它真的重要！

我们一直在强调，若在新媒体领域中有什么"一招通杀"和"无招胜有招"，那只能是对于人性的洞察。需求是人性复杂欲望的体现，也是一切互联网产品构思的起点，因此这是一件怎么强调都不为过的事情。

如果你以前没有接触基于马斯洛需求层次模型做出来的自媒体视频，那么建议你赶紧看一下；如果以前看过，那么不妨直接跳过本节，但一定要在心里默默念一遍这句话：**人性！人性！人性！这永远是做好自媒体最重要的功课。**

1）生理需求

生理需求人人都有，即便是发育未全的小孩或食不果腹的难民，其出发点仍然是人类"动物性"的那一面。所以无论对于哪个群体、何时何地，想办法利用人类的身体本能、满足他们基础的需求都是不会错的。

所以让你的视频内容和美食相关、找好看的演员出镜、配上朗朗上口甚至节奏魔性的音乐、想办法让人大笑或宣泄，这就是生理需求给我们的启示。

2）安全需求

安全需求是我们自我保护和自我关爱的本能。我们会关注使我们生活更有保障的事情，警惕危害我们健康安定的因素，不时缺乏安全感，又希望别人给予我们关爱和安慰。

所以让你的内容和受众的身心安全扯上关系，或给处在寒冬、低谷的人及时送上一碗"鸡汤"，是很好的方法。

3）社交需求

人是群居动物，生活在社会中，我们或多或少都会在意社交方面的事情。我们希望可以找到和我们一样的人，并让大家认识我们，接纳我们，喜欢我们。

这一需求可以启发我们做这样几件事。

第一，关照一个特定的"群体"。比如根据地域（如"东北梗"、四川话、南北方），根据职业（如程序员的"情话"、运营人"黑话"），根据喜好（如小众音乐、"咸甜豆花"），根据年龄段（如"90后""前后浪"），让受众自主去"对号入座"，这时他们发现和自己一样的人越多，就会越开心。

第二，创造社交货币。想办法通过猎奇、夸张却不深奥的话题性内容让受众获得谈资，帮助他们融入人群。

4）尊重需求

这个需求很好理解，就是想要让别人高看自己一点，让自己在社交中占据优势地位。同时，强化受众自我价值意识，促使其自尊也属于这个范畴。

因此励志的、正能量、反歧视、具有平等精神的内容就会比较有效果。曾经一度在抖音上非常流行"往后余生"系列，虽然我个人感触不大，但是公众反响热烈。我也是从那个时候开始真正意识到了尊重需求在内容创作中的力量。

5）自我实现需求

我相信每个人都有一展抱负、实现雄心的需求。即便是很多现在看起来温柔无害甚至老实怯懦的人，如果生活富足、事事顺遂了，我相信他们心底的英雄情结也会被唤醒，也会选择冲去成就一番事业、实现自己的雄心——这就是马斯洛需求层次理论中位于最上层的需求。

在创作内容时，一些技能型的干货可以帮助受众获得装备、强化武器，固然是个好选择；用一些幻想夸大的故事将平凡人轻易实现不了的演绎出来也是个好选择，所谓"大女主""大男主"的"爽文"，就是这个套路。

注意，为了让大家最直观地感受到这五项需求和内容方面的关联，所以上面的举例用的多是自媒体短视频常见的套路。**用这个做抖音号还是有效果的。但是如果做B站号，因为受众和平台调性不同，只是做到这么浅层是不够的。** 在B站需要把内容做得再丰满些，少一点情绪，多一点理性。不过我们仍然可以从这几种需求出发来构思。

另外，对于目前泛短视频平台的受众来说，其中绝大多数人身上都同时存在着这五大需求，所以我并不建议大家按照金字塔的顺序一层一层做。

马斯洛需求层次模型中的进化层面并不是新媒体运用中的重点，它对于人性需求的多方面揭示才是。知识要活学活用，而如果胶柱鼓瑟，务必让自己所做的和经典理论事实对应，反而不美。

只是根据我们各自的账号受众不同（具体画像可以在第三方数据平台上详细查看），我们确实可以有针对性分析一下那个人群在每种需求层面着重体现的方面。比如同样是"尊重需求"和"自我实现需求"，对于小镇青年或居家宝妈，可能就更倾向于机会平等、人格独立；而对于大学生，就可能要侧重硬核技能和鸿鹄之志。

2.从KANO模型看不同程度的需求

比起马斯洛需求层次模型，KANO模型的知名度就相对低，但在互联网行业，尤其产品圈层来说，这仍然是个老生常谈的理论。这是东京理工大学教授狩野纪昭提出来的理论，主要侧重在将人的需求按照程度划分，并和产品工作的优先级进行了关联。

一个账号及账号里的每条视频内容也是个产品，某种程度上每个内容创作者也应该是个产品经理，所以将这个维度与"马斯洛需求层次模型"所展现的

维度相互补充，也是非常有意义的。

KANO 模型将需求分成**基本型、期望型、兴奋型、无差异型、逆向型**五种，它们和人们对一件事情的需求程度相关，也和产品本身呈现出的新意和惊喜程度相关。具体如下：

- 基本型需求，就是一个产品必备的一些因素。做到了这些不加分，但不做到位绝对要失分，所以要一丝不苟地做起来。
- 期望型需求，就是受众所期待的。对于搞笑账号，大家期待的就是一个个响亮的包袱；对于悬疑账号，大家期待的就是一个个精彩的反转。这些是要拼尽全力去做的。
- 兴奋型需求，就是超出受众期待之外的亮点。要么是多出来的一处设计，要么是超预期的完成度和完成方式，总之没有做到这些不会减分，但做到了一定会有大大的加分，成为一个"爆点"。
- 无差异型需求，就是你做不做别人都不会受到太大影响的需求。但对于短视频而言，时长有限，浪费即是罪过，所以对于做了没什么意义的方面，要么改进，要么还是不要放在里面。
- 逆向型需求，就是做了反而会成为败笔，还不如不做的需求。

想也不用想，**我们绝大多数的精力要分配在满足受众"期望型"和"兴奋型"两种需求上，绝不要在"无差异型"和"逆向型"需求上浪费精力**。所以就需要在构思时，首先结合账号和选题方向综合分析一下对你而言这五种需求可能是什么。

一般来说"兴奋型需求"和"无差异型需求"属于构思中随机产生的，不见得都能事前规划清楚，所以先不用管，可以先把其他三项写出来。

比如你是个一贯走搞笑路线的美食教学号，这期选择传授大家一道家常快手菜。那么首先维持你一贯的制作风格，讲清楚操作就是"基本型需求"；食材足够易得、过程足够简单、最终效果足够诱人以及你的满口段子就是"期望型需求"；生硬的广告、反胃的食材、恶俗的语言就是"逆向型需求"。

然后我们开始深度构思，在这一过程中记得把每个新点子都对照着这五种需求来过一遍，看看属于哪一种。这时我们也会补足"兴奋型"和"无差异型"两种需求的空位。

最后，我们整体剔除"无差异型需求"和"逆向型需求"，将剩余的三种需求串联在一起优化编排就好了。

4.2.2 "微嫁接法"：内容IP的简易增色方法

第 3 章讲过可以围绕内容打造 IP，也可以围绕人物打造 IP。

内容 IP 讲什么，用前文讲过的选题法就能规划出来了，这并不难。但怎么在一个题目下面构思足够特别的创意、给内容增色，这是件麻烦事。

当然，这个麻烦的真正解决还是看你在具体问题中怎么想，有没有极富创造性的好点子。很难说有什么普遍适用的办法。但至少在思考的过程中，我们发现"微嫁接法"是一个可以时常使用，且产生效果比较可观的方法，可以推荐给大家。

所谓"微嫁接法"，就是将我们常规认知中属于两个领域的知识、常识和想法"跨界"结合。我的一个同行好友给这个方法取了个昵称叫 Apple Pen。如果你听过那首叫《PPAP》的歌曲，就一定能够心领神会。听说这已经成了他们团队内部的"黑话"，仔细想来还真的贴切：两个再普通的东西，同时又是风马牛不相及，强行把它们拉到一起，一个清奇的创意就产生了。

我们结合具体例子来理解。比如现在你要拍 Vlog 记录自己的一天，但你不是明星，也没有什么特别猎奇的生活场景，所以担心像多数人一样平铺直叙做不出什么亮点。那怎么办呢？

这就是曾经摆在我们面前的某个客户的问题。我们的建议是：仍然让她拍摄普通的日常生活，但在配画外音时却不像常规那样对真实发生的事情进行客观叙述，而是把叙述对象从"客观物理世界"换成"主观精神世界"。

这位客户的内心戏十分丰富和精彩，鉴于此，加上她当时沉迷于"洪荒流"网络小说，所以拍到小区里的狗狗时，画外音说是杨戬布在下界的情报网，它的上线是哮天犬；收到一个快递就说必是某道友给她寻的天材地宝……她用平实的镜头记录自己的生活，又用近似"阿 Q"和"阴谋论"的"思维滤镜"解读出了一条独立却无比精彩的故事线，十分有趣，不到两周就吸粉 30 万。

我们之所以能够得到这样的创意，是因为我们把诗歌理论的知识嫁接到了 Vlog 构思上：她遇到的实际情况像极了唐诗发展到晚唐的情况——生活中基本没什么题材未被前代大诗人写过，而这时李商隐创造性地把梦境、幻觉与内心思绪也纳入观察和描写的对象中，于是成功破局并拓展了诗的疆域。受此启发，我们便产生了这样的创意，实现了"Vlog+ 内心世界"的嫁接。

此外，当时我们还给她提过"Vlog+ 科普""Vlog+ 评论""Vlog+ 吐槽"

等多种方式，单独拆开都有许多成熟的作品和经验，但结合在一起却又很少，如果做出来都是有可能独树一帜的。

4.2.3 人物IP内容的几个构思方向

看过第3章的讲解大家应该清楚，我建议大家有条件尽量做内容IP，风险更可控，更适合发挥团队综合优势，且表现力要求不会那么高。但也许你就是想要打造自己，或者本身的业务太特殊，并不太适合规划内容IP，这时也还会进入人物IP的领域里来。

但这时如果你刚巧（对于普通人来说，这种"刚巧"的概率还是很高的）外形、才艺、个性都没什么出众的，那就尴尬了。不光会"尬"在创作的状态和效果上，也会"尬"在无题可选上。你也许会说："不会，我就给大家聊聊我们这个行业不得不知道的一些知识。"**但靠这个你做10期、20期还好，要是真要你做50期、100期，你的存货是不是真的够呢？**

好在人物IP的重点在人，内容选题方向相对灵活，只要仍然符合受众的接受习惯，有规律、有计划且不太频繁地做选题切换还是可以的。所以针对无法通过出众才艺走泛娱乐方向，从而在垂直领域努力的普通人来说，可以沿着以下几个方向来发散构思内容。

1.知识干货

这一点是专注"有用"来讲的，是最实打实的价值给予，建议重点规划。你可以讲述你所代表的垂直领域中的常识科普、实用技巧、避坑指南、行业内幕……每期一个问题，充分展示你的专业水平。

2.案例故事

故事永远是内容营销的优选，因为许多人讨厌广告、不爱学习，但说起听故事，应该很少有人是抗拒的。我们可以讲围绕个人的故事，也可以讲一个案例本身，但切记，一定要和你的垂直属性紧密相关。明明是个讲茶叶的账号，结果一顿讲你家亲戚来串门怎么也找不到停车位的故事，这很显然非常不合适。

3.段子趣闻

可以时不时结合抖音上的热点段子策划一些趣味内容，或释放一下你天性中有趣的一面。这主要是起到一个调剂作用，拉近大家和你之间的距离，不会觉得你是个可望而不可即的专业人士。

不过毕竟不是泛娱乐定位，我不建议把这个部分作为主要发展的板块，偶尔点缀一下就好；但我属实建议大家能把娱乐和幽默的风格贯穿在包括知识、故事在内的其他类型内容的演绎中。

4.工作日常

不见得每期都是精心编排、特别制作的，作为一个垂直领域的达人，偶尔在你工作时录一些日常、做个花絮展示也非常不错。

比如，你做的是说唱领域的垂直号，给大家呈现一段你熬夜写词、作歌的过程，或者和一些说唱歌手的聚会谈话就不错。一方面，这样能证明你确确实实是属于你所介绍的垂直领域的从业者；另一方面，这也能让大家直观感受到你这个领域的氛围、情况，增强对你所讲内容的感受。同时，偶尔的这类小花絮也能让大家看到你不是一个脱产录视频、只会在同一个地方用同一个方式和观众讲话的人，从而使个人IP的形象更加丰满、立体。

上面这四个方向是我们在一个真实的服务案例中探索出来的。

我们先前有一位客户原本是民谣歌手，也签约过正规的经纪公司。但因发展不理想，在经济合约解除后她就做起了独立音乐人，并经营一家音乐酒吧。

有一天抖音联系到她，希望她能以音乐人的身份入驻平台，并上传之前的一些音乐作品。这启发了她去好好运营自己的线上账号、打造个人IP的想法，因此找到了我们。

在给她做定位规划时，我们给她策划了内容IP和个人IP两条路线，各设计了一个方案。在评估后，她决定还是用个人IP的思路来做。起初形式很简单，就是让她在酒吧或录音室中自弹自唱，每周唱两首原创歌曲，其余时间翻唱一些别人的作品。

但三个月后，她自己的作品几乎都已唱过了一遍，光唱别人的作品又非常不利于她持续打造"原创音乐人"的人设，因此我们就进行了新的尝试：

让她分享一些音乐创作方面的小知识；像综艺《无限歌谣季》一样记录她创作一首歌的全过程；有时会录制一些她晚上在音乐酒吧办活动的视频，其中会有各路小有名气的嘉宾，她也会在兴致饱满的时候对着镜头分享一些在酒吧经营中的趣事……

在开始尝试的时候，我们担心方向太多会让受众觉得内容不聚焦，因此约定在 15 条内容之内快速进行 A/B 测试，抓紧定下一种形式来稳定创作。但在实践的过程中我们发现对这几种形式，受众反馈都不错，甚至比过去她翻唱热门歌曲时效果还好。受众非但没有质疑内容杂乱，还对她的创作才华更加赞赏，对她的生活也同样好奇。

因此，最后我们决定在每 10 条内容中，保证 3 条做创作花絮、3 条做演唱、2 条做知识科普、2 条做 Vlog 任她发挥真性情。就这样反而给大家呈现了一个有血有肉的原创民谣歌手，她不仅唱歌好听，还自由、可爱、独立、善于思考，反而使她原创艺人的标签更加深入人心，也在一年内收获了 140 万个粉丝。

4.2.4　怎么做广告、带货视频

以创富为目的的泛短视频无论如何也回避不了商业内容的展现，**要么植入广告，要么种草带货，这些行为被广大泛短视频人亲切地称为"恰饭"。**

有饭可"恰"当然是好事，但往往也会给创作者们带来一些困扰。通常来讲，商业信息和内容之间是有冲突的，至少在许多人主观看来是这样的：本来是来开开心心看视频的，结果看到的都是各种广告……

但注意，我上面说的情况只是"主观"上的，如果我们冷静客观地想一想，其实这两件事并没有天然的冲突。不然我们为什么在《奇葩说》看马东播广告会这么兴奋、在《脱口秀大会》听李诞捧"金主"忍不住鼓掌呢？

原来我们讨厌的只是拙劣的广告，而不是广告本身。如果能把广告打得巧妙、好看，大家都是可以接受的，甚至会把它看成一件有趣的"新鲜事"，兴致反而就高起来了。

坦白地讲，高黏性的粉丝对创作者适当的"恰饭"行为是可以很宽容的，不信你打开 B 站许多头部 UP 主的视频弹幕，每到其花式打广告的时候，一屏一屏的"恭喜恰饭""让他恰"就刷起来了，毕竟创作者能得到商业收入，既是市场对其实力的认可，也是其能持续产出好内容的保障。

第4章 欲善其事，先利其器——做好内容，泛短视频创富的重中之重

所以在贸然进入变现环节、消耗流量之前，研究一下如何做出吸引人且效果好的带货内容是很有必要的。

1. 展现什么样的特质才"抓人"

我们先来研究，对于一个产品来讲，我们的宣传包装要围绕怎样的"核"来展开。泛短视频广告、带货效果好不好不光看创意和制作，产品本身是不是足够具有潜质也很重要。所以无论是泛短视频还是直播电商，都有一门学问叫"选品"，这个环节的一个重点就是看看这个商品是不是有适合包装的潜质。

接下来我们就来讲一下在发掘商品身上潜质时那些需要注意的事，从中也可以了解到怎样的商品容易被包装出效果。

1）抓住一个卖点重点放大

这是首先要说明的一个原则，如果不说清楚，你搞不好就会想着把产品手册上面的卖点挨个讲一遍——大多数甲方都会有这样的执念。

记住，千万不要这样。泛短视频不是直播，它是有时长限制的，即便是在B站做长视频，也不适合把广告环节做得太长。所以在介绍时不要贪多，尽量抓住产品的一个卖点重点放大，把它玩出花、玩出彩就好了。

比如，曾经一度刷爆抖音的"泡泡面膜"，你还记得是怎么火起来的吗？给它带货、打广告的爆款创作者几乎无一不是围绕着它随着时间慢慢产生泡沫的亮点来打的。这群人有的搞测评，有的拿它来"恶作剧"，有的戴着它唱歌最终被泡沫盖住嘴……花样各式各样，却几乎没有谁介绍这款面膜的材质、成分等方面。

2）挖掘情理之中、意料之外的用途

在"泡泡面膜"的成功营销中，它特异的发泡功能功不可没。不过对于大多数产品而言，它们也许并不具备这样一个一下就能抓住人眼球的卖点。这时，我们又要怎么挑呢？

我建议优先留意一下这个产品中是否有那种很具有人性、很用心，在不经意之中让你感到意外惊喜的功能。因为我们在互联网上的消费更多是冲动驱使的，这样的意外会在一瞬间给我们带来极大的感情波动；另外，这样的功能也相对直观、好理解，许多涉及大量术语或专业知识的卖点对普通受众而言并没有太大吸引。

举几个例子。比如一款运动裤，它的材质透气，剪裁美观，弹力优秀，但

在时间宝贵的时候要重点介绍吗？当然不，因为绝大多数运动裤也具有这些优点，至少在介绍宣传时也会这么讲。那么比起这些，也许它裤兜里有个小暗格是更值得介绍的，把钥匙、身份证等重要的小物件放进去不仅安全，还不会显得鼓鼓囊囊，这对许多爱好运动的人来说也许具有差异化的吸引力。

又如一款不沾锅，时间有限的时候，我们要讲它能炒菜、外形美观，还是涂层材质的专业资质呢？显然都不是，我的购物车里刚好有几款锅，它们对我来说的核心吸引点依次是：盖子的出气口更大（常煮东西的朋友应该知道这意味着什么），锅体格外轻，锅沿不滴油。

怎么样？是不是都是些看似平平无奇，实则非常精细，同时又无比直观、好理解的功能呢？日本的许多生活用品广受欢迎，难道不也正是得益于这些细小处的用心带给人的小惊喜吗？

3）给商品一个"人造标签"

下面是一个终极问题：如果遇到那种怎么都很难发掘出亮点的产品，我们又要怎么办呢？

答案是：没有卖点，生造卖点。

但我说的不是虚假宣传，而是通过人为包装的方式赋予它一个标签。这方面的经典案例有用"钻石恒久远，一颗永流传"把钻石生生变成了见证爱情的奢侈品的操作；也有把单纯无邪的"小猪佩奇"生生加上"社会人"的标签、火遍抖音的巧思。

人类一直是个爱听故事、相信故事的物种，在我们普遍脱离了物质匮乏的处境后，很快就会把故事、观念、象征这些抽象的因素纳入我们的消费诉求当中，久而久之，它们对于我们消费决策的干预能力已不亚于材质、功能这些实用层面的因素了。

所以一支无甚惊喜的钢笔怎么卖？给它赋予"格调内敛"的标签！
一块平平无奇的平价手表怎么卖？给它赋予"务实进取"的标签！
一只普普通通的铁皮青蛙怎么卖？给它赋予"童年情怀"的标签！
不信？试试看就好了。

2.进行什么样的制作才"有戏"

找到了适合核心包装的卖点，就该研究如何表达了。这里，我们对于直白讲述和场景演绎卖点两种路数的建议重点是不同的。

1）直白讲述式

直白讲述式，光从字面上看就知道形式比较朴实，没有太多"花活儿"，主要依赖的无非是一个人和其所说的、所做的事情。因此就要想办法在这上面做文章。

我们先说人。如果本身的表现力极强，可以选择一种戏剧化、夸张化的讲述风格，从造型到语气，再到语言内容都全面"情绪化"。这样不管你所讲的东西普不普通，视频至少是不枯燥的。某头部主播开始在抖音上火起来时呈现出的风格就是这种，无论是语速、语气、口头禅，还是行为表现和剪辑风格，都是夸张而"魔性的"。

而如果你的表现力达不到这种程度，那就至少让自己做到情感外放、热情澎湃——**要让人激动，你自己首先就要兴奋起来**。

然后说说行为和场景。这里我的建议是尽量让自己的行为和场景产生冲突、"格格不入"，这样你一下子就能抓住受众的注意力，并让你显得与众不同。比如你要卖改良汉服，那偏要去时尚的商圈街头；你要卖炒栗子，偏要在豪车前边支个摊。

提到抖音红人"摆货小天才"，你的第一印象是什么？是不是他的西装与手套在各种街边摆摊的"反差感"？他虽然不是真的在靠自媒体视频带货，但这个道理是相通的。

最后说的要素是音乐。我建议优先选择动感的音乐。用这样的音乐把受众搞得热血沸腾，对促销当然是个助力。只是注意，尽量要回避"土摇神曲"和企业年会常用的那几首曲子，那会给你的诚实经营无端蒙上一层迷之不可信赖的色彩。

但如果你卖的是一些不大适合煽动情感的商品，比如用以彰显文化和格调的，那我建议你选择爵士乐，而不是书店和咖啡厅里常能听到的那些音乐。前者让受众的精神迷醉般舒缓，而后者是让受众的心灵彻底平静，谁更适合给销售"添柴"显而易见。

2）场景演绎式

比起直白讲述，场景演绎可以玩的就会多一点，我们可以借助一些技巧让软的植入更巧妙、硬的植入更有趣。

首先是感受夸张化。比如，你要表现一个耳机音质的纯净无杂，可以安排自己戴上耳机就置身在一个独立的空间中，其中只有溪流、鸟鸣和悠扬的音乐，旁边的朋友怎么和你讲话你都不知道；如果要表现一个零食好吃，就像《中华小当家》中的人物一样，吃了一口整个人就露出一脸憨笑，幸福得简直要飞起来；如果要表现一个拉杆箱的轻便，就不妨做个特效让它一抡而起，然后你整个人走起路来仿佛插上了翅膀……

不过注意：这里夸大的对象只能是你作为使用者的"感受"，而不能是产品本身的功能。 比如上面拉杆箱的那个例子，你就不能用画面表现这个箱子轻得像羽毛一样——这样的处理涉嫌误导欺骗，是会出问题的。

其次是功能场景化。 关于产品的重要卖点，我们要讲清楚这个特点赋予产品的优势，而如果能把这种优势放到具体场景中演绎出来，那将是极好的。比如一个轻便拖把，你把它的材质和数据说得再好，不如直接拍一个人一只手拿酸奶、另一只手单手推着拖把擦地的场景。

最后要说的是，当在剧情中我们势必逃不过比较"硬"的口播的时候，建议用这样的两种办法处理： 第一，欲盖弥彰，用一种格外夸张的方式，把这条商业信息的突兀感放大出戏剧化的效果，这样反而就搞笑了；第二，在说完后赶快跟上一条好笑的话消解这种"尴尬"。

不过还是提醒大家，如果你做的是抖音号，不申蓝V、不走巨量星图的情况下尽量回避过"硬"的商业信息呈现，也不要在画面中给品牌logo正面特写，当心账号被评级降权。

4.3 如何加强账号"续航"

泛短视频创富，是要做爆款内容吗？

这话对，但又不全对。

确切地讲，真正要让账号值钱、创造可观的财富，不仅要出爆款，还要想办法"持续"出爆款。

就目前的抖音官方统计数据来看，除了极少数头部账号，绝大多数账号的活跃周期都不足两年。我们常将短视频达人和明星做比较，从收入与名气的角度来看，这两者也许偶尔也可以跻身同列，但从可延续性上来看，前者和后者差得就多了。

大家不妨回忆一下一年前抖音上最火的是哪几个账号，再看看他们今何在哉，估计很多人会感叹风光一时者何其多、守得基业者何其少了。

所以我们辛辛苦苦做个账号，不光要做出能吸粉、能变现的好内容，还要想办法让它尽量活跃得久一些、持续发光发热，避免成为那千万朵"昙花"之一。

这里，我们不仅要找到能够支撑我们持续产出的创作法，还要以长远的眼光看待和经营我们的流量与粉丝。

4.3.1 科学模仿的"三重境界"

一般来讲，通过前文介绍的几种办法找到好的内容方向就足够了。但凡事难保万一，有时限于精力与灵感，团队也会在一些时段陷入创作瓶颈，这时也确实有必要采取一些补充办法。

模仿借鉴就是保证我们持续产出的关键补充方法。创作不能长期依靠它来做，但它却像后备箱里的备胎、旅行箱里的充电宝、冰箱常备的"老干妈"，关键时刻可以帮助我们重归通顺，避免止步在某个瓶颈。

那么泛短视频内容，可以模仿别人的内容吗？

可以，但模仿要讲究原则和方法，不能简单、盲目仿制。否则当大家发现你在进行简单的盲目模仿时，总会热心地在评论区指出来、@原作者，甚至直接向平台人为举报。

这时对你来说，轻则败掉好感，重则警告降权；此外，长此以往，你也会渐渐丧失创作的能力，总之坏处多多。

所以，有精力、有能力，还是要想办法自己创作好内容；如果条件不允许、确实需要借助模仿，那也要进行科学模仿，具体怎么做呢？这里有三重境界，对应不同做法。大家操作时可以从低到高循序渐进，最终将三个方法灵活搭配、巧妙运用。具体如下。

境界一：仿其皮肉

和账号整体定位有点类似，单条内容也是可以拆出人物、场景、情绪、内容、音乐等许多点的，**我们同样可以就其中几条模仿，但放过另外几条**。再经过不同人的演绎和制作，同一元素在不同的条件下也许能产生不同的效果。

这样的模仿偏于表面，所见即所仿的对象，因此也比较简单。

（1）把模仿对象仔细看几遍，把你认为它之所以带来好效果的几大要素罗列出来。

（2）在这些要素里取舍，决定你要模仿哪些。一般我建议除了内容主线之外，我们对每一条都试一下有没有更好的替代方案，如果有，就把它从模仿对象中划掉。通常我们在创作瓶颈期缺少的只是创意方向，但针对一个给定的"靶子"去做创意，还是可以的。所以只要认真想，我们总会发现能划掉的项还是很多的。

（3）将模仿部分和改良部分放在一起，画出一个导图（一步到位做成文字脚本就更好了），然后整体全盘感受一下，对于可以优化的地方进行再次调整。在改动的过程中问自己两个问题：现在算不算是个完整丰满的作品？现在是否产生了原作所不具备的新魅力？都通过后，意味着模仿工作结束了。

境界二：仿其骨相

这一重境界要在表面模仿的基础上深入一层，研究原作选取主要元素背后的原因，然后从那里出发进行再创作。

好的内容都是从理性到感性、从推导到灵感的，所以至少在元素假设之前，大多数结果都有个比较可靠的原因，我们要做的就是**顺藤摸瓜，找到处于表象之上一层的那些"为什么"**。

我们曾做过的一期爆款内容，我们将它按照这种方式拆分一下，就生成了如下图所示的导图。

《时之猎人》亮点

- **基础设定：**"时之猎人"组织招募儿童作为赏金猎人，在我们察觉不到的地方做许多保卫地球的任务
  利用新奇的基础设定提高故事可看性。其中"打怪兽"和我们熟悉的世界、5岁小孩和赏金猎人，形成两组强烈冲突，增强戏剧性，调动观看欲望。

- **开篇炫酷的打斗**
  炫技，抓住受众最初的5秒注意力。同时直观给出基础设定中"抓人"的冲突。

- **重点渲染孩子接SSS级任务前的纠结和最后的决绝**
  制造气氛差异，将前面高昂的基调转到低沉。同时带动大家好奇：任务危险不接好了，为什么孩子这么纠结？

- **父母回家前，孩子将房满是先进装备的房间还原成最普通的儿童房，并装出了天真无邪的样子**
  把前面的传奇性打破，一下拉回到我们最熟悉的现实，以此制造又一组冲突。同时，在了解完前面的故事后产生另一个好奇：刚刚结束战斗的孩子为什么要拖着疲惫的身体做这些？明明是个超级英雄为什么要扮演乖小孩？

- **反转结局：孩子之前所有的努力不是为了赚钱，而是为了换取父母的陪伴时间。为了这一点，孩子可以不顾一切**
  最后一刻解开前面一切的谜团，出乎意料，生成大反转。这样的真相远比想象的深刻，揭示了亲子间的一些道理，并瞬间提升了故事的厚度。不禁让人赞叹并传播。

也许你会担心做这样"事后诸葛亮"似的分析拆解会不会牵强附会、得到的根本不是原作者的本意，但不要怕。你要的不是真正搞懂对方，而只是没有

灵感时的"引路",这一点通过这样的方式还是很容易做到的。

境界三：仿其心术

这一重境界要比上一重更深入、更抽象，直取本质，探究成功作品背后的思考方式。

我们仍然以上面那个产品为例，就是直接从表象内容"杀"到这一层。我们不仅要看到这样设置情节背后有通过发泄引发共鸣的道理，还要更深一步看到现在是什么事情正在引起受众普遍什么样的情绪。

也许这种怒火积压着，却缺少一个出口；也许这种情绪产生了，但很少有人意识到；也许一种不满点燃了，但太零散形成不了合力，所以正在等待一个旗手……

比如，在那个《时之猎人》的故事中，开始抓人的也许是基础设定、主角人设，但最终许多人被它触动并转发的原因大多还是来自这故事最终所表达的观点：

也许孩子远比父母想象的成熟，他们有自己的思考和感受，因此不该被大人们视作"附属品"来对待。

也许你会说你没有，孩子对你而言是很重要的。但是，如果你平时很轻易地单方面决定牺牲对孩子的陪伴来工作，并渐渐习以为常，或者如果你回到家就希望看到孩子像电视剧里一样单纯、无邪、乖巧，能够让你转头放心地投入下一轮的事情中，那么这种对待已经发生了。

对于成年人而言，我们的世界由许多部分构成，孩子很重要，但也只是其中的一部分；但对于孩子而言，父母的陪伴就是他们的全部。因此只要有机会，他们会为了这个在你观念里仍然会用"机会成本"来衡量的事情而付出很大的努力。

当然，这不是说父母牺牲对孩子的陪伴而工作是不对的，毕竟成年人的世界充满了身不由己和向现实妥协。但孩子对于"爱"的迫切也是天性使然，合情合理。因此，或许这就是人生注定留给无数家庭的遗憾，这也使父母与孩子间的羁绊是无以名状、其味难言的……

也许你的观后感受并没有完全和这个统一，或许只接受到了其中几个点，又或许联想到了比这更多的内容，但都不妨碍你的感性神经被这些隐幽的真实、人间的无奈和普通却真挚的情感所拨动。无论是出于作为父母的心疼歉疚、作为孩子对自己童年的共情联想，还是只是作为一个拥有人文感悟力的普通人而恻然动容，都会转化成对于这个内容的共鸣回馈，使它在你的心中留下分量。

因此在这层模仿境界中，我们要把做法从"分析"提到"洞察"，把研究对象从"作品创作"提到"社会人性"，然后把这里当成起点出发再创作。也许别人的解决方式是帮助弱者发出怒吼，而你的做法可以是安排恶者受到惩罚，这两者情节变了，呈现手法也变了，但它们是基于同一种洞察衍生出的作品，是同一片土壤开出的花。

真正到了这一步，我们的模仿也就步入了高手之境，不拘表象，不着痕迹。从第一重到第二重、第三重，模仿的难度越来越大，痕迹越来越少，自由度越来越高，同时对创作者素质的考察越来越重。

真正的模仿是为前进而做的，借鉴和借钱一样，借完就要想着怎么用它换来的一时宽余赚回更多收入，而不是指望花完再借，一味把索取作为谋生的手段——**前者让人成长，而后者将使你堕落。**

4.3.2　三个要点使内容持续发热

模仿是从内容执行本身出发的办法，而本节要说的是从内容策略上出发的方法；模仿是单点突破的办法，接下来讲的则是需要长线布局的手段。这两者相配合，会使我们的账号走得更稳、更久。

言归正传，对于这个方面，我有几个建议。

1. 注意输送观点和态度

我们回忆一下过去十年读过的书，最让你回味的是教科书、青春网文，还是那些传递人文情感的小说和散文？

我们再回忆一下过去十年追过的电视剧，让你奉为经典的是明星和资本堆砌的"流水账"、华丽空洞的偶像剧，还是那些厚重、温暖或犀利的剧集？

我们再回忆一下过去十年看过的广告片，最让你喜爱的是开门见山的介绍、各种明星特写的剪辑，还是那些有场景、有情节的故事？

很多内容产品会靠着技巧给予我们一时的快感与满足，产生一时的价值，但却无法经受时间的考验，给我们留下足够持久的印象。这主要的原因在于它们没有为作品注入足够的人文性，让它足够"人格化"。

一个好的作品不光要"表现"，还要"表达"；不仅要实现基本的功能呈

现，还要让它更有"人味"和温度。做自媒体视频内容也一样，套用前文提到的 KANO 模型中的说法，表现出达标的功能性充其量不过属于"期望型需求"，但表达出"人"的味道则属于"兴奋型需求"，是作品的隐藏加分项。

决定账号内容是否有"人味"的主要依据在于是否能让人感受到创作者的观点和态度。创作者不见得一定在内容中时常直白地表达自己的观点，通过剧情表达对世间不公的愤慨，通过语气表达对身外浮云的看淡，通过选题表达对社会种种的人文关切，也都能达到这种效果——这些都是"有心"的创作。

与之相对的是"无心"的创作：做段子号就只"抖机灵"，做剧情号就只图热闹，做电影号就只追热门，做职场号就只讲表象……这些内容不见得就不精彩，但比起"有心"的创作，终究只能获得我们浅层的共鸣，这种程度的内容同质化很重，过不了多久也就被人淡忘了。

所以一定要为你的作品注入属于你的态度和观点，赋予它一定的人文性，打动人的总是另一个"人"，而不是什么机器。只有灵魂的深度，才能吸引深度的灵魂。

2.定期优化升级内容

这一要求对抖音尤其重要。

抖音平台筛选优质创作者的一个重要标准就是考察创作者的创作热情，而这种热情就可以从你是否能够在作品中推陈出新来体现。

我们都会主张在做账号前期内容规划时确立一个框架标准，以保证内容呈现一定的"系列感"，但显而易见，在这样的模式下越到后来需要投入的精力就越少。因此，如果一个创作者的几十期内容都在遵循一个脚本框架来进行，抖音平台有理由怀疑其是否会出现创作惰性增加或创造力退化的情况，因此就会通过降权等方式来设置一些阻碍，时间久了就会出现流量江河日下的现象。

这种情况下，明确表现出我们持续旺盛的创造力是根本的解决办法。所以我们要保证每过 20 期左右就对作品做些调整升级，要么在脚本架构上，要么在视觉风格上，要么在制作水平上。

比如抖音账号"疯产姐妹"，最开始这个账号的定位是美食类，每一期都以"闺蜜的投食日常"为主题，用给闺蜜"投食"做开头，来引出一些有趣的话题，或者借机捉弄闺蜜来达到娱乐大众的效果。坦白来说，这一题材的效果并不差，但是做了一段时间后，她们还是勇敢地做出了转型，平台也更愿意去向这样的账号做倾斜。到目前为止，这个账号粉丝已经达到4000多万，效果非常好。

也许你会说这不大科学：这些都是形式上的，有许多形式就是可以套进很多内容的，这时形式虽然没有变化，内容却是在不断变的，每一期创作者也还是会投入许多心思来做……但抖音是个程序，在算法不能做到更精细智能的内容分析前，一板锹下去纵使错伤了一些人，最后却能限制更大概率出现的不良现象，这也是无可厚非的。

所以只当是个游戏，大家还是最好能够适应这一规则，别和机器较劲儿。

3.制造噱头和不确定性

对于长线运营一个账号来讲，我们经营的不是一两次爆款和飙升的粉丝量，而是持续产出稳定的优质内容，以及长线增长的粉丝黏性。自媒体短视频里璀璨的流星太多了，但真正稀缺且值钱的却是那些持续闪耀的"长跑将"。

所以我们势必要在稳中求变。一方面，维持账号定位与同粉丝长久建立起来的调性默契；另一方面，在平台和粉丝对你的兴趣达到临界点的时候做出一些改变。越到后来，我们越会发现自己运营的对象从一期一期的视频变成了一段一段的周期、从为了"一城一地"的得失转变成对于全盘整体的发展。我们要把自己长久放置在这样的状态里，像钓鱼，也像放风筝，始终在进行"收—放—收—放"的操作，在一收一放之间维持账号的生命。

因此除了有规律地改变，我们也要定期为我们的内容制造噱头和一些不确定性，它们是能够在临界点再次激活粉丝情感，把他们再向自己拉一把的"武器"。

噱头，可以是一个劲爆的主题、一个意想不到的转变、一段富有话题性的表演。比如papitube旗下的账号"爆胎草莓粥"，其主演就在2020年不失时机地参加了大热的选秀综艺《创造营2020》，为账号引入了新的热点内容。

而不确定性，就是一些惊喜。账号做久了，许多人都能看懂你编排内容的"套路"，甚至能猜到你的观点和情节走向，这会使得你的创意对别人的吸引力越来越低。这时我们就得时常制造些不确定性，让粉丝觉得"猜不透"你。

比如你的账号每期都是毒舌主角怼天怼地无往不利，突然有一期可以做一个主角反被人怼的内容；又比如你的视频中每次标志性音乐一起主角就要耍帅，结果突然有一期音乐一起主角却猝不及防地卖了个萌……**总之在原有套路的框架下反套路，多来几次后，大家对你的每个套路也就都存着一个怀疑，期待着你会不会又在哪个套路的背后准备了一场"奇袭"。**

噱头和不确定性就像我们辛苦工作中偶尔穿插的一顿酒局,它不适合作为常态,但偶尔来一下,带来的刺激会在一段时间内激活大家的热情,让紧绷的状态松弛,让乏味的疲惫消散,让人和人之间的关系再次回温。因此对于眼光放长的创作者而言,一定要善用。

/第/5/章/

内外兼修,妙用唯一

学会运营,塑造账号的商业价值

第5章 内外兼修，妙用唯一——学会运营，塑造账号的商业价值

好了，根基打牢了，方向找定了，兵器挑好了，师傅终于开始向你传功了。接下来你既要学习外功招式，又要学内功心法；既要打坐用功，又要实战操练。务必让内外贯通、风火相长，然后才能在实战中得心应手，发挥自如。

因此这一步要走得无比用心，毕竟这一过程的结果如何将直接关系到你的武学生涯：突破了便有望继续精进，完成高手之路；若始终平平，则可能终身沦为一个普通的江湖人，在别人的江湖里随波逐流……

在泛短视频创富的征途中，运营就是这样的一个环节。只有把运营做好，让内容的价值充分彰显，账号的商业价值才能树立起来，才好继续去谈商业变现与创造财富。

另外，运营环节既要按部就班地把苦力气下足，又离不开一些天赋和运气，总之是在苦哈哈中不断经历惊喜与失望。同时，运营开始要靠一些规范和方法，随着修为渐长慢慢融入感觉，终于在无意识的章法中从复杂回归简单。这两点又与内外功法的修炼十分相似。

那么接下来在本章，我们就来好好聊聊这重要的泛短视频运营，具体内容可参考下图。

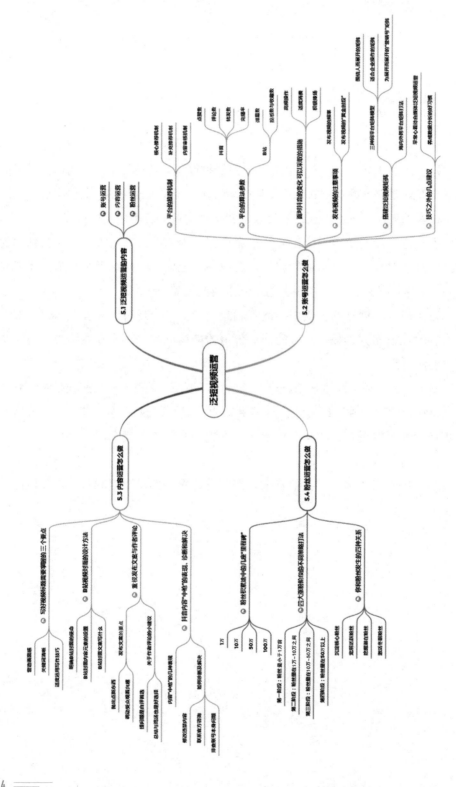

5.1 泛短视频运营的内容

关于运营，黄有璨的《运营之光》是一部有良心的佳作，其中把运营分为了"内容运营""用户运营""活动运营""产品运营"四个大方向。从道理上来说，泛短视频运营仍属于运营的大范畴，所以涵盖的内容也大致不出这个范围，可以对应出三项。

首先，泛短视频离不开内容，于是自然涉及**"内容运营"**。其次，单条呈现的视频一般不谈运营，谈运营的总是那些依托账号聚集存在的泛短视频。而在某种程度上，这些账号就是产品，当我们考虑泛短视频创富时尤其如此，于是此时的"账号运营"也就相当于一种**"产品运营"**了。

于是依附于产品的"用户运营"也就成立了，毕竟账号的商业价值离不开粉丝，要想粉丝增长，光给内容还是不够，也需要对他们进行一些维护和刺激，我们也可以称它**"粉丝运营"**。

在泛短视频创富之路上，这三种运营分别扮演着重要却不同的角色：账号运营让账号处于健康且富于增长的状态，相当于锻造了健康结实的"躯体"；内容运营让内容可以强化魅力，给人留下更好的印象，相当于构筑了性感的"灵魂"；至于粉丝运营，是真正让好内容能够变成粉丝、让账号的商业价值直接提升的，相当于沉淀核心的"资产"。这三个板块合在一起，就构成了泛短视频运营完整的三方面。

接下来的三节中，我们就来介绍一下这三个板块。从账号运营开始。

5.2 账号运营怎么做

账号运营的主要目的在于两点：第一，保证你的账号安全、健康；第二，使这个账号能够获得进一步发展的空间。这离不开对于账号所处平台的了解，也离不开科学得法的操作意识和做法，下面我们就分成六个方面来介绍。

5.2.1 平台的推荐机制

视频内容是如何在被作者上传之后辗转出现在那么多不同的受众面前的呢？是官方推荐吗？还是这些人事先关注了这个账号？又或是他们特意搜索了这些视频？

都有可能，但对于今时今日的泛短视频平台而言，这些途径早已不是最主要的了。如果始终是这样，抖音、B站"千人千面"的个性化推荐效果是不可能实现的。

那它们是如何做到的呢？

答案是：算法推荐。**无论是抖音还是 B 站，它们都将一套流程写成了程序，让每条产出的视频都可以像流水线上的产品一样按照既定的程序走到一个又一个关卡面前；同时借助大数据的精密运算，让客观的标准来决定它们是否通关，以及通关后跳到什么人的手机屏幕上。**

而我们要做好账号的运营，让更多目标受众能够看到我们的视频，就必须清楚并善于利用平台的推荐机制。

1.核心推荐机制

在抖音，每条短视频在审核通过后，会自动推送给你周边的 300 个用户观看。根据他们观看行为所产生的几项互动参数，抖音算法会评估视频受欢迎的程度，如果程度达到了标准，抖音就会继续把这条视频推荐给 1000 个人，然后再次观测这 1000 人观看视频的互动数据……

就这样，只要互动效果一直不错，这条视频就会突破越来越大的"流量池"，让更多的人看到；直至哪一次互动数据未达标，则停止推送。

在这一算法机制中，即便是刚起步的小号，它所产生的内容也可以获得"入场券"，只要能够不断满足指标，即便它没有几个粉丝，单条视频也有可能会火。这样既赋予了一些小号在平台上生存的机会，同时也为优质内容划定了清晰标准，为优质内容的产生创造了优越的条件。

不同于抖音一屏就是一个视频的沉浸式推荐，B 站采用的是较为经典的"瀑布流"显示，主页面中会密密麻麻排着许多不同的视频。**不过细细考察它的推荐机制，大体逻辑和流程与抖音还是非常相像的。只是不像抖音自动给账号贴标签，B 站是给每条视频贴标签。**UP 主在上传时要手动编辑该条视频的标签，然后平台再综合参考这些标签和视频封面标题、发布文案等文字信息来评估推送给哪些兴趣对口的人；另外，在判定视频是否受欢迎时，参考的数据也会比抖音多几组。

2.补充推荐机制

当然在核心推荐机制的基础上，抖音和 B 站也会有一些补充推荐机制。比如**粉丝定向推荐**，我关注的抖音账号最新一期内容会有一定概率夹在一批陌生推送中被我刷到；B 站则会有一定机会直接显示在首页中。

又如**官方推荐**。抖音上一些投了广告、买了推广、与官方有合作的内容，也会在这套流程的基础上特别出现。而在 B 站，编辑特别推荐的内容也会出现在首页上。

同时，这两个网站也会根据我们的兴趣标签和互动记录，向我们**推送更多同类型或话题相关的视频内容**。我们刚刚点赞了一条影评，马上就有其他一堆影评或与这部电影相关的片段、花絮纷至沓来。这也就是我们不同人的抖音、B 站账号中显示的内容不一样的原因；也是我们会对这种产品"上瘾""刷片一时爽，一直刷片一直爽"的原因。

3.内容审核机制

一条视频内容一路通关时要战胜的怪兽，并不仅仅是受众与它的互动情况，也包括不失时机出现一下的官方内容审核。**目前抖音和 B 站都采用机器智能审核和人工审核配合的方式**，在推送的关键节点进行把关，毕竟一个有问题的视频，推荐越广越不是好事。

审核中，平台一方面会看视频的呈现效果，模糊、卡顿、有水印、大量繁体字或花哨符号都是不行的；另一方面还会看内容，是创作型的还是搬运型的，是否有抨击时政、误导行骗、暴力血腥、涉及黄赌毒、穿着不文明、不正当抽奖等情况。

上述内容对于两个平台都是通用的。**在此基础上，抖音还会有些更为严格的限制**，比如视频中不能出现广告信息（主要针对个人号）、个人引流信息、其他平台名称及产品，以及保健品、医疗美容等敏感行业的相关内容。在这些事情上，B 站会相对宽松一些。

但无论在哪个平台，如果你被判定为不符合标准，轻则不予推流，重则账号降权、限流或直接关闭。目前这个标准在抖音是看不到的，只有严重违规时会收到管理通知；而在 B 站，虽也不会直接显示每条视频发布出去的审核评价，但可以在评价账号健康度的"电磁力"（在第 6 章会详细讲）中的"创作力"和"信用分"的升降中间接体现，重大违规时也会收到管理员发送的处罚通知。

5.2.2　平台的算法参数

在前文提到的推荐算法中，无论是抖音或 B 站，都要在每次扩大推荐时判断受众对于你的内容的欢迎程度。这不是平台主观感受的，而是用算法根据几组重要参数来综合计算评定的。

在抖音中，起作用的主要是点赞数、评论数、转发数、完播率四组参数，俗称"四大金刚"。

B 站的参考维度要多一些，除了这四个，还有弹幕数、投币数、收藏数等。

所以为了把情况介绍全面又不显重复，我们就分成抖音与 B 站两条线来介绍，先在抖音部分介绍完"四大金刚"，然后在 B 站部分对"四大金刚"之外多出的特色部分进行补充。

介绍时请大家注意，这些行为是什么意思并不是重点，受众做出这些行为背后的心理动机才是最需要运营者去体会和把握的。

1. 抖音如何判断视频的受欢迎程度

抖音在设计推荐机制时，认为点赞数、评论数、转发数、完播率这四组数据综合起来可以比较全面地判定一个视频是否受欢迎，于是便把它们作为重要参考纳入算法中。

这一行为颠覆了过往内容推荐中以人为主观或单一维度（如播放量、点赞数）决定内容传播的局面，使得内容评价变得更加客观、全面，于是广受追捧，"四大金刚"之名也就渐渐叫响了。

其后其他同类型泛短视频平台也借鉴这一模式优化自己的推荐机制，于是这"四大金刚"也就不再专属于抖音，在各大平台的内容评价体系中都会涉及。因此下面的内容虽然是基于抖音介绍的，但适用的却不只是抖音，即便你是要做 B 站 UP 主，也建议看下去。

1）点赞：情感泛漾的出口

这个无须解释，只要你也是用微信的，对于点赞一定并不陌生。点赞可以说是执行成本最低的一种支持操作了，在抖音里，甚至直接双击屏幕就能完成。但这并不代表我们只要内容做得还可以就能赢得别人的赞。

有些人（比如我）会比较吝啬（或者没有习惯）于贡献手里的赞。很多时候我确实完整看了一个视频，也觉得它还不错，却不会想到给它点赞。我平均每天会刷抖音 1 小时以上，却送不出去 5 个赞。据我了解，和我类似的大有人在，所以为了获取更多点赞，我们还是要特别用点心。

通常驱动我们点赞的是两个原因。

一是确实被打动了。基于某种强烈共鸣，于是激动之余"用爱发电"，甚至疯狂双击屏幕，点出一连串小心心。针对这一情况，结合之前讲过的四种共鸣方法调动视频受众的主观情绪是个解决办法。

二是觉得这个视频有用。针对这种情况，我们要**在视频接近尾声的地方或发布文案中把这条视频的价值讲出来**。比如，"下次老板再拖欠工资，记得再看看这条视频""再遇到笑点低的朋友，就把这条视频给他看吧"。此外，如果是科普类的视频，还可以整理一页清单放在最后，也能达到类似效果。

当然还有一种情况，就是和我一样因为没形成习惯而忘记点赞。要解决这个问题，提示点赞是最直接的办法。但要注意，因为相当一段时间里出现了以"赶海""手艺人"为代表的用口播直白要赞甚至道德绑架的视频，引起了受众很大反感，所以现在抖音平台出台了对于要赞视频限流的规则。

但这不代表着这招失灵了，我们同样可以**在视频结束时"暗示"受众点赞，比如常见的做个小动画**：用一个箭头指下点赞按钮，或依次点亮赞、评、转三个按钮……只要内容本身还不错，要赞的形式不是特别引人反感，受众还是愿意举手之劳给你一个鼓励的。

2）评论：意见交锋的舞台

评论比起点赞操作成本要大一些，毕竟要特意调出键盘敲进去好几个字，因此要调动起更高的表达积极性。

那么在什么情况下比较容易调动我们的积极性呢？

一是对于一个问题特别认同或不那么认同。特别认同，于是会洋洋洒洒表达自己的心情和与这条内容产生共鸣的原因；不怎么认同，就要留下自己不同意这条视频内容的地方。

所以在视频末尾、发布文案、作者评论等位置可以对核心观点进行一下强调，比如"牢记这三点，这就是绅士的品格"。

或者也可以含蓄地引导受众"站队"，让受众把注意力集中在你所提供的"靶子"上，比如"在我看来，鸳鸯锅并不能叫火锅"，给出一个主观性较强的片面观点，自然会和许多人形成见解差异，这时他们就可能来和你争论或调侃了。当然，要做这样的操作，你立起来的"靶子"一定要是一些无关痛痒的话题，如果涉及敏感话题和立场性质就不妙了。

二是想要回答问题。 后天的社会经历会让我们养成"有问必答"的习惯，即便最终不会真的回答出来，被问到问题时也会本能地先过脑想一下这个问题。于是在视频末尾、发布文案、作者评论等位置留下一个问题就成了我们抓取对方注意力，并吸引其留言回答的好办法。

当然，这个问句尽量是个开放式的问答，尽量别用反问，也别用"是"或"不是"就能回答的。诸如"那你心里的那个人，现在在哪里呢？"这样的问题，产生怎样的回答都有可能，其中如果有的答案足够精彩或足够奇特，便可能在评论区帮你引爆又一轮再评论，提升你的评论总数。

三是单纯想要接话。 这一点说来有点好笑，但无比真实。生活中，如果对方把一句话完整说完了就还好，但如果对方只说了一半就停住了，我们总会主动猜测后半句是什么，然后给它接上。所以我们也可以在发布文案和评论区写一句没说全的话，如"若有来生，我……""身无彩凤双飞翼……"然后等待网友接话。

你或许觉得这样的评论者有些无聊，但抖音本来就是一个泛娱乐人群聚集的平台，人们刷抖音的时候常处于一种休闲状态，不会太花精力计较利害得失，所以行动和判断更接近于天性本能，也就会呈现更多不够理智的行为。偶尔有童真、无聊甚至恶趣味爆发也不足为奇。

3）转发：价值意义的证明

比起上面两种操作，转发显然是耗费成本最高的一个操作。喜欢一个内容，我可以点赞，可以收藏，也可以借着兴致跟作者啰唆两句，但何必要转发呢？于是这就要求我们理解转发行为背后的心理，从而也能给予你的受众一个转发的充足理由。

通常来说，促使我们转发的动机有两种。

一是感觉有趣或有用，想要分享给他人。 对于有趣的内容，我们常常本着"独乐乐不如众乐乐"的心态，愿意把它分享给和我们关系亲近，或有着同样爱好的人。而针对一些功能型的内容，比如知识科普，我们也会因为这个内容对某人有用而特意转发给他。

所以要刺激受众看后转发，一个关键就在于通过视频末尾、发布文案、作者评论等位置提示他们转发。比如"快把这条视频转给你身边的单身人士吧"。

二是内容提供了某种社交货币。 前一种情况通常是以"别人"为重心的，而本情况则是以"我"为重心。如果一条内容可以让我在别人的眼中显得更幽默，更高雅，更乐于助人，那么我一定想要把它分享出去，这就是我们为什么需要社交货币。

所以要利用这一点，就需要**深刻洞悉人性，在内容的规划阶段便埋下种子，然后再利用视频末尾、发布文案、作者评论等位置提醒受众转发**。比如，有一个我们几乎不管来自哪里也许都耳熟能详的"假消息"：民国时期，你的家乡话差1票就代替北京话成为普通话。

关于这次普通话评选其实并没有这么波折，有充分的资料显示现在的结果是多数人通过，并指出了充分理由的。但却有善于利用人性的聪明人造出了这样的谣言，然后给各种人代入自家方言后传播，并且大有市场。

这是因为这样的消息给分享者提供了充足的社交货币：一方面，可以体现家乡话的竞争力，在外地人面前可以使自己凭空长出一些优越感；另一方面，也能在老乡人群中带起一股自豪感或是历史性遗憾。总之妙用无穷。

那么如果把这个内容做成泛短视频，我们就可以在各种信息位置提醒大家："咱的老家竟然这么优秀，老乡们，快转给更多朋友们看吧！"

4）完播：节奏魅力的体现

往往点开一条视频，如果内容吸引人，我们就会从头看到尾；而若内容吸引不到我们，我们就会直接划走。于是在点开一条视频的人中有多少完整看完没有划走，就成了衡量一个内容是否足够吸引人的一项重要参数。这就是完播率。

完播率在"四大金刚"中非常重要，好内容不见得一定就体现在点赞数、评论数、转发数上，却大概率能够体现在完播率上，所以对于这项参数表现突出的视频，抖音算法是会加重推荐权重的。

一般人们之所以愿意把一条视频看完，最直观的影响因素是节奏。这里所说的节奏包括视觉和听觉两部分。 剪辑在这里发挥了至关重要的作用。好内容

抖音B站泛短视频商业长谈

配合好节奏固然是如虎添翼，平平无奇的内容配上好节奏往往也能起到扭转乾坤的作用。

我们时常会看到一些视频只是一个普通人对着镜头平平地讲话，或干脆就是几张图片，却因为配上了节奏强烈的音乐，所以流量依旧不错。而有些视频内容明明不错，却不注意节奏，于是明知道接下来的内容可能会不错，我们也还会看一眼进度条然后划走。

所以帮助提高完播率的办法可以有以下四种。

一是视频时长尽量别太长。 毫无疑问，通过缩视频的总时长，就可以大大提高完播的概率。如果视频在 15 秒以内甚至更短，搞不好人家刚想划走你的视频就播完了，虽然算是"混"的，给完播率做出的贡献却是真实的。

所以虽然现在抖音突破了最初的 15 秒限定，可以发 1 分钟甚至更长的视频，但我还是建议每条视频尽量别超过 40 秒；而如果是做 B 站号，大家看在内容的面子上对时长的忍耐度相对高些，但时长尽量还是应该限制在 10 分钟以内。

二是高潮前置，多设亮点。 在主打快节奏浏览的泛短视频中，"眼缘"格外重要。如果第一眼没有抓住人的好奇或好感，受众手指一划你的视频就没机会了。所以传说中的"3 秒原则"就格外重要了。

"3 秒原则"是说我们必须在表达的前 3 秒就想办法抓住人的注意力。 这就使得我们要改变一下在文学及影视作品中常见的慢慢铺陈、从容展开的习惯，最好在开篇就甩出高潮。

对于 B 站长视频而言，我们可以把 3 秒放宽到 30 秒，但原理和建议都是一样的。

同时，我们也要在过程中不断补充新的亮点，让受众每隔几秒就能被另一件事吊起胃口，直至视频播完。 这对 B 站长视频而言挑战更大，在数倍（甚至数十倍）于短视频的时长中，仅仅靠偶尔插入的"爆梗"来调剂是不够的，内容上的情节反转、逻辑深入、情绪递进这些更深层次的手法也要配合一起使用。

三是设置悬念，引导看完。 我们常在抖音上看到这样两种视频：一种是全程带着一个大悬念展开内容，直到视频末尾才公布答案；另一种是在视频开头封面或发布文案里建议你"看到最后有惊喜"。这两种做法都是在引导受众千万耐心挺到最后完播。

在 B 站中，我更推荐使用第一种办法，因为它和内容的融合更深。 长视频的长处就在于展现内容，所以思考问题时我们很多时候都要把内容维度拉进来。

我之所以不推荐在B站使用第二种办法，是因为它时常会影响内容的正常呈现。比如你看到标题提示"结尾有惊喜"，会不会就想着先拖过去看看呢？这时如果看完了惊喜，发现没什么意思，你就很可能直接关掉视频（别把刷视频的你想得太理性）；觉得还可以，但你对视频的正文部分没什么兴趣，你也会关掉；最悲惨的是你还可能拖了半天进度条就是找不到彩蛋的位置，于是一气之下不看了……

那为什么短视频可以使用这一招呢？道理很简单：视频全长一般最多也就1分钟，有费劲儿跳进度去找的工夫，视频可能都看完了，当然也就懒得弄了。这时反而会让你因为对结尾的期待而看得更用心一些。

四是使用熟悉或好听的音乐。自媒体视频平台大多用户刷视频主要是为了消遣，于是就像我们前面所讲的，让自己处于一个精神放松、随遇而安的状态，这时的许多判断并不是基于纯粹理性的。而这时如果能有一段熟悉或好听的音乐出现，能够满足人们的休闲放松需求，那么即便内容没太大吸引力，但为了听完这首歌，或单纯想跟着"动次打次"多抖几下腿，有时我们也会愿意多给一条视频十几秒的时间，于是完播的机会就又大了一点了。

但对于B站来说这一招就没那么大效果了，仅仅一段背景音乐，是很难支撑我们多看10分钟的，所以还是要让内容本身更"能打"。当然，在做到这一点的基础上，如果音乐还能好听并贴合主题，那当然更加分，这样也算是间接促进完播率了。

2.B站如何评价视频的受欢迎程度

B站在评估一条视频是否被受众欢迎所参考的参数更多，**按照其重要程度排序是这样的：完播率、转发数、评论数、弹幕数、投币数、收藏数、点赞数。**

不难发现，"四大金刚"都在其中。而除了这些外，还有一些抖音没有的考察维度，下面简单说一下。

1）弹幕

弹幕的最初使用是在日本的二次元视频网站"Niconico动画"上，后被AcFun（俗称"A站"）和B站代入中国并发扬光大，至今已成为许多长视频网站的标配功能。

弹幕在某种程度上仍然是评论的一种，所以上面在"四大金刚"里提出的

关于评论的用户心理和具体做法仍然是适用的。只是除此之外，和评论区的正式评论比起来，弹幕又有即时、互动、简短、有趣等特点。

不同于评论要老老实实在评论区排队，弹幕可以伴随着视频的进度出现。这很像我们和朋友一起看电视，一边看着一边就里面的一些情节即时性地聊一聊，开着弹幕看视频就好像和一群人一起围观一样，里面偶尔抛了一个"梗"出来，再看看别人七嘴八舌怎么说，快乐是加倍的。

另外，在这样一个过程中，受众们又可以互相对话、"接梗"、排队型、对暗号，总之玩法五花八门，有趣的互动氛围一下就起来了。

因此针对这些特点，我们在制作B站视频时可以做这样几件事，激发受众发弹幕的欲望。

- 设计一些"梗"。比如一个笑话、一处口误，或一个奇怪的行为，引发大家来接或来吐槽。
- 时不时和受众互动，鼓励他们按照你的规则发布弹幕。但尽量简单一点，这样好操作，就有更多人愿意加入。比如给大家出一道选择题，让大家"扣1"或"扣2"做出选择；或者讲完一个观点后，指定其中关键词，让大家"打在公屏上"。对于受众来讲，参与其中不只是表达观点，列队加入到密密麻麻的弹幕大军中也是一个特别好玩的事。
- 在视频中自然地融入一些B站文化，激发大家来和你"对暗号"。我们知道B站的社区氛围和用户黏性是极好的，所以经常能形成一些有特色的、用户广泛认同的说法，比"火钳刘明""弹幕护体""让他恰""你币有了""下次一定"……这些词在B站天然带着魔力，一出现往往会招来一群人的跟风，所以想办法在你的视频里加入引导，或安排熟人在某个点上起一个头。

2）投币与收藏

先说"投币"。B站是做社区起家的，所以很重视通过一些虚拟货币配合游戏规则进行用户行为的激励引导。**硬币、B币、贝壳、电池……这些都是B站在不同场景下使用的货币道具。**

有时点赞已不足以表达我们对于一个视频的热爱和支持，这时我们就可以把自己账户里的1～2枚硬币拿出来送给UP主。不过别担心，这个硬币不是钱换来了，也不能换成钱，它的出现只是用来促进感情和彼此激励。

而"收藏"就很好理解了，对于有用的或特别精彩想要反复回看的视频，我们都是要收藏的，反向可以得出：被许多人收藏，在某种程度上可以证明一条视频的价值。

这两个维度在抖音中其实都已经用"点赞"覆盖完了，可以看作是它的拆分延展。所以成因和我们要做的事情和前文中"点赞"部分讲的是一样的。只是不同于在抖音要赞需要小心翼翼，我们在 B 站是可以明目张胆提出这个要求的。

如果你玩过 B 站，一定听说过**"一键三连"**"素质三连"的说法，这指的就是投币、点赞、收藏三个功能。它们都属于较低成本的认可鼓励形式，于是 B 站将它们做成了三个按钮放在视频播放栏下方，用户长按"点赞"键就可以一连串点完这三个按钮。

因此 UP 主们也就会在视频中变着花样让受众付出这一点点举手之劳，久而久之，"三连梗"已经成为 B 站的特色文化。UP 主们明示、暗示要"三连"已经成为许多视频的看点之一，非但不会引人反感，还能活跃气氛。

B 站就是这样的平台，无论弹幕还是"三连"，都充满着包容和娱乐的气息，这就是我们一直在提的 B 站的"氛围"。

5.2.3 面对抖音的变化可以采取的措施

本节仍然主要针对抖音来说。

通过前文的介绍，我们一定感受到了在抖音的游戏规则中，算法扮演着很重要的角色。它不仅仅是一个规则，还通过程序运算与人工智能的方式，自动自觉地维持游戏秩序。

不过这并不是说我们就按照"四大金刚"的规则老老实实把数据搞上去就可以了。也许在初期，这套规则在抖音的算法体系中唱主角，事实上抖音的崛起和出圈很大程度也是靠着这一突破性的规则体系；但随着平台的商业进程进入新的阶段、KOL 与受众的格局慢慢稳定、流量资源逐渐变得宝贵且有限，抖音平台的游戏规则也越来越复杂起来。

现在，"四大金刚"支配下的"打怪通关"机制已经不是起到支配作用的算法，因为在这场游戏中，筛选优秀的内容已不是抖音唯一要做的事情；在众多账号中筛选出更配合、更优质的内容创作者，以及利用现有成果变现盈利也被加入了平台的任务表中。因此，围绕着这些新需求，抖音也同样设置了各种算法。

这一情况虽然平台从未公开表达，但这从商业逻辑上是不难想通的。同时，作为一线创作者，我们和同行的许多朋友确实明显感觉到了一些阻力，以及许多原本规则解释不通的"意外情况"。许多在一线深度创作、运营的内容人普遍开始发出声音，表示抖音没有以前好做了，规则越来越搞不懂，运营的成本越来越高了……这些或多或少都说明情况已经有了一些变化。

那该怎么办呢？

与其抱怨、蛮干，或毫无头绪地乱冲乱试，不如回归到一个问题上：不管抖音平台发生哪些变化，它希望看到某些事情，我们只需要围绕着这些方面去采取行动，做一个价值全面而非只会埋头干活的创作者。

于是我们一方面向抖音官方的朋友们了解了平台目前遇到的难题和对应的解决方向，另一方面也从互联网行业做平台的思路出发，探索了一些可以尝试的路径。经过大量实操测试，基本筛出了三项对问题解决有帮助的做法，如下图所示。

高频操作，成为活跃玩家

适度消费，成为优质玩家

积极捧场，成为铁杆玩家

1.高频操作，成为活跃玩家

现在泛短视频流量经济大火，除了抖音、快手，还有许多平台纷纷出手，用高额补贴和流量政策吸引创作者入驻，于是许多有余力的创作者开始"广撒网"，把原本集中在抖音上的精力分配了一部分给其他平台。

这一问题不解决，抖音将出现越来越多"油滑"的职业创作者，慢慢变成他们程式化表演、碰运气的场所。于是在这一背景下，抖音对账号活跃度产生要求就合情合理。

一个账号活跃，一方面作为创作者，它的发布行为要规律高频，运营维护要积极用心，粉丝回复等方面要及时耐心；同时，作为观看者，也要重度使用抖音，常刷、常赞、常互动，总之要将一天中更多的时间花在操作抖音上。对于这样的用户，平台无疑会更愿意倾斜流量来支持。

这一点很好理解，操作也没什么难度。只是大家要真正做到持之以恒、全面细致，就非常考验耐力和恒心了。坦白地讲，对于以短视频创富为目的来做抖音号的创业者来讲，一定会出现同时运作多个账号，还要兼顾其他许多琐事的局面，这时如果不够坚定，坚持真的没有那么简单。

但为了更好的效果和最终的成功，请给这件事多一点耐心。毕竟抖音是目前各项优势都比较明显的短视频项目，这项投资不亏。

2.适度消费，成为优质玩家

抖音不是一个"用爱发电"的平台，事实上任何互联网公司都不是。也许在做商业的同时也还带着一些使命与情怀，也许有时因为一些公益也会显得不那么功利，但归根到底，从长远来看，我们的根本任务仍然是发展、赚钱、扩大商业版图。

所以当品牌、流量、内容等各方面蓄势差不多的时候，抖音也果断开始利用这些成绩追求商业转化。于是本来抑制广告，现在却开通带货模式；本来纯靠内容"升级"，现在却提供DOU+这种流量干预；本来鼓励大家平等创作拼内容，现在却鼓励有力者"氪金"运营……

除了这些，许多算法也配合着这一节奏开始工作，而其他原本只参考内容品质的算法则或多或少做出了一些调动。但总的来讲，对抖音的商业化积极点，别故意给平台的财路添堵，一切就会顺利很多。

而这里的关键就在于：适度消费。

一方面，要习惯消费。

不要抗拒这件事，上个时代的很多百万级的大号已经因为不能顺应变化而吃亏了，除了满腹牢骚什么也没得到。抖音从来也没承诺过一直做个内容创作者的"乌托邦"，所以这样的转变并不奇怪，尤其是以创富为目的大家，更应该理解和接受这种有投有产、拿成本换收益的模式——如果现在还是不问商业、全靠内容通行的阶段，也许抖音就不是一个适合你来玩的平台了。

关于消费的方式，DOU+是比较合适的，好操作、单笔消费门槛低，同时对于现在运营账号而言也确实用得着。它的原理主要是购买平台提供的额外推流，通过这样的行为给你的视频赢得再一次获得数据突破的机会。

具体操作建议参考第 6 章内容。

另一方面，别表现得像个企业账号。

个人和机构（包括企业）是抖音创作者中的两大类型。一般而言，个人运营抖音的目的比较多元，同时对于这件事投入的预算也有限，所以企业无疑成了抖音变现的一大理想群体。

目前还没有可靠证据能够证明在抖音强大的算法中，有一部分是用来判别运营主体是企业还是个人的，更无法证明抖音通过评级、限流等办法促使企业消费。因此，我从感情出发是希望短视频创作者们可以把精力更多地用于创作好作品，而非带着种种忐忑和猜想来做运营。

不过殊途同归，对于不要在视频中过度炫富或植入过多企业信息这件事我是赞成的，毕竟这样的内容往往是缺乏质感的。也许你也能想起一些玩这些梗的知名大号，但我们也要想到他们能做的不见得就适合我们来做，毕竟头部创作者和平台之间的需求关系、利益关系以及相应权限都不是泛泛可比的。

总之，对于抖音而言，固然商业化对于原本的内容创作格局一定有冲击，就像一个人选择拼搏事业时总难免损失一些对家人的细致呵护，但这一子非落不可。"破而后立"，当新的平衡出现时，这个平台将完成更加成熟的进化和升华。作为其中一员的我们，也该提早意识到这一点，然后在动态中及时调整自己的运营期待和策略。

3.积极捧场，成为铁杆玩家

在商业化布局的路上，抖音手里的牌不只是上传和观看短视频这一项功能。基于短视频的特效、活动、话题，方便变现关联的商品橱窗和直播功能，作为基础支撑的群功能、小程序……总之希望以组合拳的方式持续利于不败之地，并获得更加庞大的商业成果。

这个时候，他们一定喜欢那些跟着他们的节奏、会尽可能多地尝试各种板块的用户。一方面，各板块都跟进的用户可以跟着平台的思路不断拼合出更加科学（至少是平台认为的）的商业模式，比只会最原始那几招的创作者优质；另一方面，这相当于在同时照顾他们多个板块的业务，也有更多机会向平台贡献活跃度与真金白银。

所以这里建议运营者可以尽量跟着平台的节奏走：新出一个效果？用！新火一首音乐？选！正流行一个挑战赛？参加！商品橱窗功能？先开通再说……跟着做这些，基本不会耗费我们太多精力。

如果进一步还有余力，直播也要开起来。**直播不是短视频的替代品，也没有什么高下之分。它们是两个彼此独立却同样有价值的新媒体类型**：短视频更多的是展现精心呈现的内容，秀的是一个团队精心的编排和设计，并且成果可以随着账号一同沉淀为资产；而直播呈现的重点则是相对即兴、随机的主播表现，突破时长限制表达更自由，同时可以实时互动展示，带货能力也很棒。

它们两个就像一个青年，既会把头发梳得一丝不苟，再配上一身精致得体的西装，以展现儒雅绅士的气质；也会随性日常、谈笑风生，展现个性魅力。这两者合在一起，就构成了我们许多人心中对一位"优质男生"的美好幻想（如下图所示）。同样地，**短视频和直播刚好长短板互补，也正适合搭配辅助、互相导流**。

积极跟着平台的节奏走，平台当然会想办法给你一些优待。作为平台，抖音当然不好明面里宣布对于内容者们的支持并没有一视同仁，这样会打击许多新人及腰部以下创作者。但无论从哪个角度来想，处在眼下这个阶段的抖音，对自己手中稀缺且价值不俗的流量一定不可能是均等普惠的，这么好的筹码，一定要拿来引导大家更加紧密地配合他们的布局。

所以积极留意平台动向、尽量跟上平台的节奏，对于账号的健康度与权重的塑造不是坏事。

不过这部分的内容对于 B 站运营也不是毫无借鉴价值。前两条建议主要是基于抖音在商业化进展到一定程度时围绕着"账号权重"这件事做的一些具体举措，**B 站目前既没有发展到那个阶段，如果不惹事也不会轻易搞账号降权**，所以就目前来看参考价值就弱了一些。

但第 3 点建议——积极配合平台的行为在 B 站是同样有必要做的。B 站也许是我所见过最爱搞活动的泛短视频平台了，我们点开账号的"创作中心"，下面不管是任务、学院、挑战还是主题悬赏，处处都能看到许多有趣的活动，吸引 UP 主们加入。同时它也会不断推出诸如 Vlog、互动视频这样的特色内容形式，以及说唱、法制这样的内容频道，刚推出的节点都会比较大力度拉新 UP 主。

B 站的视频时长和平台推荐形式决定了 UP 主获取的流量不会像抖音那么高，所以多参加点活动、获得额外推流和曝光，是一件很有必要的事。

5.2.4 发布视频的注意事项

发布视频是泛短视频运营的一项基础工作。但千万别以为仅仅把做好的视频上传就完了。事实上，关于上传视频，还有一些要清楚和注意的事情。

多久发布一次、什么时候发布，这是这里涉及的两个问题。通常我们时常能接触到许多帮助新手入门抖音的书籍、课程和经验帖，很少有不涉及这两个问题的。

在这些人的解答中，也许因为这问题看起来就没什么悬念，所以也很少有人较真分辨，所以坊间流行的观点相当统一。

但我经过长期的实践，对此却有些不同的体会。在我看来，对这两个问题，一个被回答得太简单了，而另一个又被回答得太复杂了。接下来我们就来分别说一说。

1. 发布视频的频率

常见的说法主要是：别间隔太长，如果有条件可以日更。这样的说法有点简单了。

根据我们的经验和试验，我们同意很久很久才发布一期、带不起节奏，确实会出问题。因为账号活跃度就大大降低了，同时也少了许多被推送的机会。

但我们还需要补充一点：发布太频繁也不是好事。许多想要在账号初期快速垒量的运营者，以及用自己过去的成片做剪辑从而有条件快速产出许多短视频内容的创作者，都会选择一日几更。

从道理上来看，这样既提高了活跃度，也更有利于提高被刷到的概率，毕竟不是每个关注了你的粉丝都能刷到你的每条视频，也不是每个刷到的人都会为你贡献"四大金刚"。

但我们发现这种想法也只是运营者的一厢情愿。我们曾经遇到过两个案例，这两人都是原本在传统长视频平台创作内容的老牌创作者（其中一个的成名甚至是在"人人网"上），当短视频火了，他们一下子就想到了把以前自己的经典作品拿来剪成小段，重新搬运到抖音上来。

由于确实家底丰厚，而且考虑到观众的感受，不想要让连贯的内容被分隔在不同的日期发出，所以他们再一次不约而同地选择了把原片剪成了几段，就在同一天发布几段。所以这两位一个平均每天能更新5～6条，另一位的视频原片长，每天能更新8～10条。

但两个人保持这样更新了一段时间，账号都遇到了问题，于是来找我咨询。其中一个是运营了3个月，但数据还是低得离谱，毕竟是经过市场验证过的内容，长视频转战到短视频平台确实会出现一定"水土不服"，却不至于这么明显。而另一个则是按照那个节奏运营了1个月，结果近4天的视频统统无法分享转出，一选择就提示"尚未通过审核"。

起先我的主要怀疑方向是他们是否被判定为了搬运和侵权，于是找到抖音官方的朋友帮忙查看，并向他们充分解释了这确实是原作者本人。但对方的反馈倒是并没有这样的评价记录。我们这才开始转换方向，分析这是否发布频率过高导致的。

于是我建议他们尝试降低这种频率，先选择一些篇幅较短的视频，然后做成他们本不希望看到的连载形式，每天只发布1小段，但固定发布时间，并在片尾和签名栏里写清楚。结果这样过了1～2周，两个人的问题一前一后都得到了解决。

后来在一次和抖音的朋友聊天中我们说起这件事，他告诉我：抖音火爆后，有许多专业运营营销号的团队会利用制作简单的内容高频率上传抖音，以此快速圈粉后转手卖出。

这样做的人多起来后，非常影响抖音的生态环境，于是抖音就决定通过算法来筛选这样的账号进行限流乃至处罚。而这样的算法中，对于营销号的其中一个判定特征就是更新频率过高。之前的这两位就属于在这里中招了。

所以他们建议我们如果高产，就最多控制在每日1～2更，这是一个安全的频率。而根据我们日常运营的经验来看，产能做不到那么高时，保证一周3更是一个比较稳妥的下限，低过了这个频率又会影响活跃度。

所以对于发布频率的问题，我们的建议是：**一周3～7更，每日发布最多不超过2条——抖音和B站都一样。**

2.发布视频的"黄金时段"

关于这个问题，最经典的答案应该是视内容类型而定：知识型的选择上班的早高峰和中午；娱乐型的选择晚高峰和睡前；如果是周末，可以抢10—11点大家懒觉起床前的时间……

但在我看来，这样解决似乎有点复杂了。也许这样的套路在泛短视频平台开始火爆的前期曾经管用，又或者单纯是从公众号、微博运营延续过来的讹传，总之从我们实际运营账号的情况来看，这并没有太大作用。

我们要知道，这些视频平台在特定时间段可以分配的流量一定是有上限的，如果所有人都按照上面的说法发布，哪有那么多流量可以分配？

所以从这个角度来看，在大家都按照这一套"黄金时段"发布的时候，错开这些时间发布搞不好反而效果更好。想到这里，当时我们还真就来了兴致，想要测试一下，于是拿了一个处于平稳期的自主账号试了一下，分20天在6个不同的时间段依次发布质量稳定的视频。结果竟然发现并没有明显的不同。

也许我们早就该从平台的推送机制出发思考这个问题：抖音、B站的推送和微信公众号不一样，不是一个实时更新的瀑布流会把你关注的公众号更新的文章按照时间挨个往上顶。**它们是根据你和视频标签的匹配程度进行定向推送，所以只要决定把这条视频推送给你，你是早点还是晚点打开手机，刷到它的概率是一样的。** 相对地，这个视频早点还是晚点发布也都是没差别的，只要赶在你开刷之前通过审核就好。不信你可以打开抖音、B站刷几条视频，然后挨个点开看看它们的发布时间是不是刚好就在这几小时。

想通了这一点后，我们取消了内部发布时间的教条规定，开始允许各个账号自由选择发布时间，只要固定保持在每天（可将工作日和休息日分开）同一个时间发布就好。这也只是为了给关注账号的粉丝们一个预期，而不是真的和流量、权重有什么直接相关。

所以我的建议无比简单：**不用管什么"黄金时段"，一天 24 小时都可以选择，选好一个时间然后稳定发布就好。比起研究发布时段，更明确地强化标签、更精细地打磨内容才是更加关键有效的。**

5.2.5 搭建泛短视频矩阵

泛短视频矩阵，就是说要同时持有许多泛短视频账号，可以都是你自己做的，也可以靠签约来做，总之让它们的流量与收入在你自己的手里。这种做法以前更多是 MCN 机构运作的常规做法，但现在，我由衷建议我们以创富为目的的创作者也来借鉴使用。

其主要原因在于目前的自媒体泛短视频平台正处在商业进程的转变和加速期，一些规则的改变、盈利的诉求、更激烈的竞争环境，共同使得内容流量经济之路没有以前那么好走。这种情况下，**比起做一个拥有 100 万个粉丝的号，也许做 10 个拥有 10 万个粉丝的号会更容易实现一些，无论在流量成功方面还是在节省成本方面。**

那么做怎样的矩阵呢？我们来介绍一下。

1.三种同平台矩阵模型

这种运作方法在抖音平台出现的概率远大于 B 站。

我想了想，原因大致有五个。

第一，长视频的创作成本本来就要比短视频更大，所以由一个团队、一个个人来支撑几个短视频账号还好，长视频就有点吃力了。

第二，B 站比较讲求内容，往往一个号后面就要有一个人投入主导，如果他把有限的精力分出来做几个质量平平的小号，不如集中火力做好一个大号划算。

第三，B 站的推送形态使新人小号起步远没有在抖音上那么容易，做新号往往费力不讨好。

第四，B 站 UP 主和粉丝间粘性较强，对于内容方向的限制又不像抖音那么严，所以很多相关但方向不同的内容用规划专题系列的方式就能解决，无须单开一号。

第五，可能也是最直接的原因，是目前B站的商业价值才刚刚爆发，这块"肉"还没肥到吸引那么多团队花大成本在上面建设自己的商业模式。目前在B站纯为赚钱而做的组织也顶多是发发粗糙剪辑的营销号，蹭一蹭创作者激励补贴，这工作的劳动强度再重一点可能就没动力了。

所以关于同平台矩阵的打法，我们更多还是围绕抖音来讲的。不过有志做B站号的朋友如果感兴趣可以看看，哪天觉得条件合适了，也未必不能借鉴到B站上。

1）围绕人而展开的矩阵

通常一个账号火了，就可以围绕着这里的主要人物来衍生其他账号了。

比如一个家庭账号的老公火了，就可以把老婆也拉来单做个账号；一个职场账号的某员工火了，就可以把他的同事和老板也拉来单做个账号；如果你的题材更多是独角戏，给主角自己再做个小号也是个好主意。用大号有节奏地给这些新账号导流，内容过关的情况下起量不会特别慢。

比如磨人的"马小跳"在抖音爆火之后，经常被他捉弄的穆老师也以"统丽穆老师"的名字开通了账号，两个账号还频繁互动、相互导流，现在穆老师的账号都已拥有100多万个粉丝了。

这种矩阵模型的优势在于矩阵成员间内容连接紧密，嫁接流量既自然又高效。同时，它们的内容又互相关联，分则独立成篇，合则相互丰富，更容易强化整个大IP的生命力。 想一想你们爱的"漫威电影宇宙"就好理解了。

2）适合企业操作的矩阵

对于企业而言，可以操作的账号按照性质可以分为：**品牌账号、产品账号、粉丝账号**几种。

品牌账号相当于企业众多矩阵账号中的"中宫之主""大本营"，通常是蓝V认证的企业抖音号，其中对于品牌形象的宣传可以相对开放些。**产品账号**是围绕产品进行展示宣传的。**粉丝账号**是更具娱乐性、重点吸引和获取粉丝的，比如做一个微剧或动画番剧。

之所以要有这几种号，是因为品牌宣传、产品介绍、粉丝好感对于一个企业来说都是必不可少的，但商业性和内容性市场冲突，企业想讲的和受众爱听的也常常不是一个东西，所以想用一个定位把这几件事都做了，不切实也不科学。

于是最直接的办法就是做矩阵，让不同的账号各司其职。

在这一点上，小米手机做得就不错。实话实说，企业蓝V号在抖音上做得好的并不多，此时小米就显得格外突出。除了会用可看性较强的内容来填充品牌主号外，还会就操作快捷功能、3C常识、拍照技巧等许多方面产出内容，全方位、差异化圈粉用户。

也许你会说：现在还有一种在集团型、连锁型企业中常见的企业矩阵的玩法，即让旗下各公司、部门分别注册自己的蓝V抖音号，合力发布品牌信息。这样是否可行呢？

对此我诚恳建议：如果你是基于"牌面"考虑，这样做是没问题的；但如果你想要的是有好的流量效果，这样做是很难实现的。蓝V号就像一个"钢铁直男"，我们可以是一个直男，但若要讨人喜欢，也要有其他的面；而且蓝V号成本高、难起量也是众所周知的。

所以对于企业做矩阵，我真心有些想法和建议，在第6章会和大家分享。

3）为展开而展开的"营销号"矩阵

这种玩法比起上面两种，路子要"野"得多，其运营者从一开始就在追求矩阵的规模效应，于是即便没有可以有机关联的内容素材也要强行搭矩阵。

他们一般会选择一些成本极低、生产极快的内容形式，比如套用模板、成片套剪、录屏+配音、文字动画等，但在内容上做出差异，避免被抖音的算法判定为重复内容。

这样做的短板显而易见：内容是工业式批量产出的，其粗糙程度会给受众带来极强的不良体验。但这种矩阵的运营者并不太纠结于这件事。因为他们往往会跳出"流量变现"的思维想问题。

他们中有一种人这样做的目的纯粹是做知名度，他们真正的收入来自其他稳定渠道，只要把声势做大，这些渠道自然会产生更多的商业收入。例如靠创始人演讲录像套剪的某知识付费平台就是这种情况。

另外，还有一种是通过橱窗和直播带货来变现的。在这两种模式中，流量只是增加概率的因素，并不是至关重要的核心。可看性低虽然会让单条成功率降低，却能通过牺牲质量换来的庞大规模提升整体成功概率。只要一件事不是绝无可能，在机会大大增多的情况下，再小概率的事件也还是会发生。

这么讲下来，你对于抖音中时常刷到的这类内容就不会再费解了吧？这种做矩阵的方式与其说是模式的不同，不如说是思路的不同：这是将工业化生产的思路嫁接到泛短视频领域了。

虽然在这一方面我承认最初这样想的人确实有几分天才，但也必须诚恳地提醒一下：**抖音以内容作为立命之本，这种"反内容"的做法在其中必定难以持续，终究不是长久之计。**尤其是专注剪辑搬运的，抖音现在已明确会给这样的账号评级限流。

2. 海内外跨平台矩阵打法

除了在同一视频平台中发展矩阵，我们也可以放眼全网，将同一内容在不同的视频平台中发布：抖音、B站、快手、腾讯微视、微信视频号……西边不亮东边亮，不同平台覆盖不同受众，这样既能提高爆款出现的概率，也能帮助你的内容和IP迅速积累认知度。

这部分内容很好理解，我们也在1.2.2节讲过一些建议操作，所以这里就不再赘述。唯一想提醒大家的是：**在跨平台发布时一定要考虑一下不同平台对视频规格的差异化要求，同时仔细确认所发布视频并未带有任何平台的logo水印。**此外，我们在做这一操作时可以通过诸如"易媒助手"之类的批量分发工具来为我们省去烦琐的劳动。

除了国内的各大平台，现在有许多泛短视频创作者也纷纷开始尝试开辟"海外战场"。刚巧在这一方面，我也进行了一番实践，并获得了不错的反响，所以也可以给大家几点参考建议。

- **海外和中国不同，并没有明确的"短视频"概念，于是对于短视频作品也还是会按照长视频的标准来审视**（按照本书的界定方法，它也许应该叫"泛长视频"），这时视频的时长、节奏、内容的丰富性等问题都会给短视频创作者带来额外考验。

- **目前在海外多数国家，视频平台仍以YouTube一家独大。**所以正常情况下，这是摆在每个有志出海的短视频创作者面前的必争之地。与我们在国内想当然的情况不同，TikTok（抖音海外版）、Kwai（快手海外版）、Bigo（YY海外版）在海外的成绩虽然可圈可点，影响力却仍集中在具体几个国家，距离铺开还远，所以运营时可以作为第二梯队考虑。

- **海内外人群在很多方面认知差异极大，且政治敏感度很强。**许多内容不是国内表现好就适合在海外发，甚至判断什么样的视频安全、什么样的视频不安全的标准，也不能完全按照我们习惯的价值标准出发。

- 语言是一个很大的问题。虽然 YouTube 可以提供多语言字幕自动翻译和自定义上传功能，但非英语的内容还是会过滤掉许多人。所以能够讲英语，或像"办公室小野""李子柒"这类不大依赖语言来呈现魅力的内容会更有优势。
- 海外泛短视频变现的路径没有中国这么多，主要形式还是在内容里接广告及平台广告分成。YouTube 会给流量较好、内容对口的视频匹配一些贴片广告，然后与创作者分成。这时，让单个视频长一些（10 分钟以上）可以提高贴片广告匹配的概率，短视频在国外仍属小众可能也有这方面的原因。

5.2.6 技巧之外的几点建议

在前文中我们提到的更多是泛短视频账号运营中的一些知识和技巧，但在我看来，对于这些内容，知道了也就知道了，按部就班做下去就好。但真正要在运营方面做到出色，比起这些，更重要的是一些意识和习惯层面的东西。接下来我们就聊一聊。

1. 平常心看待自媒体泛短视频运营

坦白地讲，做了这么久自媒体视频运营，我们反而开始萌生了某种程度的"反智倾向"：**我们渐渐认为在自媒体泛短视频运营中，真正知识和技巧层面的因素并不是主要的，也没有多复杂。就像我们在前文那样聊一聊也就懂了，在实际工作中老手和新手每天所使用的也基本就是这些内容。**

而当我们将它放到更大的视野下看，又发现好像这些方法和技巧也都是新媒体运营的"三板斧"。其他的新媒体，如公众号、微博、知乎、小红书的运营和自媒体视频运营的差距更多也只是体现在平台特征和规则的适应上，这种差异在同属泛短视频的不同平台间也是存在的，不是什么了不起的事。

但有趣的是，这些客观上并不复杂的东西却在许多人的心里树立了如山般难以跨越的印象。不说完全没接触过新媒体运营的新人，原本在传统图文新媒体颇有建树的一些运营者也是如此。

我身边许多这样的朋友，他们或私下或以公司的名义找我培训讲解自媒体视频相关的知识。当我告诉他们自媒体视频运营并没有什么特殊、大多数操作和原理和他们所擅长的是一样的，他们总会表示怀疑。即便在我反复使其安心，并实际展示我们真实的运营过程后，也还是可以发现他们操作时的疑虑。总之他们并不相信这件事说起来竟然就这么简单。

为什么会这样呢？我认为和如今短视频图书、课程的蓄意夸大脱不开干系。短视频火了，许多人看到了商机，便纷纷推出相关知识产品，其中有许多甚至没有真正深度从业的经验。于是这些朋友东学一点、西学一点，没法融会贯通就干脆把各家的说法都堆到一起。

另外，既然本身要靠"短视频"的噱头卖个好价钱，那么把它包装得越难搞，自己的知识就显得越值钱。索性再加几分小题大做，把许多本来没多复杂的事情"神化"了。

这种选手多了，人们动不动就发现书店里躺着一本本厚厚的讲短视频运营的书，朋友圈各种花几十个课时讲短视频运营的课，能不把这件事想得复杂吗？归根结底，这都是现今浮躁的学习风气和普遍的知识焦虑惹的祸！

但我由衷建议大家不要有这样的负担，自媒体视频运营和讲话一样，本身没多难，但更重要的功夫在事外。运营者之所以有高低差异，主要还是在于经验、思维、资源、投入度以及一定运气，这些都还是要尽早实际投入具体工作中才能体会和增长的。听懂了就早点来做，这才是真正成长的姿势。

2.养成数据分析的好习惯

这里的重点不是"数据分析"，而是"养成习惯"。和前文提到的维持高活跃度一样，这件事不难想，不难做，唯一难的就是习惯的确立，但不做又确实是"要命"的。

数据分析是我们客观评价运营效果、捕捉受众动向，以便及时优化我们内容产品的重要途径，这同时也是每个新媒体运营人的基本自我修养。

抖音、B站的账号数据，通过后台直接看统计数据固然是个办法，但维度还是略少。**这里我比较推荐的是"飞瓜数据"和"卡思数据"这两个第三方数据平台**。

在这样的第三方平台中，我们不仅能看到发布数据、粉丝量分段统计、走势等信息，还能了解到排行榜、粉丝画像、粉丝留言高频关键词和竞品账号的比较分析等重要信息。

但数据看得太勤并没有太大用处，反而会无端造成焦虑心态和过分放大某个非关键信息等,同时也会因为太疲惫、没收获而渐渐丢失掉这一习惯。因此我们建议大家平均每发 10 条作品后来研究一下数据。

3.发展与平台方的良好关系

这属于运营意识层面的问题,不是什么具体的知识与技巧,却关系着你怎么理解运营和它起作用的方式,从而最终指向你处理和解决问题的能力与结果。

任何一个新媒体平台都有一个文件,写清楚这个平台的基础规则,看起来清晰明了。但如果你真正深入地在一个平台上把运营做下去,就会发现仅仅知道这些是远远不够的。

所以新媒体运营圈的人常说:**平台就是一个"黑匣子"**。我们只知道什么东西被送进去了、又有什么东西被送出来了,但匣子里具体发生了什么永远无法知道。那些平台规则就相当于一张只有基本信息的说明书。

所以我们把和平台搞好关系作为运营的一项重要补充。你或许觉得这种做法无奈、世俗,但换个角度思考,与打交道的对象搞好关系,也是情理之中的事。

抖音和 B 站也不例外,尤其对抖音需要重视这点。一方面,抖音平台的发展比较迅猛,风格比较激进,新的功能、产品、风向层出不穷,我们确实需要比在线客服更加有效的咨询途径。另一方面,在平台激烈的商业化进取过程中,我们既会时常面临意外,又会不时需要消费,在这些事情上如果有内部的朋友可以帮衬,效果往往会更好。

说到这些,如果你脑海中出现的是一些暗箱操作的场景,那就会错怪我的意思了。事实上,我们常态下可以接触抖音官方的办法有很多。

首先是私人关系。字节跳动发展至今员工已有近 10 万,遍布各大城市,对于一脚迈入泛短视频行业的人来说,在各种场合接触到几个内部员工还是不难的;B 站没有这么多分支,但活动多、社区氛围好,只要你留意线上线下的资源,还是不难找到的。

不过有一点要注意:我所说的"字节系"内部人员并不包括其代理商。目前字节跳动在没有直管公司的地区,主要会通过签订代理商来间接开展业务,但这些代理商只有接单和一些广告优化方面的权限,对于抖音这样的产品层面的熟悉与把控能力较低,并不会有太大帮助。但他们为了业务方便,时常对外自称是字节跳动公司的员工。这时我们最好先了解清楚你所在的城市是否有字节跳动的分公司,然后在见面时尽量仔细研究对方的名片,以免精力错付。

其次，如果你是企业或机构，可以成为他们的客户。目前 B 站官方的广告业务不多，所以这个方法更适用于做抖音号。别把自己的运营消费仅仅局限在移动版 DOU+ 的投放上，抖音和"字节系"还有诸如企业蓝 V 号、信息流广告等诸多面向 B 端客户的产品。在这些方面消费过，你遇到问题时至少可以求助服务你的商务人员，他们会尽力帮忙解答一些问题的。

最后，在有条件的情况下和平台进行合作。这同样也是对企业、机构而言的。据我所知，字节跳动和 B 站都是对外合作较为开放的公司，如果你认为你们公司可以在某方面可以和他们合作，也可以尝试联系他们的市场部门。

5.3 内容运营怎么做

本节讲内容运营，不是做内容、写内容，而是在内容做好后可以围绕着它再做哪些修饰、注意哪些问题，从而达到提升运营效果的目的。具体有以下几个方面。

5.3.1 写好视频标题需要掌握的三个要点

对自媒体泛短视频的标题必须重视起来。

对于一则媒体内容而言，标题有多重要应该不用多说。如果你常玩 B 站，你一定清楚一个好的标题怎么可以让一条视频在密密麻麻的信息流页面里引起人们的兴趣。

不过一样的情况放到抖音上，它还成立吗？毕竟它里面的视频是上来就播的，无须我们去选择，有许多视频甚至没有标题！

也许你会奇怪：抖音每条视频的下方不是有一段文字吗？那个难道不是标题吗？

是的，那不是。那段话是发布文案，是解说和补充视频内容的一段文字。标题在抖音发布视频时确实是不会强制要求写的。

但这不代表它不重要：播放时，如果可以在片头加入一个标题，同样可以像在 B 站一样起到提纲挈领并在第一时间抓住人们的好奇心的作用。而如果你能把有标题的那帧画面选作视频封面，还可以在受众进入你的账号主页时快速了解你过去发布的视频都是关于什么的，如果有感兴趣的也能立刻知道。

也正是因此，所以现在即便官方没有要求许多抖音创作者也要把标题在视频开头和封面图片里体现出来。

但对于标题，准确概括、清晰表意只是一个基础要求，好的标题还要能够直接帮助视频带来好数据。具体怎么做呢？我有三个建议，无论你做抖音号还是 B 站号，都能用到。

1.营造画面感

让你的语言更加具有画面感，这样才能保证在我们刷抖音而头脑基本放松的状态下仍然能快速对一个信息做出反应并产生兴趣。同时，如果你很会选场景，用熟悉的场景勾起受众的共鸣无疑更能抓住他们的注意力。

比如你说"五个剪辑小技巧，提升你的工作效率"，就不如"五个剪辑小技巧，让你告别加班"；说"三种穿搭方案，让人赞叹不已"，就不如"三种穿搭方案，让你的闺蜜羡慕到尖叫"。

相信你在读这几个案例时就已经感受到了。

2.关键词清晰

在抖音的推流机制中，标签在当中扮演了重要角色。抖音要把你的视频精准推送给对的人，之前一定要先得到两个结论：你的视频是讲什么的视频、躺在流量池里的这群受众都是对什么感兴趣的人。而这些结论就会生成标签，贴在你身上并偷偷保存在精密的后台。而要给一个视频贴标签，这个视频中呈现的文字内容就是一个重要的指标。

如果我们的文字中并没有对于话题的指向，或干脆因为不明确而让平台给你贴上了错误的标签，那就很容易把你的视频推送给错的人，这无疑很难有什么好结果。也许你会说其实我的内容已经讲得很清楚了，但你要知道，抖音判断内容方向以及给账号、内容打标签的都是算法程序而不是真人，所以注定无法做到那么精细且具有感悟力。

在这种情况下，我们最好把答案直接给出来，并写到你的标题里。虽然算法仍然会结合其他很多信息判断，最终也不一定就听你的，但这样至少可以大大降低被误判的风险。

同时，除了算法方面的考虑，普通受众点开你的视频目录浏览的时候不看关键词看什么？所以就算为了方便感兴趣你某期视频话题的受众不会轻易错过你的内容，你也要把关键词写清楚。

3.适度运用写作技巧

比起朴素直白地讲述，适度地运用一点小技巧，可以让你的标题更容易被点开。即便你还不熟悉短视频，但刷微信多年，应该也没少看过使用技巧做标题的公众号，所以不难理解。

下面我们就围绕同一个词来介绍几个我们经常使用的标题技巧。我们既然讲"创富"，相信读者中许多朋友应该会有一定销售经历，所以就用"销售"这个话题来举例子。大家看完品一品，思考一个问题：它们的共通点在哪里？

- 设置悬念：可以写"新营销时代，销售真的越来越难做了吗？"
- 戳人痛点：可以写"没钱没学历，还不用心做销售？"
- 设置冲突：可以写"我不懂销售，却总能成为销售冠军"。
- 进行对比：可以写"销售还是运营？下个十年是谁的主场？"
- "碰瓷"大牌：可以写"除了香飘飘，年销量绕地球 N 圈的还有它！"
- 名人站台：可以写"马云：阿里能有今天，'阿里'铁军功不可没"。

怎么样？有答案了吗？这些技巧背后共通不变的是什么呢？

那就是对人性的把握。关于标题文案的写作技巧，真的想写起来是没有尽头的，但这样的穷举并没有太大意义，因为这些也只是拐杖。**在实战中，无论你是把一个技巧用得滚瓜烂熟，还是按照这个列表把这些挨个用一遍都不现实。但在人性把握上下功夫，可以真正让你面对各类标题挥洒自如，无招胜有招。**

5.3.2　B站视频封面的设计方法

在我们选择发布自媒体视频时，会有一个界面提示我们决定封面，可以是视频的第一帧，也可以由我们自主从全片提取一帧来做，B站还可以自己上传一张指定图片作为封面。所以每条自媒体视频都有封面。

但从另一方面来看，许多账号的许多视频又可以说是没有封面的，因为它们没有为视频专门设计统一、美观的标题页。拿一本书来打比方，并不是把书中的某一页抽出来就能做封面的！

对于抖音视频来讲，封面主要就是起概括和整洁的作用，所以通常排得规范就好。但即便是这样，现在许多抖音号甚至一些大号，仍然是用视频中抽出的任意一帧做封面，账号主页乱糟糟一片。

这种情况在视觉上好处理一些，给视频起个标题，按照先前讲的亲密原则、对比原则和色彩常识来做排版就好。先把字排整齐，如果有条件可以在文字基础上加些装饰元素，不需要大动干戈地做设计。

相比之下，B站就复杂多了。所以接下来，我们重点来介绍一下B站视频封面的设计方法。

1.明确B站封面的使命

B站的封面图片总会伴随标题文案一起出现，所以检索主要靠文案实现，放到一起也不会乱。但问题在于它还有个更重大的使命：在信息流页面上帮助文案吸引受众注意并点开，没有这一步，视频做得再好也没人知道。

所以B站视频封面的使命不是像抖音封面一样的信息传达，也不是像电影海报一样美观好看，而是抓人眼球！

要知道B站是个活跃、轻松的平台，整个网站都弥漫着夸张搞怪的气息，所以你不必太过纠结自己的设计水平是不是专业的。只要你确实让整个封面一眼就能被看到，并且极具点开的诱惑力，即便是用PPT简单拼接的图也没问题。

不过说到诱惑，那要在合法合规的范围里搞。现在B站有许多营销号为了提高点开率，真的找了很多引人遐想的"擦边球"作为封面赤裸裸地"诱惑"，这是十分不可取的。就算没被判定成违规，我也不信里面的内容真的是这个方向的，"封面党"在B站是很容易被举报的。

2.B站封面内容元素的设置

我强烈建议你可以为每期视频单独设计一个封面，里面包含**1个内容元素和1句文案**。

内容元素可以把直接截取视频中的名场面作为底图，也可以把关键的人或道具用作图软件抠下来，拼到纯色的彩底上。为了起到抓人眼球的作用，我建议这个底色饱和度可以高一些，并与文字和内容元素形成碰撞击。

想做到这些很简单——当然这也只是基础。那么如果想要进阶应该怎么做呢？

如果你有这样的想法，**我建议你研究一下如何利用内容元素来做"冲突"**。

这里的冲突可以是元素和元素冲突，比如做左右分屏，做成两边对决的感觉；或者放进一肥一瘦两个你。

你还可以让元素和事实冲突，比如明明是个美女 UP 主，故意放一张张大嘴巴的狰狞吃相上去；或者看过《灌篮高手》的朋友人人都希望樱木花道和晴子在一起，但你偏偏安排晴子和安西教练手拉手……

是的，不要嫌这太夸张，B 站的文化是允许这样的。所以在构思 B 站封面内容时，别太严肃，别太紧张，脑洞可以大一点。

3.B站封面文案写什么

再次注意：抖音的视频封面上是标题，但 B 站的视频封面上只是一段文案，并非标题。B 站的视频标题是主页信息流的封面图片下面的那些文字。

那么封面上为什么要还要写文案，又要写些什么呢？

一般来说，封面文案主要有三种情况。

第一种是为了弥补标题而写的。B 站的标题在主页只能显示 2 行，大约 24 个字，这就导致标题要么显示不全，要么因为过短而有些想说的话没法写在标题里。这时我们就可以把写长了的标题换一种简短的说法写在封面里，也可以把你因标题过短没能表现的内容补充在封面里。

第二种是为了抓眼球。这是新媒体营销号的传统保留项目了。我们在微信公众号常见的"震惊！×××""气愤！×××"这样的标题，为什么要这么写？因为"震惊""气愤"再加上个感叹号简短有力，能够一下就抓住人的注意力。我们虽然讨厌营销号搞这种"标题党"，却不代表不能从中得到一些借鉴。

所以单纯把"震惊！""气愤！""我裂开了""哈哈哈哈"这样短促有力的字，或和视频内容有些关系且能带起话题的一句话、几个词放上去都可以。

第三种是为了做效果。和用内容元素做冲突一样，用文字做效果也是为了让你的封面与众不同，从而勾起人点开看的冲动。这种文案要配合画面内容元素来定。比如，你的内容元素是你怒吼的照片，你就可以配上两个字"开炮"；如果内容元素是一个无奈的表情，可以配上文字"口吐芬芳"；如果你放了一组减肥前后的对比图，文字可以分别在左右两边写上"现在"和"短短两年前"。

这里提醒一下大家：**在按照上面三个方向构思时可以释放下自己的天性，**

别太中规中矩，B 站不怕搞怪。此外，这几个技巧混合搭配使用效果更好哦！

5.3.3 重视发布文案与作者评论

发布文案和作者评论是时常被新手运营者忽视的东西。但实际上，写好这两个不起眼的东西，可以让我们的视频人气明显改观，并且不费一分钱。

发布文案主要是指你发布视频时配合的那段文案，在抖音中就是视频播放时显示在底端的那几行字；在 B 站中就是视频播放界面标题下方被 100% 折叠起来的灰色小字。

说到这里，可能有人直接拿起手机，打开 B 站满脸疑惑地去确认是不是真的有这么个东西。是的，在 B 站中发布文案确实太低调了，你不特意去看几乎是看不到的。而在抖音这种情况也没好哪儿去，我们在刷视频时总会忽略这不起眼的一两行字，或者扫一眼就看过去了，所以对这个东西的印象和作用认识不算特别深。

因此在我们自己提笔要写的时候也不知道怎么写，非让写就随便写几句，非但起不到正向作用，还可能引发负面效果。

至于作者评论，因为不是一个必选项，所以总是不被人重视。但你仔细研究正规机构孵化的大号，这一项几乎是必有的。

总之**在新媒体运营中，每一次表达都是一次给作品加分的机会，我们一定要有意识地把这些有限的表达机会利用起来**。接下来我们就来讲一讲。

1.发布文案的要点

1）抛出点新东西

发布文案主要的功能是说明你的视频内容吗？

不，是给你的视频内容做补充！

当你打开抖音和 B 站浏览时，相信像下面这样来写发布文案的情况你一定不陌生：

一种是对视频内容进行概括。比如一个视频的内容是两个歌手互飙高音，发布文案就写作："A 与 B 高音互飙，实力震惊全场"；一个视频的内容是讲解口腔卫生的几个知识，发布文案就写作："关于口腔卫生，你需要知道的六件事"。

这样写发布文案的很多，原则上没有太大硬伤，但问题在于没有给出新的信息，没有多大意义。**如果只是概括一下，封面标题不就实现了吗？**

还有一种就是自言自语说废话。还是上面两个视频内容，前一个配的文案是"厉害！223333"，后一个配的文案是"嗯，今天学到了很多"，这显然很无聊。

对于这样的文案写法我们非常不提倡，这种"自嗨式"的文案对于受众而言一点价值都没有。用一场歌唱比赛打比方，第一种概括顶多相当于没什么才艺，但第二种就相当于上来翻俩跟头然后开始表演用脚打篮球——完全不知所谓。

所以写作发布文案，一定要在关联视频的同时，做一些补充。我们还用歌手飙高音的内容举例，就可以写：

"沉寂8年，归来登顶。为这一曲，我们没白等！"

"××说过：作为歌手，A的天赋让人嫉妒、努力让人惭愧！"

"再有人说中国没有唱将，就给他看这条视频！"

"时隔16年A、B再次同台，开口又是一个经典！"

这些文案有的补充了新的信息，帮助大家把更多事情和眼前这场演唱联系起来，让他们的演唱除了精彩之外，有了更深一层意义；有的则补充了新的亮点，或让人动容，或让人激动，也许有人对这段演唱本身无感，却被你的文案打动了，给你点赞、评论也未可知。

2）调动受众观看兴趣

直接概括视频内容还有个缺点在于，也许知道了你大致讲什么，受众看不了几秒视频就划走了，反而影响你的数据表现。其实，如果善用发布文案，非但可以避免这种情况，还可以反向增强效果。

首先，你可以只讲半句话，留一些悬念。比如，"终于听了老婆的话，结果……""如果时光倒流，我会……""万万没想到，小美竟然……"

别人如果被你吊起了胃口，那就非要坚持看完视频才会知道。此外，还有些比较"无聊"或者"强迫症"的人，可能还会跑去你的评论区接话，这样无形间又给你贡献了评论。

其次，你也可以直接提示受众耐心观看。比如，"不看到最后，你永远不会知道答案""看到最后，有惊喜哦""看到最后，流下眼泪的都是有故事的人"……

2.关于作者评论的小建议

作者评论本来是留给受众的位置，但创作者自己也可以使用。具体怎么利用呢？

1）提问题是自评首选

发完视频，你可以回手给评论区留下一个问题。比如，"如果有人这样对你，你会怎么回答他？""下一期，你想听谁的八卦呢？""你们家乡也有这种黑暗美食吗？"……

记住，最好设置开放型问题，即不能用"是"或"否"来作为答案的问题。这种处理无疑会增加观看者的好奇心，他们针对你的问题纷纷回答，同时互相间也会点赞、回答，对于增加评论量是个非常好的事。同时，在一些回答中，也许你也会获取之后选题的灵感哦。

2）总结与鸡汤也是好选择

在评论中进行总结比较适用于知识类的账号，如果你做的就是这样的内容，**可以帮助受众提炼笔记，然后放到自评中**。这样当受众看到这条评论时，还会在这个瞬间再次回顾一下视频的内容，无形中就强化了他们对这条视频和你的账号的印象。同时，这种周到的贴心的服务一般也会赢得受众的好感，很容易获得点赞。

在评论中写一句和内容相关的"鸡汤"金句，也是一个好办法，尤其在抖音上。抖音平台上正能量和"鸡汤"视频是相当受欢迎的，虽然很难讲清楚这背后的原理，但却说明了有相当多的抖音用户是吃这一套的。也正因如此，在评论中的鸡汤金句也总会获得许多点赞。

评论中的点赞同样也可以增加你账号的活跃度，虽然互动性不如用问句有效，却胜在量多，从实际效果来看也比较可观。

5.3.4 抖音内容"中枪"的表现、诊断和解决

在 5.2.1 节讲过，抖音和 B 站会对不合法、不合规的内容进行处罚，轻则不予推流，重则账号降权、限流或直接关闭。

这样做本没有问题，**但抖音始终有一个让人困扰的地方：在发现了一个账号内容有问题、触犯了一些规则的时候，它通常不会像 B 站一样明确告知提醒，而是倾向于悄悄地做出处罚**。等到你真的收到"罚单"的时候，说明你的账号问题已经很严重了。

因此很多时候我们明明"踩了线"、系统也做出了处理，却不自知，只能生生接受流量不佳的结果，错过采取措施补救的时机。长此以往，账号是

做不起来的。

因此在本节我们就来讲一讲运营抖音时常见的账号"中枪"表现以及可以采取的对策，以便我们日常排查和及时处理，避免积累沉疴。

1. 内容"中枪"的几种表现

一般情况下，账号内容不会无缘无故出事，同时也不会毫无表征。和我们的身体一样，一旦有了问题，一般也会通过头疼脑热、消化不良、起痘痘这样的形式表现出来。这时读懂这些"信号"的真正含义并及时想办法解决就是我们最该做的事情。

那么都有什么样的情况，需要我们警惕呢？

- 视频发布 1 小时后，受众无法下载保存。
- 发布 3 小时后，播放量仍然在 300 次以下，没有达到标准正常值（300～600 次及以上）。
- 发布 3 小时后，流量表现远远低于本账号平均水平，比如之前每期视频播放量在 5 万次，但本期视频不足 5000 次。
- 视频发布后只有自己能看到，别人的账号却看不到。
- 视频无法投放 DOU+，有问题的内容也许还是可以被允许在小范围看到，却不能获得扩大推广的机会。
- 视频发布后，视频被自动删除。

2. 如何诊断及解决

上述情况可以分成两种。

前三种有可能是内容有问题，也有可能只是审核与数据爬升进度有延迟。这种情况不多，但也会间歇性出现，所谓 1 小时如何如何、3 小时如何如何只是大家根据一般经验总结的，官方并没有给出绝对承诺。

所以遇到这种情况我们可以先充一下 DOU+ 试试，如果可以充上，说明内容本身没踩线，可能只是审核进度慢了或基础曝光不够多。

后三种情况一般则更可能预示着内容有问题了。这时该怎么做呢？

1）修改违禁内容

我们要仔细分析一下这一期内容，包括画面、字幕、配音，看一看有没有出现违禁词和过分的广告信息。

关于是否有违禁，有一个简单的检测办法。进入"句易网"官网，登录后把你怀疑有问题的文案输入文本框中，网站会根据最新的《广告法》帮你找出违禁词和可能有嫌疑的敏感词。

当找到了可能的问题后，我们要做的是先把原有的问题视频隐藏，然后对有问题的部分进行改动。

如果是内容本身讲了不该讲、做了不该做的，整个片段都要剪掉，否则就算不被机器抓到也会被人举报。

而对于内容合理但只是表达触及了规则的地方，我们的改动以字幕为先，因为这是机器内容审核的主要依据。对于那些疑似违禁的词汇，我们先来看看有没有可用的同义词；如果实在没有，就用拼音或首字母代替。

2）联系官方咨询

如果你自问没有违禁内容，用"句易网"也确实没有搜到文案违禁，那就可能是其他原因。这时能给你答案的只有抖音官方了。

如果你的粉丝量级在10万以下，可以通过服务中心官号询问，具体的打开路径是："设置"—"反馈与帮助"—"服务中心官号"（右下角）；如果你的粉丝量超过10万个，可以联系你的专属创作者小助手咨询。此外，在"反馈与帮助"界面点击"视频状态查询"，选择你要查询的视频，在跳转页面填写反馈问题后提交也是一种办法。

不过有一说一，抖音对于这些询问的回应效率并不高，而且样本不多、内容违禁不明显的时候，得到的也经常是一些不触及实质的解答。所以作为补充，我们最好通过非官方途径联系到抖音公司审核、流量等部门的朋友，请他们帮忙看一下。

3）排查账号本身问题

如果前两种方法都试了，但都表示内容没啥问题，那我们就要再留心一下是不是账号本身存在什么问题。抖音会因为你日常的操作习惯给账号评级，遇到不当操作不仅会对单条内容，也会针对账号整体进行处罚。当账号被打上了"不良记录"标签，后续一段时间发布的内容都会受到影响。

关于排查账号问题，许多人会寻找市面上的各路"行家"付费"看号"，这些"大师"一般会云里雾里和你讲一堆，都是既不能证实又不能证伪的玄学，你如果把持不住，很容易成为他们的"韭菜"。

还有一种说法是说通过"反馈与帮助"下方的安全中心自行查看关于账号

的异常情况，据说看完酷炫的检测动效后就能看到检测结果了。但这也并不正确，因为这项检测主要看的是账号是否有被盗的风险，而不是看账号的健康程度的。**这种说法目前流传非常广，但很可惜这是以讹传讹。**

不过抖音 App 中确实有一个检测账号状态的地方，具体的打开路径是："设置"—"反馈与帮助"—"账号状态检测"。如果你担心平台对于你账号状态的判定并没有完全体现在里面，那就想办法通过私人途径找到抖音内部员工问一下吧。

5.4 粉丝运营怎么做

做账号，主要就是为了得到粉丝，但却不能认为得到了粉丝，工作就结束了。

粉丝并不是基础界面上不断变化的那个数字，而是一个个活生生的人。因为是人，所以他们会来也会走、可能今天喜欢你明天又变了，他们也需要我们不断去关心、互动与维护。

同时，粉丝也是帮助我们进步，做大的良师益友，我们总能从一些粉丝身上找到吸引更多粉丝的"密码"，所以我们要学会读懂粉丝。

所以在泛短视频运营的最后一节，我们来聊聊粉丝运营。

5.4.1 粉丝积累途中的几座"里程碑"

记住这几个数字：1 万、10 万、50 万、100 万。据我们的经验显示，这是抖音粉丝积累过程中的几座"里程碑"。我曾主导运营的几个 B 站号还没有到 50 万个粉丝的，所以具体 B 站是不是也这样还不知道，但道理基本不会错。

粉丝的增长速度不是线性的，我获得 1 万粉丝花了 1 个月，这不代表获取 5 万就要花 5 个月。一般来讲，当到达上面所说的每座"里程碑"时，粉丝增长的速度就会有一定幅度的增加。就像滚雪球，随着雪球慢慢滚大，我们花费差不多的力气，但它的体积却会增加得越来越快。

所以当你还是一个新号，看到做了一段时间粉丝还没有多少时，先不要急躁，反而要耐下性子来好好做内容。因为你的一个爆款内容就能帮你跃上 1 万的里程碑，而从 1 万变到 10 万就容易多了，也许就是再出两条爆款内容的事。

但同时，这些"里程碑"往往也可能是瓶颈。除非技术和运气极好，仅靠几条视频就能高歌猛进、一路突破，否则随着慢慢摸索到下一个里程碑，我们的内容也会伴随一些新意缺乏、审美疲劳的问题，需要采取一些办法增加新的刺激点，才能再次激活。所以每到一个里程碑固然可喜，但同时也不要忘记思索下个阶段要怎么进化。

很多时候，创作的过程是伴随着焦急和孤独的，没有阶段目标却苦熬是折磨的。所以建议大家把这几个数字作为阶段性目标，不要一开始就好高骛远，每阶段都先只盯着下一个节点去努力，把宏大的目标分成小目标去完成。帮助我们制定阶段目标、维持心态平和——这也是这几个数字的一个价值。

5.4.2 四大涨粉阶段的不同策略打法

如果你在企业做过管理就会有体会：当公司只有不到 10 人的时候，"兄弟式"的小团伙模式更能提高凝聚力和默契度，往往能够帮助我们快速起步；但当人数为 10～30 人时，就开始要有制度出现了，同时福利机制也要明确。

当人数继续往上，扁平化管理势必难以为继，不仅要有中层出现，老板也要有意识地拉开和基层的距离，集中更多精力在宏观建设而不是执行层面的琐事上。总之，不同阶段要做不同的事情。

这一点对账号的成长来说也是一样的。**随着粉丝量的增长，我们的账号会进入不同的阶段，而在每个阶段我们要做的事情是要有差异的。**

第一阶段：粉丝量小于1万前

这个阶段是账号的起步期，我们需要快速滚起一个小雪球，让账号摆脱"生死未卜"的危险期，同时也要积累我们的种子粉丝。这时不辞辛苦地和粉丝们高频互动、把数据做起来是当务之急。

这一阶段一定不要偷懒，要认识到抖音、B 站是勤劳者创富的天堂。

现在的抖音已经过了初始红利期发发内容就能火的阶段了，随着竞争越来越大，难度越来越大了。而 B 站，竞争虽然没有抖音那么激烈，但水准要求高，"电磁力"这样的量化标准正时时刻刻盯着你的一举一动。

所以，除非你是极少数的天生能力者，否则大家拼的主要就是勤奋了。如果从一开始就没能养成勤奋踏实的习惯，后续很难走远。

第二阶段：粉丝量在1万~10万之间

此时账号进入跃升期。我们要在这一阶段快速明确账号的各项特性，并把内容正规、优质、成体系地呈现出来，极力散发你那"该死的"魅力。

同时，如果是运营抖音，也要开始配合使用DOU+，让账号和团队进入一种健康的有投有产的状态。

第三阶段：粉丝量在10万~50万之间

此时账号进入关键成长期。此时我们不仅要继续加强内容的建设，还要开始学着做个"体面人"。

首先，如果视频的封面、字体等设计元素还是参差不齐，在这一阶段一定要统一过来；如果视频列表中排在前面的作品数据还是有高有低，就干脆隐藏几个数据特别不好的。这两者都在确保账号对外直观体现的专业度。

其次，对于敏感词汇和言论表达要格外留意。这一阶段的账号无论是粉丝关注还是平台关注和之前都已经不一样了，你的行为是否妥当、形象是否正面就变得格外重要了。

第四阶段：粉丝量在50万以上

此时你的账号迎来了真正的成熟期。此时账号的方方面面都要扎实照顾，同时要开始具有公关意识，勇敢迈出沟通平台和其他商业资源的脚步。

这一阶段能否实现相对稳定的变现，直接反映了你的账号是不是真正具有商业价值，是好是坏、是实是虚就要见真章了。

5.4.3 你和粉丝发生的四种关系

我们要把粉丝分类、分层，因为不同的粉丝关注你的动机不同，对于你的好感度与热度期不同，就呈现出了与你或远或近的距离。虽然他们同样占据着你粉丝数量栏里的一个"1"，但有的人，1人就能带给你不下10人的价值；而有人则无限趋近于0，你稍稍停更就会脱粉了。这种情况下，我们不讲任何策略地"雨露均沾"，势必会浪费许多精力，又拉低整体效率。

因此我们建议把粉丝分为**潜在的、活跃的、冬眠的、核心的**，分别采取不同的策略。

1. 沉淀核心粉丝

核心粉丝就是你粉丝中人数最少但最坚定、价值最大的那一批人，又称"死忠粉"。这些人在实际账号发展和运营中扮演的角色几乎可以算作你团队的一部分。经典互联网著作《失控》的作者凯文·凯利曾提出过**"1000个铁杆粉丝理论"**，称只要你有1000个无比热爱和支持你并愿意为你奉献的"铁粉"，无论你做什么都会无往不利。

所以我们运营粉丝，不光要着眼数量，更要经营质量。 你做内容，这1000个"铁粉"就是你的外部推广团队；你做产品，这1000个"铁粉"就是你的核心顾问参谋；你卖东西，这1000个"铁粉"就是你的忠实消费者……比起坐拥一潭死水一样的几十万个粉丝，这样做岂不更爽？

核心粉丝要沉淀和培养，并且要付出耐心、感情和真诚。这一过程单靠发视频和评论互动是不够的，我们还需要一个群。现在抖音已经开放群聊功能，B站还没有，但考虑到用户普遍习惯，你也**可以用微信群、QQ群作为你和核心粉丝之间交流的场所**。关于如何培养、筛选与维护粉丝，我们会在后文具体讲解。

2. 宠溺活跃粉丝

活跃粉丝比起核心粉丝门槛低很多，所以数量也可以很多。他们也许不在群里，但一定活跃在你的评论区，对于你发出的内容和互动要求，响应及时且到位。

除了你的亲朋好友、公司团队之外，绝大部分核心粉丝的来源就是活跃粉丝。所以对于活跃粉丝，我们要宠溺、善待，然后选择其中优秀且黏性较高的升级进核心梯队。

在平时，可以多准备一些小福利，发起诸如"评论点赞最高送礼物"这样的活动，扩大活跃粉丝的面；或者在视频内容的中间或末尾埋进一些小惊喜，要么是活动福利，要么是专属你们彼此的"黑话"（比如过往视频中的老梗），总之嘉奖那些愿意专注看完你视频的粉丝。当他们接受了你的用心，活跃的表现就自然而然了。

另外，对于他们的口味和喜好，我们也要关注。 我们内部一直强调"粉丝是一本大书"，我们要用心阅读、反复研究。这种研究不是把他们作为一组冷冰冰数据里的一个单位，而是要真正把他们作为一个个鲜活的"人"去将心比心地体察。

一方面，我们要根据他们的用户画像来分析他们的痛点、痒点、共鸣点分别在哪里，然后设法呈现，这些画像可以在前面提到的第三方数据平台上获取。比如你的粉丝群体以一、二线城市年轻的上班族为主，那就可以把"职场""漂泊心态""进取背后的脆弱"等作为关键词和你的选题做结合，互动奖品和礼物也可以围绕这一人群的兴趣点和需求点展开。

另一方面，格外留心他们的评论。我们可以从视频内容的评论区中洞察他们想要看到的内容；也可以重点看一下活跃粉丝（只要你足够认真，一定知道哪些人比较活跃）的关注列表，大致判断一下他们属于怎样的人，然后再重点看一下他们是否在和你相似定位的账号中评论留言（在第 6 章我们会讲到，逛竞品是运营者的日常工作之一，这就是顺手的事），然后把他们透露的心愿在你的账号选题里提前实现。

对于想做 B 站号的朋友来说，"动态"板块是个值得好好用起来的功能。它的作用很像微博，UP 主可以在里面更新一些图文状态和视频内容。这是联系粉丝情感和调查粉丝民意的理想场所。所以当你有了一定粉丝量后，一定记得开始运营一下"动态"板块，这可能会是你"宠粉"投入产出比最高的办法了。

3.挖掘潜在粉丝

潜在粉丝就是那些已留意到你，但还没有关注你的人。这里的原因主要有两种：还没发现你的魅力，或还没找到一个关注你的理由。

对于还没发现你魅力的潜在粉丝，比较有效的办法是让他看到你的人气有多高，显然这就需要你的核心、活跃粉丝们配合了。

你可以利用第 5 章讲过的种种办法在视频评论区（B 站 UP 主也可以在"动态"板块进行）调动气氛，这时你的核心、活跃粉丝们看到后，八成会跟着一起互动。若你们呈现出的互动是有趣、有序、有质感，而不是杂乱无章的，就很容易让人认为你是有人格魅力的人。

对于还没找到一个关注你的理由的潜在粉丝，你可以通过精心设计所发起的话题来吸引他，比如提个问题让大家纷纷出来分享，说半句话让大家纷纷出来接，想一句有趣的金句带动大家纷纷模仿。也可以在社群里发点小礼品，号召忠诚度较高的一批粉丝配合你"演出"。不要瞧不起第二种方法，在新媒体运营中，这样的一些"土办法"往往有奇效。

4.激活冬眠粉丝

冬眠粉丝,就是好久以前关注过你、现在慢慢变得不活跃却仍未脱粉的人。**遇到这种情况,你要做的就是"刷存在感",想办法占据他们的注意力。**

办活动是一个有效的办法,轻一点的比如社群里的征稿、聊天、小游戏等活动;重一点的也可以组织在线或线下的沙龙、分享、团建等。这些办法看起来一点都不玄妙,甚至有些"土",但在我们的经验中,这些办法极为有效。不要忘记:在大家普遍懒惰的时候,只要勤奋一点点,我们就已经是占据优势的少数人了。

此外,还有一个办法是私信问候。当然不是要求你给自己冬眠的所有粉丝都发一遍,你既忙不过来也没法统计谁活着而谁在冬眠。我们要发送的"对象",主要是那些你原本见过、有印象、曾经一度比较活跃现在却不怎么出现的粉丝。每隔一个月,你可以抽出一小时私信和他们表达一下你对他们的"想念",顺便再简单聊几句。

大多数粉丝的心态比较简单,开始"冬眠"无非就是"腻"了,或之前的活跃表现并没有得到你的反馈。但不时的一个问候、一个小互动,你充满暖意的行为带给他们的亲切感一下就上来了,尤其是在其他运营者越来越懒的今天。所以一般情况下,这样做的结果普遍不错。

我们激活的对象是曾经活跃的粉丝,所以一旦我们成功,就很有可能获得一批活跃粉丝,甚至收获核心粉丝。这些人一旦真的为你所用,即便人数不多,也能发挥很大的能量。

/ 第 / 6 / 章 /

乾坤挪移,博解旁通

创富变现,好内容本就是一门好生意

第6章 乾坤挪移，博解旁通——创富变现，好内容本就是一门好生意

学武的终极目的是什么？投靠一个心仪已久的门派吗？学一门威风八面的功夫吗？

错。无论是希望以武济世、锄强扶弱的侠之大者，还是梦想号令群雄、一统江湖的一代枭雄，他们的目标都是"用"——让学到的武功真正实现作用，帮助他赋能！

从这种"实用主义"出发，我们就不能囿于门户界限。在把本门武学练扎实的前提下，别管哪家哪派、何招何式，但有所长，都可涉猎。然后将它们融会贯通，灵活取用，渐渐便形成了你自己的路数，郭靖、杨过、张无忌的武功无不是这样成就的。

泛短视频也是一样，本书主要谈创富，所以我有理由得出这样的判断：读者中的大多数是希望借助泛短视频创造财富的，无论是间接或是直接。单纯赶个时代风口，满足自己也娱乐他人，应该不是大家的主要目的。

既然是这样，对于目前存在的诸多变现门路来说，大家也还是要灵活对待。**不要纠结哪一种赚钱最多，而是要综合选取适合你的板块，然后像拼乐高积木一样组合出你自己的模式。**

所以本章我们就来谈谈如何通过推广与导流为泛短视频变现提供基础，目前主流且稳定的泛短视频变现途径有哪些，以及基于经验可以给大家的一些建议。

先打个预防针：在阅读本章的过程中，你可能会发现这里讲的"变现"的方法都比较基础，不像之前的章节时常会有一些像模像样的模型、化繁为简的窍门。这是我慎重思考后的结果，因为这样做更贴合真实的情况，接受这个事实会让你在接下来的路上减少许多妄念。

我知道在泛短视频行业存在许多一夜暴富的"传说"，但大家千万别因此认为其中就真的存在像"点石成金"那样的操作。且不说这些案例里有多少是被过度夸大包装的，就说那些真正通过泛短视频掘到金的，据我观察也还都是

通过那些普通的、人尽皆知的办法。

还是那句话：泛短视频的变现就像是做菜，高手和低手往往用的都是一样的鸡鸭鱼肉、柴米油盐，但各人的基础条件不同，灵感创意不同，甚至只是运气不同，结果就可能很不一样。 我们不难发现，这些不同的部分大多属于所谓"软实力"，我们只能告诉你，它们在一段成功中是存在并非常关键的，却没法真的像讲操作、讲技术一样把它一条一条理出来。

况且，正如在引言中比较"变现"与"创富"时所说的：这些基础的"变现"路径能带来的财富总是少量的、短暂的，真的要在泛短视频这片大陆上有所成就，靠的还是策略、整合、以及台上台下"十八般武艺"的综合运用，走到"创富"的打法上来。但这个层面的心得和经验，有多少成功者会掏心掏肺地分享出来？又岂是随便能够复制的？

所以对于看到这里的读者，我有一个诚恳的忠告：先校正自己的预期，打消那些关于"风口"的盲目迷信和希望"一步登天"的不切实际的想法，再往下看。

泛短视频行业的创富和许多你所熟悉的行业在成功逻辑上并没有什么不同，它不是实业，却也不是魔术。这里别人能告诉你的最多只有基础知识和一些小小的心得，但真的走下去获得成功，主要靠的还是你自己在实践中付出的汗水，积攒的判断，以及对于机会的及时把握。

本章的具体内容可参考下图。

第6章 乾坤挪移，博解旁通——创富变现，好内容本就是一门好生意

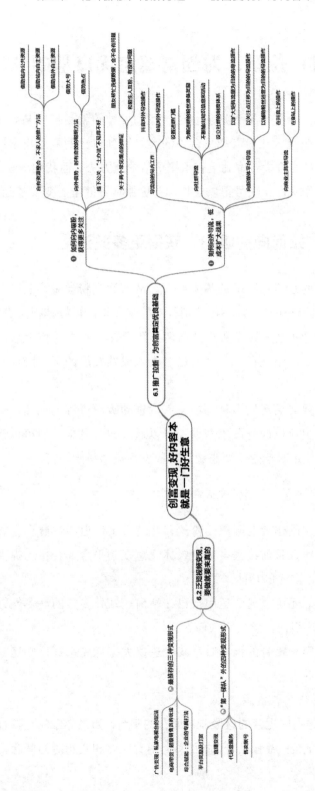

191

6.1 推广拉新，为创富奠定优良基础

当我们把一个账号平稳送上轨道，我们要做的就是推广与导流两件事。这两者一个是"吸星大法"，把平台外的流量引到自己的账号里来；另一个是锻体传功，把自身的流量转嫁到更有承接价值的地方去。而我们就在这样近乎"一呼一吸"的操作间，让账号得以成长，并更加具备健康的变现基础。

6.1.1 如何向内吸粉，获得更多关注

推广的目的是增加账号的曝光机会，从而达到粉丝量增长的目的。"酒香不怕巷子深"，这句话一向不在营销行业的字典里，自媒体视频也是一样。

或许抖音、B站在崭露头角的前两年还存在一些做了就有量、用心就能红的"新手红利"，但现在，当平台已经进入成熟发展的下一阶段，这一局面早就不能作数了。

因此我们要灵活运用多种办法来人为推动吸粉进程的加速，借力时可以利用自有资源，也可以向外寻求帮助；可以通过线上完成，也可以借助线下。方法不止一种，使用时一定不要忘记随机应变，灵活搭配。

1. 自有资源整合，不求人的推广方法

推广是内容创作者的刚需，粉丝和互动数量迟迟不进展也会导致创作者离开某个平台，所以目前绝大多数自媒体泛短视频平台都会主动提供一些助力创作者进行推广、曝光的功能。

此外，我们还可以灵活运用自己在站内、站外多方的许多能够自主运作的功能来实现推广引流，解决很大问题。

在进行内容和账号的推广时，我会建议大家优先选择这些途径。接下来我们就具体说一下。

1）借助站内公共资源

"**站内**"是指你运营的这个账号所在的平台。如果你做的是抖音号，"站内"指的就是抖音平台；做B站号，指的就是B站。而和它相对的概念就是"站外"，

即其他所有平台。

在站内资源中，我们首先可以利用的是一些公共途径，这些都是官方希望我们采用并写入"游戏规则"的，整体效果比较好，也更安全。

（1）活动和话题。

无论抖音还是B站，都有活动和话题两个功能，它们同时也是两个非常重要的"流量入口"，用户从这里进入并发现一条视频的逻辑和正常接受推送是不同的，所以是很好的补充形式。

当有活动时，抖音会通过广告推送、后台消息来广而告之；B站则会在首页宣传，并显示在后台"创作中心"的"热门活动"中。

发布视频时，我们手动添加与活动同名的标签就能参与到活动当中。其中，抖音是通过在发布文案中打一个"#"然后直接输入话题的方式参加；B站则是专门有一个"标签"选项，在里面的"参与活动"一栏进行选择就好。

另外，受众在浏览时通过点击视频下方的话题标签，可以看到其他所有打着相同话题标签的作品；另外，在直接搜索与话题相关的关键词时也能看到这些视频，所以我们也可以通过添加视频话题的方式来推广。

具体的操作方式和参加活动类似，事实上这些活动也是一种特殊的话题。但要注意，虽然话题是可以自定义的，但如果是为了引爆更多流量，就要尽量确保找到的话题是超高关注度的，比如明星、热点事件，或"宠物""手机开箱"这样的大门类，而不要自己编。因为你自己编的话题除了你自己和粉丝，没有人会主动搜索，也很少有人看到后会通过这个标签点进来。

目前抖音和B站都支持添加多个话题标签，但这么操作时B站明显更有利。因为抖音的标签添加是混在发布文案中完成的，添加太多不但会抢走文案的字数，还会影响受众阅读文案的感受。而B站不同，它的标签是作为单独一个项目添加和显示的，所以不会带来什么负面影响，你可以多添加几个和视频相关的大流量标签。

（2）平台官方工作账号。

抖音和B站为了防止一些好作品被算法遗漏，所以作为补充，都开放了各自的官方工作账号，可以供创作者人工自荐。

抖音的叫**"抖音小助手"**，你可以在发布视频时，在发布文案的末尾@这个账号。而B站则要通过电子邮件将你的视频标题与链接发送给小编，邮箱地址为video@bilibili.com。

从操作上来讲，@抖音小助手明显更方便。但也正是因此，许许多多有点经验的创作者都会这么做，你应该不难想象工作人员打开这个账号时的崩溃，所以实际的效果也就一般，至少我自己更多是把它作为一种心理安慰。

相比之下，B站的邮箱联络虽然操作复杂些，但也因此大大过滤了许多投稿，同时还能给 UP 主在邮件正文自由说明情况、打感情牌的机会，所以客观来看，仍然是能够起到作用的。

（3）DOU+ 和信息流广告。

这两项主要还是更适合抖音。

DOU+ 自不必说，这本身就是抖音的自有功能，是官方给广大创作者设置的"氪金推广"功能。

这里既可以直接告诉平台你期待增长的数据（点赞数与评论数，或粉丝量），然后让平台帮你智能匹配人群，也可以自己设定人群画像或直接对标某一同类账号的粉丝。不同于刷赞、买粉，DOU+ 卖的只是额外的机会，通过这些精准的"微操"增加你的内容在理想受众面前曝光的机会，对于数据增长而言无疑是科学和健康的。

关于投放 DOU+ 的节奏，不同的运营者有不同的习惯，也要根据账号具体定位和单期内容潜力大小来判断。但我一般会按照这个节奏操作：**平均每 3 条投 1 次，选择目测潜力大或初步涨势不错的 1 条。总预算 300 元，每小时 100 元，分 3 次投出，全部选择自定义人群的定向投放。**

此外，在内容出现意外数据（要么迅速蹿红，要么远远低于预期，甚至感觉数据达标却没有继续被推送到更大流量池）时，以及进行直播、电商带货相关操作时，我会针对性地做处理。**总之，消费 DOU+ 是我运营抖音的常规操作，也是一项相对固定的投入成本。**

至于信息流广告，主要适合的还是抖音企业号。这一产品设置的初衷虽然是帮助商家宣传品牌和产品，实现商业引流，但广告流量施加的对象还是你创作的一条视频，因此客观上也可以实现内容的推广和额外曝光。

2）借助站内自主资源

除了公共资源，我们还可以利用平台内一些合理操作，实现增大视频曝光度和拉新粉丝的目的。

（1）直播吸粉。

开通直播的主要原理还是在于新增一个强有力的流量入口，补充纯靠推送获得流量的单一做法。

泛短视频和直播虽然不是一种类型的东西，但受众人群重合度高，应用场景天然互补，所以抖音、B站及其他许多平台都会同时运作这两者。这也间接给创作者们提供了营造个人小生态的机会。

无论做抖音号还是做B站号，你都可以尝试开通直播。除了多一种变现途径之外，也可以多一种流量来源。有许多人也许先前没有关注到你的泛短视频作品，但因为在直播页面进入了你的直播间，发现你确实是个有趣的主播，很自然就会想进一步了解你，此时你过去发布过的视频作品就能被其看到了。

同时，不管是因为视频还是因为直播而专注你，关注对象都是你的账号，所以通过直播关注你的粉丝之后也一样会收到你视频作品的推送。当然，因为视频内容关注你的粉丝也一样会收到你直播的通知。**所以说泛短视频和直播非但不是冲突与替代的关系，还是非常融洽的一组互补，是当下新传媒的"倚天剑"和"屠龙刀"，都值得我们下功夫。**

（2）福利引导。

在个人主页的介绍文案、头图以及评论区，可以以发放福利的内容吸引受众关住你，比如"关注我，私信领取10000字运营攻略"。

这一做法简单粗暴，却十分有效。事实证明，对于大量互联网上的泛人群来讲，要不要关注一个账号真的总是在一念之间。在这种模棱两可的状态下，一点实际的好处就相当于在"关注"的一侧加了一个筹码，对于结束其摇摆状态无疑是有效的。

3）借助站外自主资源

原则上看，**凡是能做社交的地方都可以为我们的泛短视频账号做宣传。**

所以你首先就可以把你的微信朋友圈、微博之类的常用社交媒体利用起来，多多推荐你已经发布的有趣内容，或对即将发布的内容做预告。

另外，你还可以去到知乎、豆瓣、爱奇艺、优酷、腾讯视频这样的平台做引流，它们不像微信、微博一样是我们多数人习以为常、有事没事都能想到的，所以在规划时需要一些小小的想象力。

这里的主要规划依据是，自身账号的内容、调性、人群和哪些平台的哪些内容高度重合。

比如，如果你做的是读书类的内容，显然可以去豆瓣开话题，或在别人的热门话题下补充留言；如果你做的是音乐类的内容，就可以考虑网易云音乐；

如果你做的内容和影视、综艺解说有关，就可以在这些影视、综艺原片里发弹幕，刷自己的信息……

但千万要注意引流的巧妙性。不要像贴小广告一样到处刷："抖音号×××，欢迎关注我""我开了个B站号，名叫×××，欢迎关注"；或干脆写一句"抖音ID：××××"。没人爱看小广告，除非你是这篇帖子或者视频的原作者，也没人知道你这个号是干什么的，关注你对他有什么价值。

那么如何正确留下自己的信息呢？

下面讲一下我见过的最巧妙的做法。我的一个朋友在B站运营一个街舞主题的账号，聚焦国内外各路地下街舞人才。后来随着国内两档街舞综艺的火爆，他灵机一动，做了一个专题，对节目的每期都会做一些辛辣的点评，同时配上他自成一派的"魔鬼剪辑"，一时吸粉无数。

见势头不错，他和团队成员就假装路人在这两档综艺的弹幕里各种提到自己账号。诸如"这段剪辑堪称××（他账号的名字）级别""×× 出来剪片子了""××，是你吗？"或者干脆只在弹幕里刷出他账号的名字。这就让许多人顿时费解了，于是有人在弹幕里问×× 是什么，这时他的团队或者热心路人就会给大家科普。

与此同时，他会在自己的栏目里不断截图，提到自己看到了原片里各种弹幕刷到他自己，人为强化他的账号和原片之间的关联，并表示原片里提到他的每条弹幕都逃不过他的眼睛；他甚至会对其中的一些粉丝要求进行回应，在规划专栏内容时满足他们的需求。

于是慢慢地，他的粉丝就养成了看原片时随手发弹幕召唤他的习惯，他账号的名字也成了这档综艺弹幕区高频出现的一则"黑话"，越来越多网友自发来用他的名字来"玩梗"，也就有越来越多这个综艺的粉丝被引流到他的B站账号……可以说他从未直白地留下过引流信息，却通过这样的办法在一档综艺节目热播的3个月内平地涨粉20多万个。

当然，这种境界并不是一般人随随便便就能企及的。但作为普通人来说，我们至少能做到的是**在留下引流信息时让自己的介绍和上面的内容简单构建起联系，并讲清楚自己是谁，做了个什么样的账号，这个账号对大家有什么价值。**

比如，在一条网易云音乐的歌曲评论区留言："×× 的这首歌最大的亮点在反拍，如果用正拍来做不小心就会特别土。我是个自由编曲人，一时兴起做了一条改编，不信邪的朋友们可以来看一下，地址：×××。"或者，"我是

××十年的老粉了,从初中开始就听他的歌。没事的时候也会在抖音改编翻唱他的经典老歌,欢迎大家关注,地址是×××。""很多人说××是硬汉柔情,但我天生萌妹音,翻唱他的歌也有许多人喜欢。不信你可以来我的账号,地址是×××。"……只要推荐引导得合情合理,能够击中人的兴趣点,引流也就不在话下。

2. 向外借势,时有奇效的聪明方法

前文讲的都是我们自己就可以日常操作的。除了这些,我们也可以充分利用泛短视频平台的社交属性来向外借势、合纵连横,将他人之力为我所用,进而扩大曝光。

1)借势大号

借势大号俗称"抱大腿",具体的"抱"法可以是去"蹭",也可以想办法直接与他合作,让他为你站台。**这样做的底层逻辑十分简单:做流量就要先到流量大的地方去。**

这个道理很好理解,在泛短视频领域,它更是个被广泛应用的运营手段。有像"纯情阿伟""李雪琴"这样与知名艺人互动从而获得关键流量飞跃的;有像"潇公子""维维啊"这样与艺人、达人频繁联动,实现流量互导、粉丝破圈的;也有积极翻唱、翻跳、合拍艺人的歌曲和舞蹈以求"正主"艺人"翻牌"的。大家都在积极地运用这一"流量密码"。

我们想要让自己的账号获得更多人的关注,当然也可以用这种思路。**每个平台都有许多大号,你可以选择其中几个和你粉丝重合度比较大的,经常去它的评论区蹲点、留言**,最差混个脸熟,运气好了搞不好能被大号评论或转发。

这样,你就获得了被大家注意到的机会,它的一些粉丝出于好奇基本都会来看一下你是什么人。这时如果你的内容足够吸引他们,他们当然也会关注你。客观来讲,这就完成了你从大号那里的一次流量"截胡",是一种接近"杠杆思维"的操作。

为了实现这一效果,你当然少不了有所投入。这里的投入主要是精力。我们要勤留意大号的动态,尽量在它发布新内容的第一时间抢到前排位置,并留下足够精彩的内容。千万不要只是傻傻留下诸如"沙发""前排"这样没有意义的留言,浪费好机会。

另外,你也可以尝试在适合的契机和一些大号协商合作。很多人会认为我

没有钱也没什么流量，大号怎么可能和我合作？一定不要这么想。尺有所长、寸有所短，只要你有一两个擅长的点刚好是大号所急缺的，就可能是你们合作的契机，这时可以通过私信或其他形式联系它背后的工作人员沟通协商。

比如，在 2022 年冬奥会期间，我认识的一个内容创业团队洞察到通过互联网，这项赛事不仅在体育爱好者中火爆，还吸引了许多把它当作社会热点的新媒体工作者、沉溺某些运动员个人魅力的"魅力粉"，以及陪着男朋友追比赛的女孩子们。而这些新"入坑"的人群中，有许多对于冰雪运动的常识并不了解。

所以他们策划并制作了一批短视频，因为他们具有规模、速度、专业度的优势，而且当时在抖音乃至全网都非常缺同类型内容，所以他们只问了一圈就找到了 6 个科普、媒体类型的百万级大号合作。

2）借势热点

除了大号，热点当然又是一个流量聚集的地方，并且是公共的。热点上的内容，无论是明星、新闻、热门节目，在短期内都是大家纷纷愿意来了解的。所以"蹭热点"几乎成为所有传统媒体、新媒体、官方媒体、自媒体从业者们经久不衰的共同信仰和话题。

一般来说，事件类热点的生命周期都不会太长，所以在出现的第一时间大家就要动起来。"蹭热点"也是讲求收益与门槛同在的，类似重要节日、大型活动这些可以预测并提前从容准备的效果总是不如许多突发型的热点事件。

为了不错过这些热点，你可以常年蹲点"微博话题""百度风云榜""抖音热榜"，如果怕麻烦，"新榜"等服务平台也会整合各大平台的实时热点进行显示。

同时，在利用热点的选题上，不同阶段适合发布的内容方向也不尽相同。 在事情刚刚爆发的时候，最重要的一件事是"快"，于是内容不妨浅一点：简述、概括、素材集锦、多版本比对都可以。而当事情发生 1 天左右，则需要一些具有深度的内容加入，给大家一些带有含金量的解读和分析。当事情的热度接近尾声时，虽然这个热点身上的"肥肉"已经不多了，但我们仍然可以通过做些全盘回顾的总结式内容追述一下整个过程，利用一下余热。

不难发现，**主打快速爆发的第一阶段，无疑在以抖音为代表的短视频平台发力更适合；而主打深度、观点的第二阶段，以 B 站为代表的长视频又无疑占了上风**，于是再一次回顾一下前面所说的：把短视频和长视频同时抓在手里，用"泛短视频"的眼光布局自由内容阵地，这是最为理想的。

当然，如果你精力不够、实在经不起这样的折腾，那你可以追一些IP类热点，比如综艺、明星，这两种热点的生命时长通常会维持一段时间，抓住他们最火的一段时间多输出点好内容往往有奇效，我前面举例提到的那个靠做街舞综艺火的案例就是个很好的榜样。

不过注意，尽量不要简单截取综艺的片段，这样虽然很简单，在初期堆量时客观效果也不错，但原创度是个硬伤，一旦被发现，抖音、B站都是会处罚的。

3.线下公关，"土办法"不见得不好

从新媒体问世以来，通过线下地推的形式引流拉新是始终没有消失的，虽然这么多年后这种形式渐渐会让人觉得缺乏技术含量且有点落后，但它却始终有效果。

但在许许多多线下公关的传统操作中，并不是所有的我都推荐。比如去地铁站堵人扫码、在各种场合用小礼品吸引人扫码关注，对于这些方法我就极为反对。这样做不仅会惹来反感，实际的效果也并不好，甚至会适得其反。

人们对于这种情况越来越不配合固然是一个原因，但这还在其次。**这样做的问题是它会大大降低账号的活跃度**。无论是抖音还是B站，它们通过标签千人千面地带着内容去找对其感兴趣的受众，已经明确表明了它们对于粉丝和账号间黏性的重视，所以它们也会通过这一指标来评价一个账号的表现。

但如果我们不分青红皂白，只是一味地拉人，一下子让账号堆进了许多兴趣方向完全不同的人，其中却没有多少真正对你的内容感兴趣、愿意和你互动，这样你的账号活跃度反而就会拉低。想象一下，你明明有10万个粉丝，每条视频的互动量却还是那么几十个，这时系统会怎么评判这个账号的质量？

不仅这样，你的粉丝画像信息也会变得极为混乱，全无参考价值可言。我们在前面讲过在账号运营中定期分析数据有多重要，但盲目乱拉关注无疑会使这一工具形同虚设，相当于走夜路时却主动放弃了手电和火把。

我知道这种引流方法现在仍然有许多人在用，很多短视频的图书、课程里也会去讲，这主要是因为他们的认知是从公众号、微博这些传统新媒体的运营中继承下来的，却没有意识到迭代的算法逻辑下，抖音、B站在这些新媒体平台的基础上发生的变化。

那么怎么做好线下引流呢？

首先，最有效的应该就是在泛短视频平台外的地方放大账号灵魂人物的影响力。 这些年越发多起来的真人秀和综艺让许多素人获得了曝光的机会，如果你能抓住机会在里面露露脸，对于账号的帮助自不必说。目前就我目力所及，还没有任何一种线下引流的平均效率高过这种情况。

但也许你觉得这对你还是有点挑战。没关系，你依然可以通过其他一些方式来扩大自己在圈层中的影响力，这属于个人品牌塑造的范畴，感兴趣的朋友可以去找相关的书来研究。

此外，也许有时你会获得一个可以同时和许多人讲话的机会，比如有人请你做个分享，或出席一场活动，这时我们也可以向大家推荐我们的账号。 这时我们可以趁机展示账号的二维码，但却不要把精力用来盯着大家是否关注这个结果，而是多讲讲这个账号的内容、价值及背后的故事，让大家真正对你和你的账号感兴趣。他们感兴趣了再关注，这时就是有价值的粉丝了。

4.关于两个常见观点的辩证

关于推广引流，我在日常工作和交流讨论中还会时常见到两个说法：一是让朋友帮忙贡献数据，二是和陌生人互粉，许多专家会在书里、课上向大家大说特说，相信你也或多或少听到过。

但关于这两点，我基本是不大认同的，接下来就简单说说原因。

1）朋友帮忙贡献数据，会不会有问题

有的人朋友多，或者干脆是公司在运营一个泛短视频账号，那是否可以利用人员动员的优势来给你作品的数据做点贡献呢？

关于这个操作，在B站上是可行的，但在抖音上就要复杂点，需要一些技巧。

我曾进行过多番对比试验。抖音目前的强大算法应该能识别出来这种情况，并且让专程前来贡献的数据无效或打折。单纯让单条视频数据好看些倒是可以的，但是靠这些数据打入更大的流量池就有点难。

这当中也是有道理的。在抖音的基础游戏规则中，视频的推送范围是像打怪过关一样，不断考察人们对这条视频的观看表现，然后过关的视频不断接受更大的流量池洗礼。其中，那些正常刷出来这条视频的观看者的评价就非常重要了；如果是一群"亲友团"直奔账号专程去点赞，这样的数据是没有价值的。

不过这并不代表我们人为宣传没有意义。因为在考察数据表现时，粉丝也是拥有投票权的。 我们每个人都会在使用抖音时有一定概率刷到我们关注的账

号发布的视频，此时我们是随机触发的这次"审查"，于是也和其他陌生人一样重新审视这条视频。如果不是这样，粉丝多的账号的单条数据也往往比粉丝少的账号多就很难解释了，刨除粉丝的贡献，只论单条内容在陌生人群中的表现，大号真的会比小号优秀那么多吗？

所以知道了这一点，**我们至少可以先用自己的人脉引导一波关注，把他们变成粉丝**。然后他们在日常刷抖音时不时就会刷到你的视频，这时他们的点赞、评论或转发就是真实有效的了。

作为"朋友粉"，他们总还是可以对你的账号"特别关照"，不光可以在每次积极地贡献一些数据，还可以和你在评论区做一些"默契"的互动，把氛围炒热，吸引更多路人来围观。

一般我们在看自媒体视频时会有某些程度的从众心态，一个视频内容不错，但如果它的当前数据太少，我们也就习惯于默默刷走，顶多点个赞；但如果数据很火爆，我们不光会点赞，也会再点开评论翻一翻，顺道也插上两句嘴……所以朋友们一起帮忙搞一搞氛围也是不错的。

2）和陌生人互粉，有没有问题

把互粉作为一种拉新做增长的办法，我在不下10种泛短视频的教学中看到过。

这些专家指出：鉴于现在混迹泛短视频平台的这些网友大多也都是渴望积累自己粉丝的，所以创作者可以利用"利他原则"先舍后得，主动私信或留言表示如果对方能够关注你，你也会礼貌地互关回去，这样他关注你的同时自己也会多出一个粉丝，关注的积极性就会很高……

听起来很有道理吧？但我可以说这是个非常不可取的事情吗？

我之所以认为它是错误的，原因和不让大家去线下乱拉人是一样的。**基于互粉得来的粉丝仍然存在构成复杂、不精准的问题，这在短期也许会让你的粉丝量有效提升，但从长远来看却破坏了账号的健康性，得不偿失。**

同时，抖音、B站两个平台的受众平均还是比较年轻，对于自己所关注的账号敏感度没有那么低，一段时间发现自己关注了并不感兴趣的账号，通常不会继续把它们留在关注列表里。于是一时涨起来的粉丝量又会回落，终究留存不住、空忙一场。

6.1.2 如何向外导流，低成本扩大战果

站外导流是怎么一种操作？你可以理解成出嫁的媳妇把婆家的东西往娘家搬……不过在生活中并不是很多人会做这样的事，但在泛短视频的变现乃至创富中，把已经获取的流量从主阵地向站外导流却是必不可少的。

一方面，我们要搭建流量矩阵，用大号带动小号、先进带动后进是很自然的事；另一方面，许多变现和创富光靠站内的一点资源和玩法是不够的，所以要把有价值的粉丝带到你需要他们的地方。

接下来我们就来讲讲如何向外导流。

1. 导流前的站内工作

要实现导流，我们首先应该在主阵地留下线索，告诉大家你在其他平台还做了什么事，大家过去后可以获得怎样的价值，以及如何找到你的这些"分号"。这些操作很好理解，也比较简单，我们就简单说说。

1）抖音对外导流操作

抖音致力于打造属于自己的生态，所以除非你是企业蓝 V 号，否则在把粉丝导到其他平台方面是会受到种种压制的。所以要在这样的"监控网络"下完成操作，需要一些迂回的技巧。

先说几个不能做的事情：第一，在内容正文直接宣传自己的联系方式、其他平台账号等引流信息；第二，在视频末尾以字幕或尾版图留下引流信息；第三，在个人简介里直接给出引流信息（如果你想说"这样做的号抖音上有很多"，请翻回到第 3 章回顾一下要点）。

那么这种情况下我们要怎么做呢？简单来讲，就是先想办法把人带到私信里，然后再在私信里自由发挥。

一方面，对于那些路人、"泛粉"，你可以在头图、简介、视频末尾提示大家私信有好礼赠送。鉴于人普遍是"肉小看不上"的，所以在礼物的挑选上一定要十分用心，既不能成本太大，又要保证足够吸引人，让受众觉得是占到了便宜。一些资料、电子书、试听课等虚拟的知识型产品是比较实用的选择，当然如果你有别的更好的想法也可以尝试。

为了让这一效果最大化，我建议隔两周就可以专门拿出一条视频，围绕着这个赠品的价值来规划这条视频。比如，你送的是一本关于泛短视频运营的电

子书,你就在视频里抛两个这里的重磅观点,或讲一下如果不懂得运营会有多麻烦。不把受众的胃口吊足,不把他们对这个赠品的主动获取欲望推到极致,他们很容易就为了少动两下手指去私信领取。

而当这些受众为了领取赠品而来私信你,你就可以畅所欲言了。通过我们的反复试验,抖音对于私信中的引流内容是不做太多监管的。不过仍然有许多朋友为保险起见,会把引流信息做成图片发在私信里,这当然是更安全的办法。

这里我建议大家提前编辑好要发给受众的话,仔细推敲其中的用词和内容,尽量做到最得体,然后在每次和受众私信沟通时尽量使用标准化的话术。具体的要求就是:第一,讲清楚你的各个"分号"、社群是干什么的,如果受众循着你的指引过去了可以得到哪些好处;第二,做到亲切自然,不要让别人感觉到侵略性、压迫性或你只是把他们当成营销的对象。

另一方面,对于那些你认为黏性很高、非常优质的粉丝,你可以主动出击、私信他们。本来在日常的粉丝运营中我们就需要和这群人展开充分的互动,这当然不会突兀。在私信中,你同样可以把你的导流信息告诉他们,并表示期待和他们在更多地方相遇。对于这些"真爱粉",我们的导流话术可以适当变更一下,更强调情感的沟通,弱化一些"利诱"的色彩。

2)B 站对外导流操作

对于对外导流,B 站没有抖音那么多的限制,这也是运营 B 站的一大快乐所在。

作为一个相对开放的兴趣社区,在 B 站你可以把自己的导流信息写在简介文案里,可以在你的动态里宣传,也可以在视频的结尾专门提及。对于广大路人"泛粉",这样的宣传基本就到位了。

而对于你所重视的核心粉丝和活跃粉丝,你要做的则和抖音部分所讲一样,要制定一套话术,诚恳地在私信和动态中和他们交流,邀请他们移步你给他们准备的站外内容或社群。

关于社群,我建议 B 站的 UP 主可以准备一个微信群、一个 QQ 群。据我们日常观察和官方朋友透露,B 站的许多高黏度用户使用 QQ 软件的会更多些,一方面可能是因为年纪比较小,另一方面也和 ACG 人群的圈层习惯有关。

讲完如何实现导流,接下来我们就分别谈谈**三个导流的去处:社群、新媒体平台和商业主阵地**。

2.向社群导流

社群是我们无论做怎样的变现设计都绕不开的导流目的地,甚至你根本无意于变现,只是为了把账号运营好,你都需要把粉丝导流到社群当中。

社群最大的作用在于对高价值粉丝的筛选与沉淀,同时把他们变成你自己的"私兵",让你和他们之间的互动不必受平台限制。

一般来讲,靠碎片化泛娱乐内容抓取到的粉丝(以抖音粉丝为代表)来得快走得也快。就像肯德基,我们从小吃到大,但很少会说它是我们最喜欢的餐厅一样。我们提供的快餐式的精神满足决定着他们对我们的需求也更多是比较浅层的。

所以对于这些粉丝,我们想要他们爆发出更大价值,就必须营造一个深度沟通的场景,走入他们的日常,给予他们更立体的价值,渐渐让他们中的一部分对于我们的认同度和忠诚度更高。

而对于靠深度长内容抓取到的粉丝(以 B 站粉丝为代表)而言,他们在选择关注我们的时候也许已经达成了彼此的兴趣和价值的认同,热情和认同度基本还是有一些的,但这时他们又会产生其他新的诉求。

用前文提到的"马斯洛需求模型"强行意会,**靠短视频轻内容吸引来的粉丝对于我们的诉求更多是生理层面的需求**(别多想,我说的是一些简单的刺激,或让头脑放空)和简单的社交需求;而**靠长视频重内容吸引来的粉丝对于我们的诉求则近似于尊重需求和自我实现需求,他们需要在具有相同兴趣的人群中找到更大的尊重和价值认同**。所以这时用社群给他们提供一个表达和展示的空间,再带着他们进行一些志同道合的讨论、共创,也能增加这部分人群对于你的黏性和忠诚度。

我们做公司带团队时,员工整体数量有多少是一回事,认同你价值、愿意随你赴火蹈刃的核心团队人员有多少是另一回事。前者可以帮你在一切正常、平稳运转时把事情运转下去;但如果稳定的状态被打破,需要我们熬过低谷或冲刺高峰,就必须看后者了。古时有帝王感叹"将相满朝无一人可用",就是没有核心团队和你站在一起的悲惨情境。

做粉丝其实也一样,在几个平台粉丝到底是几十万、几百万还是几千万都不是绝对的价值,在平台火热的那几年靠着接接广告还可以,但真说到你要卖产品、做活动,或者时机成熟不再依附平台打算自己做点什么,靠的还是能够共患难的高黏性粉丝。凯文·凯利的"1000个铁杆粉丝理论"说的就是这个道理，我们在前文也提到过。所以无论怎么看，社群对我们来说都至关重要。

那么当一拨粉丝被从抖音、B站引到了我们的群里，我们要怎么办呢？我有几个建议。

1）设置进群门槛

要给进群设个门槛，可以是付费，也可以是做任务。这样做的主要目的是筛选优质粉丝，并且保证他们在日后能够相对重视这个群里的行动。对于这一点，我们可以向B站学习，它的氛围之所以这么好，和平台对用户的不断筛选是有关系的。单说想发弹幕，就要在B站回答100道题，通过这关的人无论素质还是对B站的认同度自然会好那么一些。

我强烈不建议做没有准入门槛的社群。就算你拉了再大的群，没人配合你，它也分文不值，如果再有几个"伸手党"，那更是一件令人不爽的事情。客观来看，零门槛的社群十有八九都会出现这种情况。

所以别让自己陷入"刚开始做，结个善缘"的思维里，你来经营的是高质量的粉丝，而不是"群人数"那个没有生命的数字。如果你实在不想赚粉丝的钱，可以采用代存制，把收上来的费用作为押金暂时保管。如果某位群友可以跟上你的节奏、完成主要任务，一段时间后或在其退群时可以返还费用给他。

2）为刚进群的粉丝准备奖励

设置门槛的同时也最好为刚进群的粉丝们准备一些物质或精神奖励，让他们觉得不远万里"闯三关"来找你是件值得的事情。无缘无故的给予不会珍惜，无缘无故的索取又引人反感，对于大多数理智的成年人来说，用更高的代价吸引他们做不那么高的投入是最靠谱的。没有欺骗，没有强迫，理智上说得通，情感上有保障，大家清清楚楚，事情就少一些。

3）不断输出知识信息和活动

要不断输出内容，既包括知识信息，也包括活动。这个群是基于你的抖音、B站内容建立起来的，所以它当然不能脱离这条主线。主创们平时可以多在里面发福利，也可以带着大家征集选题、发动转发，做一些和这个账号有关系的事。

但这只是你要做的一方面。**沉淀粉丝的过程，要给你的主阵地做补充，从一定程度上讲，你还要把他们从主阵地当中"剥离"**。这看起来有点矛盾，但实际上也好理解，"让粉丝爱你的内容，更爱你；不仅认同你的账号，更认你这个人"——这就是一面维护一面剥离的理想效果。

所以这就要求我们更加全面地了解你的这群粉丝，看看除了关注你之外，他们还有哪些感兴趣又和你的群调性相关的方面，然后在群中持续给予他们"额外"的价值。

比如你的账号发布的是职场段子的内容，吸引来的都是一些身在职场的年轻群体，那么除了讨论职场外，你的群也可以关注他们读书、健身、心理等方面，并相应设置活动。当他们渐渐习惯了你给予的这些方面，你的社群和账号对他们就有着不同的价值了。

4）建立社群的制度体系

要设立社群的制度体系，主要包括认同和筛选两种机制。

在认同方面，给你的粉丝们取一个独一无二又响当当的名字是很有必要的，这在生成归属感方面会起到很强的暗示作用。

而在筛选方面，我们要通过设立各种任务、挑战，或观察大家日常的活跃度，将成员分出等级，至少要把核心粉丝拎出来，给予他们额外的特权和精神奖励，无论从账号运营的角度还是从社群管理的角度来看，你都需要这样一群和你共进退的人。

当然，社群不是公司，更多是基于兴趣而不是和金钱收入、事业发展挂钩，所以无论奖惩都不适合用太严肃的方式来做。很多群的做法太强硬，动不动就上纲上线，把氛围搞得要么像一个腐朽的封建小王国，要么像一个粗暴的传销组织。总之体验很差，这样是根本没法指望它能够发展起来的。

所以在这方面我会更多鼓励大家**用游戏化的模式激励成员自发参与到规则中来**。具体怎么做没有定法，感兴趣的朋友可以阅读简·麦戈尼格尔的《游戏改变世界》和凯文·韦巴赫的《游戏化思维》这两本书，从中可以找到很多启示。

总之切记一点：微信群、QQ群只是社群的主要形态，却不等于社群！ 所以不是在社交软件里拉一个群、把一堆人拖进去就得到了一个社群。**社群关键要成为一个小生态，有自己的规则，有核心的价值，能够培养高黏性的人群，所以要不断运营呵护，持续给予价值，并满足群内成员的诉求，照顾他们的感受。**

所以别想着轻轻松松就把社群做了。它有点像做公司，也有点像养孩子，看似简单，但持续长期地做下来，一定要投入相当大的精力和情感。

第6章 乾坤挪移，博解旁通——创富变现，好内容本就是一门好生意

3.向新媒体平台导流

除了社群，我们还可以把粉丝向你的其他私域新媒体平台上去引导：微信公众号、微博、其他视频自媒体平台、音乐平台、图文社区……至于为什么要往这些方面来引导，有不同的原因，对应的操作重点也不一样。

1）以扩大矩阵流量为目的的导流操作

这个很好理解，同样的内容，发一个平台赚一批流量、发几个平台赚几批流量，是个边际效益很高的事情。不过现在的许多视频平台会有针对全网的查重机制，能够自动判定你的内容是在它上面首发的，还是从别的平台转过来的。

正主还是"备胎"，这是尊严问题，是原则问题，有点江湖地位的平台都不太会含糊，所以一旦查出一条内容的首发是在其他平台，一般会对你限流。

正是因为这种情况，所以靠一套内容实现"跑马圈地"的想法一般不会实现，更多的视频流量矩阵以"一大几小""一强几弱"的结构居多。所以除了慎选主阵地，我们还少不了用主阵地大号向其它平台的小号导粉丝。

这种操作的导流对象肯定是其他视频平台无疑了，操作上也并不复杂，主要注意两点就好。

- 在同步发布前，尽量对视频进行一下简单修改。比如通过剪辑变换视频长短，换一种花字做字幕，换一套开头结尾等，试着钻一下算法的漏洞。不过也没必要做得太用力，做矩阵的重点还是要用尽量小的成本来做规模，投入太大反而违背初衷了。

- 尽量不要把主阵地的重要竞品放到"备胎"矩阵里。这很危险。真要是因为疯狂试探踩到了底线，按照上面那条办法怎么做你都没救的，在互联网巨头之间的角逐中，大家"小心眼"起来连自己都怕……

2）以关注点迁移为目的的导流操作

做内容矩阵主要是围绕内容的一种打法，让一套内容最大程度地获取曝光的可能，圈住来自不同平台的粉丝。而还有一种操作，它是围绕着创作者来做的：它会在不同的平台进行相关但不同的内容创作，从外到里可能都不一样。

比如在抖音上，这个创作者做的是一个音乐翻唱的账号，但实际上他还会自己写歌，然后发布在网易云音乐自己的账号里。同时，他还会在微信里做些乐评、在知乎做些音乐科普，新近心血来潮又报名参加了某视频网站的一档音乐综艺……能想象吗？

不要惊讶，也别觉得不可思议。我们从来不知道这个世界上有多少人才华过剩，并为了成就自己不遗余力；也不知道有多少公司愿意倾注资源来打造他们。我身边就有几个这样的朋友，他们虽然还没把时间管理修炼到可以同时创作这么多内容的程度，但同时做三个平台是不在话下的。

他们这种做法的核心在于打造这个创作者的个人IP，他们要在各种流量好、机会多的平台上因地制宜，创作有潜质的内容，同时又在想办法让这些平台能够相互沟通，任何一个平台上的粉丝都可以顺藤摸瓜了解他们在其他平台上的表现，最终在印象中拼凑出一个多面、立体的"牛人"形象。

其实这已经是一种带有布局思考的商业模式了，它已经超越了"变现"的维度，而接近我们对于"创富"的描述了。 他们的商业模式在于自己这个人的IP，而不局限在任何一个平台给规划的变现通路上，泛短视频平台之于他们只是一个流量入口，颇有"黑夜给了我黑色的眼睛，我却用它来寻找光明"的意味。如果通过之前的描述你还不能深刻感受到我们区分"变现"和"创富"的关键，通过这段举例应该就懂了。

在这种打法下，导流的目的地当然就多种多样了，你另外的内容在哪里做，就可以向哪里导流。通过导流，我们可以让一个平台的粉丝把注意力转移到你布局的另一个平台上。

这种操作同样也不需要太多技巧，你能分配好精力保证这么多平台同时开花，这种魅力已经能给你带来足够的加持了。只是不要忘了在让各个平台的流量互相流转的过程中把社群经营扎实，因为只有社群能做到把你遗留在各个平台的侧面拼合在一起，并让因为各种原因喜欢你的人走在一起，共同了解和喜爱最具有价值的那个"你"——杂而不乱、万法归一，全靠它。

3）以辅助粉丝运营为目的的导流操作

这一做法的核心仍然是把流动的、浅层吸引的粉丝沉淀和留存下来，变成"自己人"，只是这种聚集的直接目的更偏重于活跃粉丝，以及和粉丝进行内容方面的沟通，最终反哺于账号本身。

这里我最推荐的平台是微博。

首先，它非常适合活跃粉丝，比如它自带的一个抽奖系统很好用，这是大多数泛短视频平台都不支持的一项功能。善加利用这个互动功能，不断给粉丝一些奖励和不一样的刺激，是一件妙处多多的事。

其次，经过这么多年的发展，它已然成为个人IP的标配。一个名人可以不开抖音，但他八成要有微博，在上面发出自己的声音，和各种粉丝、路人交流，并可以找机会上上话题榜。所以当一个账号在泛短视频平台具有一定人气时，总会分出一部分精力来做微博。

最后，它相比于社群好运营得多。这种感觉就像在一个群里组织一群人，要比这群人围坐在线下的一张桌子旁然后去组织容易得多一样。现实操作中有很多人选择导流到微博纯粹是因为并没有那么大的"野心"，也没有那么多精力来操持一个社群，所以把它作为了一种"简配方案"。这个理由没什么毛病，也很实在。如果你也是这么想的，也完全可以这么做。

经营微博的要点很多，它作为图文新媒体时代的代表性平台，也有着许多自己的规则和运营技巧，这些你可以额外寻求专讲微博运营的书籍来看。我们这里只针对几点泛短视频运营者切换到微博时常出的问题提出一些建议。

- 要意识到微博是个以图文为主的平台，所以不要单纯把它作为另一个视频矩阵里的成员使用，只把每期的泛短视频内容往上搬运。要记得时常写一些图文短内容，就像你写朋友圈那样。
- 基于它的一个实用功能是像社群一样维护和沟通粉丝，所以要经常发布一些带有互动性的话题。比如，放一段花絮，预告即将在主阵地上线的内容；针对选题方向做个民意调研；搞搞抽奖或小游戏，带着大家一起玩。
- 不同于社群或 B 站动态只限于粉丝可见的"圈地自萌"，作为一个开放平台，你在微博里的言行也会被许多路人看到。因此如果想最大程度发挥微博的作用，给个人 IP 开辟"第二战场"，也可以有意识地规划一些路人能看懂也会参与的内容，不要全是针对自家粉丝的互动。

4.向商业主阵地导流

我们前面说过，导流的一大目的是把流量用起来，而把流量用起来的根本目的就在于变现。所以看到前文讲解各种导流到不同平台的内容时，应该有一些读者会有些不明白，并且在想有没有办法不用这么弯弯绕，可以一步到位把流量拉到自己的官网、网店或者线下店面上，直接成交。

客观来讲，有。6.2.1 节中所讲的三大基础变现模式之一的"平台外导流"，说的就是这件事。

如果你已经有了自己的一摊生意，泛短视频对于你来说更多是充当塑造自家品牌和带来成交线索的渠道，并不作为变现的重点，那就可以这样玩。

1）在抖音上的操作

首先，前文讲的通过好处吸引受众到私信，然后发信息详细沟通的办法是完全可行的，只是把介绍内容从你的其他平台账号信息换成了你店铺的地址、公司的官网，以及一些更具体的宣传资料。

不过如果你想要省事一点，也完全可以通过认证企业蓝V号和通过官方推出的抖音"小店"推广服务来完成。

对于蓝V号，我们说过很多次了，你可以堂堂正正地放你的商业信息上去，无须偷偷摸摸把人带到私信"接头"。你可以把私信转变为让你的销售或客服跟进客户具体需求的用途。

而**抖音"小店"**，则是官方专门针对有实体店的商家推出的推广服务。这一功能可以在抖音后台点击"创作者服务中心"—"全部分类"—"开通小店"开通。当然，如果有条件，我也建议你通过联系抖音线下的业务人员来做这项操作，一来省事，二来他们也可以给你许多具体的建议。

不过不管是通过个人号偷偷进行导流，还是通过官方推出的功能来做，我都建议把内容规划得好一点，把植入设计得软一点，不要做那种"傻大粗"的硬广。毕竟还是个内容平台，你曝光是挤在众多有趣、有用、有料的好内容中间的，如果太扫兴，非但起不到好的效果，还非常容易激起受众的反感。

2）在B站上的操作

B站对商业信息容忍度比抖音高很多，所以在抖音上如果不付费就需要偷偷摸摸做的事在这里是不需要太顾忌的。唯有一点可能仍然需要借助私信，那就是发送过于具体的商业化资料。

但在B站上做商业导流的难度并不比在抖音上低。主要原因是B站对内容的整体要求非常高，而过重的商业化广告信息是会影响内容的，所以你固然可以不用避讳在内容中透露商业信息，但如果超过了一个界限就极易引发反感。如果受众反馈不好，你也就很难获得进一步曝光的机会。

所以这就非常考验商家了。一来考验他们把握内容与商业信息间分寸的能力；二来考验他们将商业信息融入内容的巧妙性；三来考验他们对于B站文化和B站特色内容审美的容忍度。

其中尤以第三点最难。总体来看，B站上可以被称作"群氓"的受众并不多，互联网环境下成长起来的一代人对于广告的免疫力和挑剔性也比较强。所以我们几乎很难寄望一条硬广可以侥幸通过广大受众的审判，最终有效触达并转化客户。

因此商家在做自我表达时必须先想着过 B 站文化的这一关。甭管你本来是谁，你最好能够想办法融入 B 站这个社群的语境，和这里的受众"同频对话"。如果想清楚具体的感觉，可以去钉钉的企业号观摩学习，看看豪横如"阿里"在 B 站是怎么表达的。

当你过了这关，你也许会发现，**B 站的这些受众不仅是对广告最谨慎的那批人，也是对优秀广告最包容的那批人。**

6.2 泛短视频变现，要做就要来真的

盼望着、盼望着，我们终于走到了变现部分，让大家久等了。

在本节，我们会具体了解泛短视频变现的多种形式。不过我不会像一些同类图书一样搞穷举，一口气给大家罗列出一大堆——这不是参加《开心辞典》，作者的任务不是靠知识面把题答得滴水不漏，而是要真正给新手朋友们靠谱的选择和一些中肯的意见，选择多到不知道从何入手就适得其反了。

所以在这里我会先在诸多选择中帮大家划出 3 个重点推荐并给到些建议，然后再简单科普和评价一下其他没被推荐的变现手段，轻重分明、只说实话。

而在最后一部分，我们将回归初衷，带着大家把注意力从"变现"转移到更全面的"创富"，让大家的泛短视频之路扎实变现却又不止于变现。希望朋友们看到后能够有所启发。

6.2.1 最推荐的三种变现形式

前面吊了大家太久胃口，现在终于讲到变现，我们就直接一些：直接给出三个我最推荐的选择方向。

之所以选择这三个进入"第一梯队"，是对几个方向综合考虑的结果：一是其在以抖音、B 站为代表的泛短视频平台中的适用程度；二是这些方向在接下来的发展潜力；三是据我们观察了解效果和收入的可观程度。

也许有些你感兴趣，或在其他地方见人提到过的变现途径没有入选，但别慌。只要它切实可行，你很大可能就可以在下一节看到，而那时你也可以了解到它到底是因为什么而没有入选这第一梯队。

1. 广告变现：私家电视台的玩法

自媒体，顾名思义，把大的"麦克风"从那么几家专业媒体的手中接过、分发给了无数普通人，让大家借助互联网可以发出自己的声音、传播自己的观点。因此运营一个自媒体泛短视频账号，就像拥有了一个私家电视台，这样电视台的盈利模式就能给自媒体泛短视频一些些启发了。

在电视台的诸多盈利收入中，非常重要的一项就是接广告。电视台通过好节目吸引足够多的人把注意力放在节目上，然后此时插播一些广告。表面上他们卖的是几秒钟的口播和展示，但实际上卖的是广大观众的注意力和品牌信息的传播效率。

同理，自媒体泛短视频的运营者也可以靠这个来变现。**对于抖音短视频来说，基本上就是达人围绕着要推的商品或活动信息专门规划一条内容，然后在当中软性植入或自然引出一小段广告信息。而对于B站长视频来说，除了软植之外，还可以在视频开篇或过程中插播小段口播。**

目前抖音的母公司字节跳动和B站为了更好地服务商家和创作者双方的广告诉求，并方便平台对广告商单的规范化管理，都推出了自己的广告撮合平台：**用于抖音的叫"巨量星图"**（达人粉丝量为10万以上可开通），**用于B站的叫"花火"**（达人粉丝量为1万以上，且"电磁力"达标可开通）。

在这样的平台中，广告商和达人是可以互相寻找的：广告商可以通过一定筛选条件找到心仪的达人，然后与之沟通合作意愿与合作条件；达人则可以在任务广场中看到待认领的广告任务，若觉得条件合适就可领走。无论哪一种，当双方确认达成一致后，整个交易的流程和安全都由平台出面保障，达人可以将更多精力投入广告内容的创作中、在专业领域发挥所长。

当然广告商和达人也可以绕开官方平台达成线下的交易，不过如非必要，我建议尽量不要这样做。

第一，那样将失去平台的交易保障，合作风险将全部由你自己承担。

第二，你不光要负责创作，还要涉及商务洽谈、合同签订、收款结算等多个环节，先不说你是不是全能且擅长的，只说精力你都不大够用。

第三，对于未经平台的广告性质信息，至少在抖音上是会被视作问题内容的，过审和流量都是个问题。

第四，巨量星图与花火目前只从广告商的费用中抽佣，达人是不需要"上供"的，对你本来也没什么损失。虽然有些广告商会承诺如果不走平台就可以把剩下的一部分佣金分给你，但基本上多出的这几元钱是值不回你额外付出的精力的。

2.电商带货：超级销售员的玩法

这种变现方式想必大家再熟悉不过了，无论是种草测评、剧情软广还是创意解说、直观展示。

第一种是种草测评类。这种内容会从相对中立客观（至少会显得中立）的角度讲解、测评一款产品，或横向比较多款产品，这当中对于评价好的当然可以实现自然的带货引流效果。

第二种是剧情软广类。这种内容仍然以剧情为主，只是会不失时机地在剧情里出现产品的使用场景。一般情况下，这种形式的商品展示仍然是软性的，不能明目张胆给商品打广告，否则你让巨量星图、花火这样的官方平台如何自处……

第三种是创意解说类。这种内容在推荐商品时仍然会有些"弯弯绕"，但比起剧情软广类会有更大的篇幅来聚焦商品本身。目前常见的形式有Vlog+商品解说、科普+商品解说、段子+商品解说、工艺记录+商品解说等。这种情况同样要注意软性呈现产品，也许你会说还是看过许多比较"硬"的推荐，但这里大多是走过巨量星图、花火的商单。

第四种是直观展示类。把创意解说类中的创意部分去掉就得到了这种视频。它们特别简单粗暴，一上来就介绍和展示。对于这种我不是特别推荐，因为任性是要付出代价的，越任性代价越大。虽然仍然有极少数人能做到成功地"穿越火线"，但他们要么可看性极强、要么有强大的背书，而最后他们为了安全稳定也会慢慢和巨量星图、花火合作。

对于大多数个人和企业来讲，对这种变现模式一定都是比较感兴趣的，所以下面我们就具体介绍一下其中的门路和方法。

1）货从哪里来

货从哪来，讨论的其实是供应链的问题。简单来说，目前我们最容易接触到的有三种来源。

一是自有供应链。也就是卖自己的商品，这种情况没得说，一定是利润最大的。只要你本身有货，又不属于平台敏感、违禁的行业之列，就可以放心选择这条路。

二是平台供应链。 如果你只是个普通人，并不背靠公司和产业，自有供应链肯定是谈不上的了。不过不用怕，这时可以通过商品分佣撮合平台来选择要带的商品。

目前抖音有整合自家抖音小店和淘宝、京东、网易考拉海购、唯品会等多家电商平台设立"精选联盟"；B 站也开通了类似功能，集成在了"悬赏计划"下面，目前主要连通的是淘宝、京东两大平台的商品。商家可以自愿把自己的商品挂到这些平台，并承诺出让成交额的一定比例作为佣金。

这时，你可以在这上面选择适合自己来带的商品，直接把它挂到自己的商品橱窗中。在成交后，系统会自动把佣金划到你的账户下面，安全、透明、省心。

选品时，我会有几条建议：第一也是最关键的，商品的类型一定和你的粉丝高度重合；第二，优先考虑日常消耗品，毕竟消费频次高；第三，商品的佣金最好能在 20% 以上，当然如果商品足够好、可以帮你引流做口碑，低点也无所谓；第四，卖点要非常突出，这样便于我们创作出有亮点的好内容；第五，单价合理，一般来讲 200 元以内的商品最好带，但这具体还是根据你账号的定位和受众构成来，一个讲奢侈品的号天天推一些 200 元的首饰、包包，这得多可疑……

三是自开发供应链。 通俗点讲，就是你直接和厂家沟通，你们通过谈判约定好对彼此合适的佣金比例和合作方式。这样做的好处，其一是黏性高，要么本身是朋友，要么在服务当中彼此认可，一不小心就能达成长期合作；其二是收益可观，不同于认领平台上的商品只能被动接受设定好的分佣比例。

这样做，唯一一点麻烦就是具体的商务谈判与把控都要由自己来把握，比较牵扯精力，风险也略大一些。所以这么谈来的供应佣金最好不要低于 30%，最好能在 40% 以上。如果和从"精选联盟""悬赏计划"走比例差不多，额外付出这么多成本就没有意义了。

当然，如果你可以打包谈到广告费、视频制作费作为补充，或干脆和供应方达成了自有品牌共创合作，那佣金略低点也可以，具体还是由你自己综合评估。

2）有货怎么卖

搞定了货品供应的问题，就可以开始卖了。

（1）平台供应链商品。

如果你走的是平台供应链，抖音和 B 站都能够支持。

抖音主要是通过"商品橱窗"功能来承接的。 只要你的粉丝超过 1000 人，且主页有效视频超过 10 条，就可以通过"创作者服务中心"开通这一功能，完成认证后再缴纳 500 元保证金即可开通。这样我们的账号主页的账号名下方就会出现一个黄色的"商品橱窗"入口，我们从"精选联盟"导过来的商品链接就都会显示在这里。

针对这些商品，你可以购物车（俗称"小黄车"）的形式放到对应的视频内容中引流。你在发布这条带货视频时，在编辑发布信息的页面选择"添加标签"—"商品"，然后就可以在你的商品橱窗中选择一个产品了。

而在 B 站，这样的行为是通过"悬赏计划"完成的。 同样是 1000 个粉丝的门槛，如果达到了并且近 30 天发布过一次视频，就可以在网页端后台"创作中心"的"收益管理"里开通"悬赏计划"。通过了实名认证，UP 主们可以把想要带的商品添加到自己的"推广橱窗"中，链接以弹幕、视频下方广告、视频内橱窗等多种方式显示，引流样式更多但原理和"小黄车"是一样的。

（2）自有供应链商品。

如果你要卖自己的货，抖音要比 B 站合适。在抖音，你可以申请开通抖音"小店"。开通的前提是你已经开通了"商品橱窗"，然后我们通过"创作者服务中心"—"商品橱窗"—"开通小店"就可以进行认证。

一句话概括抖音小店和商品橱窗的区别：前者是卖自己的货，而后者只能卖别人的货。 而现在无论企业还是个人都可以在抖音开小店，准入门槛一再下调。所以如果你有自有的货品并希望通过抖音来做电商，趁现在平台大量拉新，建议抓紧布局自己的抖音小店。

相比之下，B 站在这方面的支持尚不完备，2018 年时曾经一度尝试推出过店铺功能，但因为生态不够完备没有发展起来。不过 B 站仍然有许多 UP 是通过在淘宝开店，然后通过站外导流的"土办法"把受众引导到自己的淘宝店实现营利的，收益据说也不错。

B 站对于商业导流的尺度本就开放，与阿里巴巴又有投资关系，所以这种操作实现起来并不难。

（3）自开发供应链商品。

对于自己联系的供应链商品，操作形式就比较灵活了。根据合作关系，你可以要求商家给你根据谈定的比例设置"定向佣金"，然后像平台供应链一样操作；或者将它的商品上架自有的小店来卖，再通过其他方式分成。怎么操作，你可以根据具体情况灵活决定。

3）想爆单，量从哪里来

电商靠什么？一是货好，二是量好。

关于产品的事，泛短视频平台帮不上太大忙，能做的顶多是搭起一个撮合服务平台，让没有货源的朋友们多一些选择。不过在流量方面，这就是它们的优势了，我相信许多有电商事业的朋友瞄上自媒体泛短视频，看中的也是这一点。

但泛短视频的流量也不是随随便便就那么好的。想要有一个适合电商的流量底子，起量的规模、速度、质量都有讲究。于是就出现了几种不同的流量运作模式，仔细品一品，也许就有一种适合你。

（1）硬桥硬马，高黏性内容垒量。

这是泛短视频电商里的经典路数，属于"勤劳致富"一派，遵循的是先拿好内容换流量，然后再把流量换销量。

这个思路很经典了，看完我们前面那些章节，对于操作的要点想必你也基本了然于心了。只是我们要强调一点：**要用于做电商转化的流量，一定是越垂直越好、黏性越高越好**。这时泛娱乐的或电影剪辑这种靠和受众浅层互动引起关注的号就会非常吃亏。

垂直的账号受众的画像重合度很大，他们的痛点、痒点、兴奋点基本会比较接近，这就使得我们在规划内容和选品方面比较容易做出预判，精准"打击"。

而黏性，某种程度上可以弥补粉丝量少、播放量少的短板，因为粉丝黏性高意味着他们更愿意信任你、支持你，这样做起转化来自然会格外顺利。所以到底一个拥有1000个粉丝的高黏号和一个拥有10万个粉丝的普通号哪个带货效果更好，还真的说不好。

但是不是我们要把粉丝养到很多才能开始卖货呢？

不是的，抖音和B站都把准入粉丝数放到1000人就说明了问题。只是不得不说粉丝量可以给带货效果带来一定加持，但**带货的最核心关键还是在于单条带货视频能不能"打"**。

前面讲了许多，抖音和B站的推送机制在最大程度上保证了视频内容可以突破流量的"阶层固化"来到受众面前，每条内容只要数据表现优秀，都有机会一路过关斩将成为"爆款"。所以哪怕你并不是个大号，甚至是个刚起步没多久的新号，但一条带货视频如果内容好、产品好又能勾起大家的购买欲，直接"击穿"销量原则上也不是不可以。

（2）DOU+推流，用传播效率促成交概率。

如果说打造高黏性账号是名门正派的端正打法，下面这两个就是江湖怪杰的突出奇招。这群"奇人异士"的集结地主要还是抖音，他们在某种程度上利用了抖音平台的算法规则，本质上不大符合抖音作为内容平台的核心追求，但却不得不说非常奏效。

我们先来看"DOU+电商"这个群体——

每条带货视频都是个单兵，那么原则上只要这一条能够不断进入更大的流量池，商品就可以获得更多的曝光机会。而任何商品都有人买、有人不买，抛开具体的原因，能不能卖出东西本身也是个概率。所以如果能用一种办法把有潜力的单条内容快速送入庞大的流量池中，成交的数量是不是就有保障多了？

巧的是，抖音官方推出了DOU+，它不就是一个可以人为给视频加推流量的工具吗？而更巧的是，DOU+基本是个可以大致预测投入产出比的东西。说穿了，你肯花钱就可以有量，这时只要让你投入DOU+的成本整体低于你的卖货收益是不是就赚到了？持续这么做，这不就是一门生意吗？

这就是"DOU+电商"的核心逻辑了。**内容创作对他们来说固然也是不可或缺的，但他们的更多工作在于分析计算概率和投入产出比，而不是受众的感受与共鸣。**

通常他们的操作分四步：第一步，投放几条视频，然后给每条视频都做100元的DOU+定向推广；第二步，大约等3小时，看其中有没有数据表现很突出或销售量已经超过100元的，如果有就发动自己人或"水军"对这条的点赞、评论进行一下特别"优化"，做出人气；第三步，对于这条视频进行一次性500元以上的重点投入；第四步，根据后续情况决定追加DOU+和优化数据。

这样的操作很大程度上是在赌概率，所以就单期视频来看也是有赚有赔。但如果持续做下去，每拨发布都用这样的办法严谨投放，投入相对稳定有计划，收入却时常有机会实现飞跃，所以整月、整季度算下来，还真不见得不赚钱。对于那些选品独到、内容制作也跟得上的团队，靠十几条视频、1万～2万DOU+，每个月收入几十万元的还是大有人在。

（3）矩阵出击，"沙县小吃"的玩法。

这种打法铺的是"面"，他们并不指望靠一条视频"打穿"，而是靠许多账号，每人几单，放到一起也就很多了。

不知道你有没有看过《怒晴湘西》，当时这部剧大火的时候，有一个朋友和我说"DOU+电商"就是抖音带货界的"搬山道人",靠技取胜;"矩阵电商"就是抖音带货界的"卸岭力士",一力降十会……想一想还挺有道理。

对于"矩阵电商"来说,打法是这样的:首先找到一种适合批量复制的内容模式,然后用一堆手机注册一堆账号,每号认领一条发布。这种团队一般有个类似"中央厨房"的部门,他们每周都能批量产出可供几十个账号至少三更数量的视频素材。等到发布后,这些账号的运营者就会根据统一要求挂上同一款商品,然后就让流量正常跑了。

小成本、大规模,集合无数中小力量发挥大作用,这几乎是沙县小吃、兰州拉面的模式在抖音生态下的复刻。

这种模式的关键还是在于得找到既符合定位,又能以小成本、高效率批量产出的内容。前面讲矩阵时提到许多人做简单的模板动画、素材拼剪,但这种形式是"反内容"的,风险很大,所以现在渐渐有后起之秀开始研究新的形式。

目前比较主流的是用一套脚本做知识讲解。如果好奇,你现在可以在抖音上搜索一条运营小常识,比如"抖音小店怎么开通""DOU+是什么",一定能看到许多人是按照同一个稿子背诵的,其中有的一看就知道不是什么资深人士,讲话不利索的也有许多,非常有趣。现在你应该就能理解他们为什么存在了。

另外,还有一些人是用同一套脚本做剧情号。这种操作成本要远远高于前面说的几种,所以许多时候采用的是加盟的方式,套用一句互联网术语就叫"去中心化"。这样的组织会整合许多有独立视频生产能力的团队,然后统一派发脚本,提供商品链接,具体的视频是靠各个团队自己的演员和制作人员完成的。

其中还有些思维活跃的组织,把"DOU+电商"的精髓也借鉴过来融会贯通,统一规划预算供各账号进行标准化投放,他们的战斗力可想而知。

上述内容,只是我作为行业一线人员对于所见现状的描述,并不代表个人鼓励哪种。平心而论,我甚至有点反对。我认为无论是"搬山"还是"卸岭",即便完全"反内容"的只占到他们中的一小部分,但这种**把内容创作做成工业生产的做法从长远来看对抖音的内容生态整体是有腐蚀性的。当这种创作者越来越多时,真正的内容创作者的利益和生存空间终会被侵犯。**

目前这两种模式的存在,一方面,是因为这些人基本还在平台的规则里活动,没有太明显地犯禁,属于合理运用规则;另一方面,也可能是因为他们的所为和抖音目前加速商业化与构建自有电商生态的阶段方向重合。但我认为待平台的这一步棋下完,为了更加长远的发展,难免不会回过头来整顿。

所以综上所述，我的建议仍然是"人间正道"——老老实实做内容，只是做那种一开始商业定位就非常清晰的，并努力提高粉丝黏性。至于后两者，希望大家辩证地看、理智对待。

3.综合赋能：企业的专属打法

在自媒体泛短视频的变现通路中，有一个经典的方式是"站外导流"，也就是这里说的企业的专属打法。作为一个企业主兼老实人，比起上面的两种方法，我个人是更倾向于这种打法的。因为**在这种模式中，泛短视频只作为宣传和导流渠道存在（这本就是泛短视频的本职工作），而核心的"人—货—场"和"品—效—销"关系仍然主要依靠你本身从事的那个行业的那一套。**

这样的好处在于模式整体成熟，且应该是企业本身就了解和擅长的，泛短视频被作为一个新的部件用来替换原本模式中的老部件，却不会对整个模式产生颠覆性的影响。这样看起来也许有点保守，但同时也免了把公司的精力、财力架设在一个新兴的模式上带来的风险。

我建议大家都能借助泛短视频的力量来创富，而不是仅仅变现、大材小用。**要创富，整合资源、发展综合的模式就非常关键。比起在一个你本身也不太熟悉，甚至要从零搭建的模式基础上慢慢发展，在你原本熟悉并具有一定优势的主体业务上规划这些岂非更加实在？**

所以这部分我把想讲的内容从单一的"站外导流"扩展到了企业对泛短视频综合运用的维度，略微往创富前进了一步，希望可以给予本身拥有企业或自己的一摊事业的朋友们一些启发。

1）针对宣传引流的主要建议

对于大多数企业来说，最适合搭车泛短视频的地方就是品牌宣传和引流方面。我们一定要理解企业做泛短视频，不是要你重新创业孵化一个新的项目，而是在升级优化你原本的品宣、公关的板块。

我相信绝大多数企业都不敢说打响品牌认知、营造良好的大众认知，以及多一些销售线索是不必要的，不管你是国企还是民企、大公司还是小公司、传统行业还是新经济行业。

关于宣传引流的办法，我们在之前的内容里没少讲，所以在这里就不做那些"全面且肤浅""正确又无用"的重复了。下面一点篇幅，我重点给大家提供一套我们帮助许多企业客户操作过并长久观察行之有效的打法，可以作为我的重点建议参考一下。

第一，**综合配置泛短视频资源，先在抖音与B站上各占一个坑**。在抖音上以发展矩阵的思路来做；在B站上不要贪多，精做一个账号。切记，两个平台一定要做两套内容，长视频与短视频、轻内容与重内容一定不能用同一套构思。

第二，**在抖音的矩阵中，可以将不同用途的账号搭配起来，将企业蓝V号和普通个人号搭配起来使用**。企业号坐镇中军、实现正面引流，做1个就好；个人号用来营造氛围、堆叠流量，精力允许的情况下可以开多个。

第三，**一定要充分重视内容性**。即便是对透露商业信息十分宽容的蓝V号，虽不会禁太强太硬的商业广告，却也很难获得什么流量。尤其对于配置在B站上的内容，那里的文化对于商务人群而言距离可能会比抖音还远一些，所以要用心感受，具有一定容忍度，贸然从自己的口味出发规划内容会很可怕。

第四，**如果集团型和连锁型企业的确需要各家公司都有自己的号壮大声势，可以考虑打造虚拟IP形象、做动画类视频内容**。动画内容由同一机构统一规划和制作，可以充分避免天南地北的分公司各行其是，公司对其水平、质量、品牌规范缺乏统一管控的情况。

2）针对其他方面的辅助建议

我们讲综合赋能，那除了上述内容，我们还能做些什么呢？

（1）鼓励员工参与到企业矩阵当中。

了解了上述内容，也许你会说1个抖音号、1个B站号，要做的已经很多了，哪还有精力做矩阵呢？

以前我也会被这个问题难住，于是在给适合矩阵打法的客户的营销策略里会规划许多人力。虽然我的建议是分阶段循序补入，但从成本总量上来说仍然是巨大的一块，这也让看到这份规划的甲方们一度生出了退却之心。

那时我也很纠结：之所以这么建议，是因为这样确实很科学，对于这些客户来讲这正是需要的；经营一个品牌，如果在用来决胜的营销战含糊一点，可能就只能坐视竞品赶超了。但同时我也理解他们的反应，因为这确实不是一笔小数目，多做几个账号，一年的额外花费已经可以做一场不错的事件营销了，这样的投入换作我可能也会犹豫吧……

于是我在那阵子的同行交流中总是会特意提到这件事，看看大家怎么想。念念不忘，必有回响。终于在一次广告颁奖礼上，我得到了启发我的答案。给我建议的是杭州一家营销公司的创始人，从渊源上看算是我的师兄，那次我们两个都是评审嘉宾。中场休息间,他结合自己的一个客户案例,给我指出了一个新方向。

他推荐的方法是**由公司设立奖金,激励员工广泛参与到抖音创作中来**。不同的部门可以从自己的业务相关出发,也可以纯粹从个人爱好、灵感出发,在自己的抖音号中发布带有一定创意并与公司有一定关联的内容,2周内制作至少5条。

2周后负责人验收成果,从综合创意、品质、数据、与公司的关联度等几个维度,对一部分优秀的员工进行奖励。从中发现一些有才华的员工和有潜力的内容选题,然后和他们商量能否持续创作运营。

相应地,公司可以让新媒体部门培训、协助他们,同时每个月定期规划预算帮助他们投DOU+;其间所有变现收益都归他们本人所有,当粉丝和播放量达到一定量级的时候还可以把账号卖给公司。

有了这样的激励,这拨员工就开始利用自己的业余时间来自由创作,其中有数据好的、有能变现的,无论哪种情况带来的兴奋感都会激励他们继续坚持下去。而其他许多员工知道后也会羡慕他们,这时公司不失时机地再用同样的方式发动几次有奖评选,大家就又动起来了。

经过这么几个步骤,不说公司所有人,但还是会有相当一部分员工自发加入到这场游戏中来。公司并没有多花多少钱,但关于公司的创意内容在抖音上却多了起来。而其中脱颖而出、被重点孵化的账号也成为公司强有力的矩阵构成。这样的效率和效果,坦白地讲,是单纯通过追加新媒体部门的全职员工所达不到的。

据说他已经帮助四家公司搭建了这样的体系,极度好奇的我也把这个模式推给了先前因成本过高而没有合作的一个甲方。这次他接受了,于是我聘请这位师兄作为顾问,在他的帮助下亲身操作并见证了这种模式的每个环节,客观来看,效果非常不错。所以在这里和大家分享。

(2)企业搭载泛短视频的理想创富模型。

泛短视频能帮企业做什么?

好好思考这个问题,因为它决定着作为企业,你要怎么看待和运用它。

只是电商卖个货?这太有限了。平台不同、能量不同,能做的事情和程度就不该一样,一个企业想做的事不该只停留在这个程度,和个人一样。

于是来讲我的建议:**品牌沉淀+资源整合+高黏性粉丝获取+大订单合作+电**

商卖货+个人 IP 树立，多维度创富。

品牌沉淀： 传递信息是泛短视频的本职工作。这个时代也许再没有哪种传媒形式能以像自媒体短视频覆盖这么广，渗透这么深，黏性这么高，成本又这么低。所以让它带着你品牌信息的方方面面走出去，这是基本。

资源整合： 你也许听过什么"能量核"能发散什么"能量场"、每个"能量核"都有自己的"能量场"。商业生态当中的我们也是这样的。比如你是一个餐饮行业的品牌，你一定很擅长整合餐饮行业及上下游的这些资源，这是你理所当然覆盖的"能量场"；但你是不是同样能在媒体、电商、泛娱乐方面得心应手呢？

也许你不能，且在过去相当长的时间里也觉得没有这个必要。不过商业发展到了今天，我们真的还能够自信地说自己不需要品牌宣传、不需要争取年青一代的群体吗？

所以上面这些本不是我们这个"核"擅长辐射的"能量场"也变成了我们有必要去整合的板块。这时，开辟泛短视频战场就相当于给自己多找了一个"能量核"，当我们把它做精、做深、进入了那个圈，那些本来覆盖不到的资源自然也就离我们近了。

高黏性粉丝获取： 注意，是"粉丝"，不是"客户"。粉丝是对你带有情感的客户，认的是你这个品牌、这个人，而不是你的每款产品。如果你时常感到花了很大精力改进产品但市场并不买账，这就说明你粉丝太少了……

但这也合情合理，毕竟养成粉丝是需要进行持续价值给予和情感沟通的，除了内容生产者和服务行业之外，对于许多行业来讲也许先天就缺少这个条件。这时候，以泛短视频为契机弥补这个短板就是个好选择。

电商卖货： 这个的价值应该不需要多说什么了。我们前面说的只是不要只把眼光放到这上面，并不是说不要做这块。就电商来讲，如果有条件做好，量也是非常惊人的，甚至可以作为一大强势的销售渠道存在。尤其在经历了新型冠状病毒肺炎疫情过后，如何利用"无接触营销"来增加企业销售的多元性和抗风险性，是值得每个企业思考的问题。

大订单合作： 电商覆盖的一般是那些低单价、高频次、能跑量的收入，而依靠泛短视频，我们还能够收获许多新的销售线索，把流量导到我们的官网或线下店面，实现那些低频次却高单价、高附加值的销售转化。

个人 IP 树立： 营销宣传不光要针对企业，也要针对个人。把老板或核心团队中的个人塑造为个人 IP，是企业营销中最具性价比的做法，想一想罗永浩、雷军、李诞这些案例，你自然就懂了。

坦白地讲，这件事的成本和难度远比做火一个品牌低，所做无非是人设+内容+反复曝光。这些我们在前文都已经完整涉及过，泛短视频是完成这套操作的理想形式。

显然，这些打法中既覆盖了可以短线突破、直接变现的部分，又涉及到需要长线养成、间接变现的部分；既包括了轻体量、高密度爆发的板块，又涵盖了低频次、高收益的板块。 这是一个复合型的创富结构，维度互补、风险分摊，也符合企业营销板块健康运转的原理。

注意，我不是建议你从中选几个，而是告诉你：这些你全都可以要。 按照我们整本书所说的按部就班来做，这些效果的实现都是应有之义。所以别再观望犹豫错失良机，也别过度盲目被人"割了韭菜"，自己先想好，然后就向着这个方向行动吧！

6.2.2 "第一梯队"外的四种变现形式

上一节是我在纷繁复杂的选项中给大家画出的重点，如果把这些印在一份菜单上，它们就是那些旁边印着大拇指的项目。大家还满意吗？

当然，不管你满不满意，仅仅介绍三个应该还是不"满足"的。所以在本节，我们就来讲一讲除此之外其他的几种自媒体泛短视频变现形式。

1.平台奖励及打赏

这是 B 站非常具有代表性的基础变现模式。在 B 站迈出大规模商业化步伐前的相当长的时间里，这两个功能在创作者的激励支持方面发挥了极大的作用。

但我并没有在上一节重点推荐它，主要是因为它不是通用的，抖音对这个板块的涉及就十分有限；而在 B 站，除非你是顶流 UP 主，否则从两块获得收益的规模也微乎其微，并不适合作为主要的收入来源。

不过不管怎样，它作为一个低门槛的事情，如果你运营 B 站，我仍然建议你参与。**"肉"虽不大，但作为一项补充和日常的"小确幸"还是极好的。** 接下来就来简单介绍一下。

1) 平台奖励

平台奖励分为创作激励和平台活动奖金两个方面。

创作激励指的是你在 B 站日常发布原创内容，然后平台会根据视频的数据表现，给你发放资金奖励。当然就像字面所说的，这个行为在平台的定位中也只是一种"激励"，B 站从来没有建议过大家靠这个收入来发家致富。

关于奖金的计算方式太过复杂，我们就不细说了，大家只需要了解两件事：第一，**按照平均情况来看，我们大约可以按照每 1 万次播放量 30 元的关系估算我们的所得**；第二，这个复杂的计算不光涉及播放量，还涉及"三连"、弹幕、评论、完播等多方面因素。

创作激励不是天然就有，是需要我们手动认证开通的。具体可以在网页端按照"创作中心"—"收益管理"—"创作激励"的流程（手机端在"我的"—"创作中心"—"常用功能"中）依次操作开通。当然，开通这一功能对于账号的"电磁力"是有要求的：它需要我们的**电磁力等级达到 3 级，且信用分不低于 80**。

除了日常创作激励，平台在时不时发布的活动中也会设置**奖金**，抖音和 B 站目前都有这样的机会。有时是入围的参与者们共同瓜分，有时是让排名靠前的几个人"赢者通吃"。一般来看，"瓜分"的收入看着再多分到手里也没有多少，"通吃"型的倒是偶尔会有可观的，不过也是非常少见。

2）"充电"打赏

打赏功能在微信公众号、微博是比较常见的，但在抖音和以抖音为范本的许多视频平台中并没有得到继承。不过这个功能在 B 站是有的，叫作"充电计划"，和"创作激励"一样，我们可以在网页端后台"收益管理"中开通它（手机端在"我的"—"创作中心"—"常用功能"中）。

开通后，那些被我们的魅力深深折服的粉丝就可以给我们"充电"。充电获得的收入会实时转入贝壳账户，于次月 6 日 0 点之前审核完成，之后就可以提现了。

"充电"完全是个粉丝的自愿行为，下不设限、上不封顶。所以 UP 主从中获益是高是低都有可能，这无疑比拿平台创作激励更刺激。也正因此，刺激了一代又一代 B 站 UP 主努力提升内容质量，增加账号黏性。

2.直播变现

我知道这是目前一个大热点，也是许多人讲泛短视频变现时一定会提到的。但我之所以没把它放到"第一梯队"，主要是因为直播不是泛短视频，它的变现也是独立在泛短视频变现体系之外的。泛短视频对于直播的作用，更多像是一种导流。

不过不可否认，直播的变现效果也是非常棒的。和泛短视频一样，它也有多种变现方式。

一是打赏变现。直播展现的是主播的即兴魅力，颜值高、才艺好、性格讨喜、会讲话都能隔着屏幕收获受众的好感，这时就总会有人用刷礼物的方式来支持你。这些礼物是粉丝"氪金"买来的，主播也可以把它们换成钱提出来，当然这个过程要支付平台佣金。

二是带货收入。比起泛短视频，直播给我们的感觉就更像面对一个商场柜员，主播会极尽能事地给你测试体验，展示卖点，倾情互动，最后给出个超级给力的折扣，所以更容易让人冲动付费，也因此大家格外关注直播的带货板块。如果是自己的货自然不必说，如果是帮别人带货，则可以赚取佣金。

三是广告及坑位费。这主要是对那些有名气、流量大的主播来说的，因为来找他们带货的人太多，所以为了抬高门槛，他们还会加收广告费和坑位费。

此外还有一些其他收入。比如导流到线下或自己的私域，或通过连麦游戏来赚取人为约定的奖励……总之直播是人和人强互动的一种社交形态，只要想象力够、点子多，赚钱的门路还真是五花八门。

3. 代运营服务

这个同样不属于泛短视频的"原生变现途径"，不过收入还是不错的。

许多人在泛短视频的平台积累了足够多的经验，并展示出了一定实力，这时就会想着用这套本事出来接些订单，有偿帮助一些想做泛短视频但缺乏经验和精力的公司做账号。

这样的服务往往会和一定的任务指标挂钩。在开始时双方说好用多长时间做出多少数据，然后根据实现难度来报价。对于承诺的数据，代运营方必须想尽办法来完成。

不过也正是因此，这对运营者综合实力的要求更高：他们不仅要会创作，还要有足够灵活的策略手段，甚至有平台方的关系；不仅要能在平稳时做好，还要能在关键时刻兜住底；不仅自己知道什么样的内容是好的，还要有能力说服甲方也接受这些方向，或在甲方油盐不进时想办法依旧不落败笔……

所以如果想要走这条路，建议各位按照我在前面讲的多多修炼，同时提升自己的思维和外界资源。如果你自己做个账号都是勉勉强强，那么是绝对没有精力应付复杂的代运营工作的。

4.售卖账号

在你认为抖音、B站可能还是年轻人休闲娱乐的"小玩具"时，已经有许多人把平台的账号作为数字资产看待了。于是不难理解，这个东西也出现了买卖。

这方面需求的兴起主要还是因为一些公司要么出于懒，要么想要快速铺矩阵，于是产生了这种比代运营还省事的诉求。而刚巧，社会上同样存在着各种账号过剩的人，于是自然就和前者一拍即合。

目前这一业务形态已经发展到了一定程度。一方面，有许多创作者专门以培养这样的流量账号为目标，用各种成本小、起量快的方法批量做账号，我们俗称"养猪"；另一方面，也出现了如"鱼爪网"这样的专供此类交易的第三方撮合平台。

不过，虽然和刷粉、注水这种违背诚信、破坏平台规则的"灰产"性质不同，但我对于这种业务形态是持保留看法的。因为**从现状来看，现在做这项业务的团队许多也是以**"反内容"的工业化方式来做的，并和"矩阵电商"一同构成了视频平台"营销号"的主流。长此以往，真正的内容和内容创作者将逐渐失去健康生长的生态。

当内容都可以用机械一样的方式来产生，专属于人的那一点"灵性"将何处依归呢？

Q&A 时间:
关于泛短视频的一些"快问快答"

Q&A时间：关于泛短视频的一些"快问快答"

最后一部分，我打算用一种不太一样的形式收尾。

这些年我在线上、线下分享和讲课，最期待的就是最后的问答环节。

首先，因为主体部分的介绍讲究系统成体，许多信息因为逻辑关联不大就没有硬塞进去。但这不代表它们不重要，而问答给了这些内容非常不错的补充机会。

其次，针对真实的问题和受众进行思想碰撞是一件享受的事。不同人站在不同的立场关注的侧重点是不一样的，而他们的问题往往又能代表着一群人的困扰。针对这些提问与他们交流，我们就更能洞察到不同人群真实的关注点和困扰点。

最后，这个环节往往也是受众最喜欢的。成体系讲解的好处在于严谨科学，但对于许多普通人来说，厘清内在的逻辑线、吸收内化后再用来给自己的问题做回答实在有点难。所以直接针对具体问题的答案就显得干净利落、简单高效。

所以在本书的末尾，我也想借鉴这个形式加入真实的问答环节。

在写书的过去几个月中，我通过公众号、社群、论坛、询问等多种方式搜集了许多人的问题，可以是关于泛短视频本身、关于直播和内容营销这些相关板块的，也可以是关于我们这些从业者的……最终在230多个结果中，我精选出了一些，并做了统一回答。

关于选取的标准，一是看被问到的次数，二是看是否具有代表性，三是看是否前面正文没有覆盖的，四是看是否足够犀利、直指要点。相信这也是大家对于这些问题的期待。

此外，为了统一语体与格式并让关键意思更突出，我对最终入选的问题还是做了一下文字表达方面的修改，但会在问题的后面标清楚提问人的昵称——这也是我在征集问题时承诺的。所以如果看到了你的名字，别怀疑，这条就是对你问题的回答！

做这么多，希望能够让大家感受到我做这本书的诚意，我真心期待并享受着与你们的交流。

1.泛短视频、直播现在还能赚到钱吗？（来自：@远山如云）

负责任地说：能。

目前看来，不同于疫情期间的盲目狂热，人们对于直播的认知和消费习惯也渐渐趋于稳定，因此从业者端的热情虽然依旧高涨，受众端却已经能够从消费场景上区分开短视频与直播——自己爱看短视频，还是爱看直播；什么时候看短视频，什么时候看直播；以什么心态看短视频，以什么心态看直播，这些问题区分得明明白白。

再加上明星直播虚假、刷量这一盆冷水浇下，许多以功利态度对待直播的品牌方的兴致也大减；目前一线直播平台中，抖音、快手与B站同时又是"泛短视频"平台，因此直播对于短视频真实商业价值和份额的冲击很小。

其实无论短视频、长视频还是直播，都是一种新传媒载体，它们的使命是更广泛、更高效地传播信息。所谓"风口"，不过是舆论对于它们初上场时展现能量的一种包装，并不意味着一个限时有效的赚钱捷径。关于"风口"的舆论往往由资本和媒体所操纵，过度迷信"风口"反而会人云亦云、失去理智判断的能力。

做视频、做直播能赚钱，并不是因为它们被打上所谓"风口"的标签，而是因为它们能够更好传播信息这件事在这个时代本身极具价值，而这个价值又绝不是三五年内就会消失、退潮的。所以依靠视频和直播的经济在相当长的时间内都是具有极强财富价值的。

经过这几年的新变局，新传媒的剧情已经从"单角色接力"进入了"多势力角逐"。先前依次登场、各领风骚的几大"风口"围坐在了一起，各自明确了分工，并开始进行亦战亦和的博弈。对于广大有着营销、创富诉求的企业与个人来说，"三驾马车"悉数到齐，宣告着一个传媒资源极大丰富的时代正式到来，这背后是更多的机遇、更新的玩法及更大的财富。

2.短视频行业真的进入"下半场"了吗？（来自：@浴火阿罗汉）

这是现在社会上比较常见的一种观点。在这种论调影响下，我见过很多想要投身泛短视频创业的朋友开始犹豫起来，所以选择在这里说一下。

先说我的观点：我不赞同，很不赞同。

Q&A时间：关于泛短视频的一些"快问快答"

这种观点很大的问题在于，提出者没有真正理解什么是"短视频行业"。他们中的绝大多数人把"短视频行业"等同于短视频KOL经济，甚至是抖音、快手等具体产品的周边生态。而当这些方面出现一些"下坡路"的征兆，资本就顺势推导出了这样的结论。

但通过正文1.1.2节内容，我们不难发现，泛短视频行业除了这几个平台，还有其他各种相关却不同的门当和方向，各自发展并创造着各自的价值。所以上面观点的问题在于以偏概全，然后把个别产品和业务形态的发展和整个行业的发展画了等号。按照这种逻辑，他们应该也会认为因为邓亚萍退役了，所以从1998年开始中国的乒乓球事业也进入了"下半场"……这显然是荒谬的。

所以从这个角度来看，泛短视频行业非但没有进入"下半场"，连"上半场"都没开场多久。我们把它几乎等同于某种业态、某款产品，那它也许确实进入了"下半场"；但如果我们把格局打开，更加客观全面地认知这个行业，就会发现它还是一轮初升的朝阳，还有更多未知的可能等待着它实现。

所以如果你想投身泛短视频行业，只要你看准细分方向、找到适合自己的商业模式认真耕耘，机会还很多！

3. 泛短视频、直播行业数据造假是不是很严重？（来自：@yonce）

这未免有点直指这个行业隐痛的意味，但既然我们说了不避犀利，我也就客观地说一下。

坦白地讲，和其他新媒体形式一样，刷粉、刷量、刷单的数据造假行为在泛短视频、直播领域是存在的。从某种程度上讲，这似乎是一项"原罪"。不过并不能说这个行业整体就是虚假的，因为我们说过泛短视频和直播本质追求的是信息表达，而且门类众多，数据造假只是其中某个板块比较需要的操作，对于许多其他板块来讲这并不是必需的。

目前这个行业造假的"重镇"，一是广告视频，二是账号代运营，三是直播间。前两者是因为有类似对赌的数据承诺，而直播"注水"则分为两种情况：一种是通过假数据营造虚假人气吸引人关注；另一种则和上面两种类似，是要给广告商交答卷。

其中，刷流量还不是最可怕的，真正可怕的是刷订单。在带货效果不好的情况下，主播为了完成销量承诺，会安排水军来抢货下单，然后在收到货后再因各种理由退回去。反正货不是自己的，售后也都是由商家来负责，主播自己并不需要为这些麻烦事负责。

我之所以认为刷单比单纯刷量贻害更大，是因为它不仅是个诚信的问题，还会牵扯商家浪费许多额外的人力来配合这个假象。

一份假的"流量"数据，有时甲乙双方还是能在利益上达成一个小共识的，因为就算这些粉丝是假的，但账号的数字好看至少也能帮品牌撑撑面子。但"销量"不同，它只服务于收入，在这方面甲方就是冲着卖钱来的，卖完钱又退回去对它来讲没有一丁点意义。即便在甲方负责这事的只是个办事部门，某种程度上好看的假数据也能帮该部门交差，但如果老板发现这场直播卖出去的东西在第二周被退回了90%，你觉得该部门还是安全的吗？

同时，这样做还有个更大的危害：通过刷单来维系的谎言会营造一个"泛短视频是带货利器""投直播就能带销量"的假象，于是越来越多人功利地看待并迷信于此，泛短视频与直播的泡沫及覆盖在泡沫之下的"灰色操作"也就越来越多……

其实稍稍看仔细点，我们就会发现，这三大"重镇"数据造假的猖獗不仅是因为这个行业的规范缺失，还有一条深层的原因潜藏在深处、驱动着这股逆流，那就是社会的功利、浮躁和对"捷径"的相信。

品牌方相信钱可以买到一切、奢望着"品效合一"和一本万利；他们在事前盲动不思考，事后效果不好又只会倾泻偏激的谩骂。于是欺骗就有了市场——既帮助乙方们解决压力，又成全了甲方不切实际的幻想。

当然假的就是假的，再美好的幻想也有破碎的一天，频频"爆雷"的明星直播就是这方面的体现：今天明星甲直播观看小千万却只卖出可怜的个位数，明天明星乙又被曝出每场都要上百万元来刷流水……但说实话，早在大家被"风口"蒙住了眼睛、对泛短视频和直播寄予了高出实际的预期时，这件事的种子便已埋下了。

短视频和直播的本质都只是信息传播的工具，它们的流量用来传递品牌信息还是合情合理的，但只因为更多的流量能带来更大的转化概率，就认定它也应该为销量负责，这就未免推论过度了。

而因为明星流量大就认定明星带货销量一定好，就更是莫名其妙了。稍有常识的人都知道，销售也是需要技巧能力的，销售能力最好的应该是那些身经百战的销售员，而不是这些明星。

所以最后跌破眼镜的失望只是源于最初超出合理范围的期望。如果你的期待只是利用明星把你的品牌让更多人知道，对他们的销量也只是用一个普通人的标准来衡量，一切就变得合情合理了。

当然你可能说，若不是为了带货爆单，我也就不会投明星直播了……好吧，那我建议你为了周末不加班一会儿多吃一碗饭。什么？没听懂？好吧，我是瞎说的，吃饭和不加班本身没有必然关系，就像明星直播和带货转化之间没有必然关系一样。如果明星直播就应该带出好销量，那大家何必要养什么销售部门在公司呢？把在他们的身上省下的钱都拿来投明星直播就好了不是吗？

这些道理本来并不难懂，但我们却总因为思想的懒惰与侥幸的妄念而对它们视而不见。迷信明星、迷信流量、迷信风口、迷信"品效合一"，被数据造假坑骗，又岂是偶然呢？

都是做企业的，别太天真了。

4. "后疫情"时代，泛短视频的机会在哪儿？（来自：@劫持晴子的菲）

疫情，无情。

但对于包括泛短视频在内的一系列依托线上的行业来说，它们又确实在疫情期间迎来了让人瞩目的新增长。在这几个月中，各大泛短视频平台的用户数量是大幅度增长的，日活、月活更不在话下。如果将来这个行业会编写历史，这一年一定会被重点收录。

与此同时，在这样的情况下，泛短视频行业的许多局面也发生了一些改变，这些值得我们关注，也值得我们研讨、布局，因为机遇就孕育在转变中。

第一个机会是大众认知转变，泛短视频在营销中的地位将进一步提升。

正如引言中所说，这次疫情向人类展现了一种在过去即使有人想到也没人愿意相信的小概率状况：物理世界失灵。关于如何在这一情况下生存、发展，企业几乎没有太多现成的经验。于是广大企业发现以往重在布局线下的营销体系几乎报废，一贯的平衡立时被打破，其中更有不少企业没有挨过寒冬、纷纷倒闭。

劫后余生，人难免会用感恩与热忱重新认知这个世界。同样地，企业也会格外认真地总结这当中的痛、重新审视一些以往认为理所当然、颠扑不破的事情。于是一个新的热潮出现了——**"无接触营销"**。

不同于线上营销，"无接触营销"不仅强调使用线上的营销手段，更重在从模式层面强调将营销的重心、亮点均衡地配置在线上、线下两个方面，保证即使线下经受一次"失灵"，营销仍然可以继续，并且效果不会大打折扣。

在这样的风潮中，泛短视频和直播获得了格外的关注，本就居高不下的热度又被平地拔起了一截。道理很简单：以前也许它们只是一种新兴的营销手段，但现在，如果你认同"无接触营销"的重要，它们将作为无限接近刚需的资源存在。

可以说在这一观念的转变中，泛短视频收获的不只是用户，还有更多的重视。

第二个机会是许多新出现的平台、形式与应用场景。

关于新平台，这里格外突出的是 B 站和微信视频号。虽然它们不是在这个期间才出现的，却在这期间储备了用户、积蓄了声势，并加速完成了蜕变。经历了行业的一番强行"洗牌"，最终走到了多数人的面前。

关于新形式，最突出的要数动画类视频了。疫情期间，团队无法汇合工作，于是大量由机构孵化、团队打造的达人创作力明显下降。没法找到习惯的助演搭戏不说，有达人甚至因为拍摄技巧和设备的缺失，连合格的自拍素材都无法给团队制作。于是本就出现流量僵化、增长缓慢的实拍类账号更加雪上加霜，所以动画类账号在此时大规模入场并不是个巧合。

同时，抖音头部动画号"我是不白吃"在这一阶段实现了流量几级跃升、直接跻身头部梯队，并借此声势创造性地开通了虚拟直播带货，启发了许许多多的动画号与品牌商家，客观上使动画号的商业通路进一步拓宽、价值进一步提升了。

关于新场景，主要是指泛短视频协同办公。广大企业在这次疫情期间最大的两个认知收获，一是"无接触营销"，二就是远程办公。协同文档、协同演示、远程会议在这一阶段得到了极大普及与重视。

在这样的风潮下，通过远程协同的方式制作越来越重要的泛短视频内容，当然也就迎来了机会。

无论上面哪条，这些新增要点都将生长出新的消费需求、展现更多机会。因此在开端便提早把握机会、有针对地下手布局是个好的选择。

第三个机会是泛短视频工具赛道出现了极大利好。

这一机会的出现或多或少和前两个机会都有一些关系：无论是大家对于"无接触营销"的重视，还是认识到达人过于依靠团队的弊端，总之越来越多企业和个人开始决定学习自主生产泛短视频。这就使得各大专业或入门级的泛短视频工具，以及与之相关的课程、教学一下子火爆起来。我相信在未来它将成为又一个热点。

5.从"变现"向"创富"进展的关键在哪里？（来自：@毛毛桑0717）

我一向主张泛短视频是用来"创富"、构建一套系统的商业模式的，所以不要仅仅盯着"变现"这么一星半点的地方。很显然，这位提问的朋友听进去了。

如果你还不清楚这两者之间的关系，可以翻到本书引言和第6章回顾一下，这里我们直接来讲讲从"变现"向"创富"迈进的事。

在我看来，这迈进中的关键有两个：一个在认知层面，另一个在操作层面。

在认知层面的关键点叫"格局"。你冲着什么目的来做泛短视频，对它的寄望又在哪一方面，你的认知当中泛短视频的疆域有多大……这些共同决定着你在泛短视频方面的思维格局，而这又在一定意义上决定着你接下来会在这个领域做些什么，做到什么程度。

我不主张大家只把目光放在"变现"上，是因为这只是"小道"。如果你只是冲着这个来弄泛短视频，你的视野八成就脱不开抖音、B站、快手这些泛短视频自媒体平台了。这时你做得再好不过就是在碗大的地方织了张大网，对网外的事情视而不见、充耳不闻还是小事，最关键的是你的成败就相当于托给这个平台了，这些平台的起落分分钟影响着你的沉浮，这是件风险极大的事情。

在依附平台赚钱这件事上，MCN机构可以说是终极的形态了。不过你不妨问问，现在那些第一、二梯队的MCN机构正处在怎样的焦虑当中？原因无他，商业模式过度依赖平台和流量罢了，所以现在最出色的那几个也开始"八仙过海"，纷纷研究起了开拓新业态的问题。

也许你会说那又如何，赚钱就好。但事实上，除了少数的"天选之子"，这个行业按照既定规则就能满赚的情况至少是我所未见的。你又如何能确信你就是那幸运的"少数人"呢？

所以我建议大家把格局放大、眼界放宽，即便开始从抖音或B站入门，但也要清楚这只是一个阶段的选择。我们始于它却不可陷于它，这个行业包含很广，业态很多，未来又会展现出千千万万种可能，谁也不知道我们真正会在哪一个点上有所成就。

所以心里要时刻清晰我们只是在万顷波涛中的一叶小舟上，但只要能够持续积累、藏器于身，那片星辰大海就可以是我们的归宿。

而在操作层面上，我认为的关键点叫"整合"。

我们要充分认识到泛短视频只是工具，但赚钱的一定是我们的思想和价值，而这需要我们是个"棋手"而非"棋子"；同时，想要长久创富，过于简单的模式是不可靠的，我们需要不断丰富我们的商业模式，用互补的体系来应对各种状况中的"危"与"机"。

无论哪点，都需要我们不断整合、用综合的打法追求最大的效益：从抖音或B站的变现入手很好，但接下来，是不是可以把其他平台纳入进来做矩阵？做矩阵带来了流量也不错，那接下来是否可以把其他商业资源嫁接进来做跨界？在此之上更进一步，我们可不可以把我们的流量进一步赋能给自有品牌、艺人经济与其他，从此自成一派？

或者干脆跳出内容流量经济的思路，把营利的核心放在别处，只把泛短视频作为一个引流的渠道、销售的出口、粉丝黏性的培养基地又如何？把我们在第6章提到的多维度创富模型用起来，这不也挺"香"吗？

总之只有整合才能让资源的效益最大，而它最终呈现的样子也总是不同的。懂得创造财富的人都是玩乐高积木的高手，他们学习每块积木的用途，然后按照自己的想法重组、创造。拼积木的人不同，呈现出的作品当然也不一样。但他们的作品，没有一个是按照别人的图纸完成的，也没有一个不足以带来震撼！

6. 什么样的人适合做泛短视频"达人"？（来自：@天天库布罗）

首先，兴趣是最重要的，热忱即一切。 在诚意和足够的努力面前，技巧不足一提。所以在对泛短视频有着浓厚兴趣并愿为之倾注投入的前提下，任何人都适合。

不过如果你对泛短视频还没有这种程度的热忱和投入，那就要看一下先天禀赋和后天沉淀了。无论是长视频还是短视频，有趣、有用、有料是三个最容易火的内容方向，所以如果你能想办法在其中至少一个方面做到不错，那就可以一试。据我粗略数数，可以分解成以下几个条件。

- **颜值高**。这里不只是说五官端正，你还要能把你的魅力散发出来，要么放电、要么孤傲、要么可爱、要么成熟、要么优雅……没有感染力的颜值只是一副没有灵魂的皮囊。

哦，对了，在滤镜和美颜下的高颜值也算数，哈哈。

- **性格有趣**。据我观察，这是"杀伤力"不弱于颜值的一项优势。美的东西对有些人来讲不是必需的，但开心是人人都需要的。无论你是幽默睿智型、装疯卖傻型还是冷幽默型、反差萌型，只要你发现自己常能让身边的人开心，就可以试试看。
- **有过人之能**。如果在某一领域你有过人之能那也是极好的，可以是歌舞、配音、手工、打游戏这类才艺和技术，也可以是在某一方面非常突出的知识。当然想象力很棒、很会写故事也是很好的。

经常会有人问到不愿意露脸能不能做"达人"。如果你有这里提到的丰富的知识和讲故事的能力，或你的才艺、技术并不一定需要露脸，那就可以搞起来了。

- **极具特点**。当然，我们在泛短视频平台上其实也看到了一些"达人"似乎和上面的几条都不搭边，比如著名的"黑猫警长 giao 哥""三支花"，虽然属于搞笑达人，但他们的搞笑似乎也是通过内容衬托塑造的。

如果一定要说他们有什么过人之处，应该就是具备在泛短视频的平台上很少见的特点，让人印象深刻。有了这些特点，通过剧本、制作等形式包装也是可以的，只是这样的达人发展会格外依赖团队一些。

不过这里要提醒一下：这里的特点一定要具有一些友好性，不要让人产生不适。

- **能提供极独特的价值**。这种"达人"要么从事独特的行业，要么生活方式、身份圈层是让我们大多数普通人感到陌生新奇的，总之能够从一个新颖的角度给我们呈现独特的价值，这样的内容也是会受欢迎的。

这么多条件你只要符合其中一项就可以给自己定位规划了。我们绝大多数人都可以在上面的这些条目里找到可以对号入座的方面。也正因此，泛短视频和之前以图文为主要形式的媒介形式不同，可以突破地域、民族、贫富、学历的限制，最大程度地吸纳广泛的人参与创作。

什么？看完这些你发现自己一条都不沾？ 这……让我想想。

这种情况，你可以先确认一下自己的认知有没有什么问题，除了"颜值"之外（这个相对好确定是否优秀）的每一项都可以深入地问一问自己"真的没有吗？真的真的没有吗？"然后再找身边的人问一下他们的意见。

但如果你最终不幸地发现自己好像真的是那极少数的人，那……要不就别考虑这个方向了，你的优势可能是被安排在别处。如果你还是喜欢这个行业，可以看看可不可以做些幕后工作，这个行业并不是只有做"达人"才有出路。

7.哪种类型的号涨粉相对较快？（来自：@JeffYuan）

据我所观察到的，短视频账号一般比长视频要快一些，这和受众的基数有很大关系。另外，在短视频中，搞影视、综艺剪辑的账号增粉是最快的，甚至比搞笑段子号还"能打"，所以它也成了营销号非常惯用的一种题材。

但，这又如何？

说真的，我并不建议大家只盯着"涨粉快慢"看问题，因为涨粉快并不意味着它有价值。 比如剪辑号，涨粉可以很快，但第一，它没有内容价值不大，因为是拼凑了别人的内容；第二，很难直接变现——带货、接广告、直播，都没法搞。

营销号之所以会做它们，一部分是为了把数据做好看些卖掉，还有一部分是打算以此标榜"坐拥×××流量"，然后通过教育培训"割韭菜"。换一种用法，这些账号哪怕自己拿来用也是不够的，因为这种泛人群、低黏性的粉丝不一定适合你后续的账号定位，同时现在平台也在打击这种行为，会因为你做搬运号的"前科"限制你后续的许多权限。用这种号还不如直接开个新号从头养了。

所以建议朋友们别从"涨粉快慢"出发想问题，好好通过内容贡献价值，把粉丝垂直度、活跃度和忠诚度抓起来才是正事。 B站在这方面就看得很透彻，所以在评价账号时对绝对粉丝数的考察权重并没有放到很大，比起空有许多粉丝的那些号，反而是那些内容独到、粉丝互动热烈的号更"吃香"。

正是这样的特点，让B站长期保持了较高的创作者生态和优秀的社区氛围，而不会到处都是"刷量党"和营销号。这也是我看好B站长期发展潜力的一大原因。

8.账号火了以后怎么办？要不要签给MCN机构？（来自：@橙下）

我想问问这位朋友：你是已经把内容账号做出起色、有MCN机构上门了吗？

如果真是这样，可真恭喜你了！你一定是一个优秀的内容创作者。

对于是否要签MCN机构这件事，我的建议是视你自己对于商业化的需求程度来定。

Q&A时间：关于泛短视频的一些"快问快答"

MCN 机构可以理解成一个"降维版"的艺人经纪公司，主要的价值在于帮助合约"达人"做好商业包装、拓宽接单渠道、增加接单机会，以及打理商务事宜。作为回报，他们会在其中抽取分成，这个比例往往会占去大头。

在这种模式下，"达人"自己的收入虽然相对少了，但很可能因为 MCN 机构的运作，实际的订单多了、单价高了，所以最后算下来的收入更可观了。同时，你也可以省去自己处理商务事项的许多精力，可以一门心思研究怎么做好内容。这一点很像之前讲到的巨量星图、花火平台的好处。

不过如果你对于商业化这件事比较"佛系"，或者就是很介意你出力、别人分走大头收益这件事，我建议你就别签 MCN 机构了。靠着巨量星图、花火和你自己的一些努力偶尔也能有些收入，更重要的是创作的自由度就多出了许多，不必时常被人管着。

看到这里，也许你会说：不对呀，来找我的 MCN 机构说除了商务上的帮助，他们对我的内容也会给予支持和指导，同时还会把许多优质的资源导给我，比如参加活动、综艺什么的。看在这些的份上，你还是不建议我签 MCN 机构吗？

是的，因为据我所见所闻，这两个说法，一个不靠谱，一个不确定。

"不靠谱"的是说给你内容上的帮助——你想一下，别人签你那一定是你的内容好，如果这个机构真的能教你、指导你，它为什么不自己做、自己火呢？所以在绝大多数情况下，这样做后你只是多出了几个给你泛泛提出各种主观意见的普通观众。

当然也不排除这个机构有能人，甚至老板就是曾经叱咤风云的知名"达人"，原则上他们当然有资格、有能力点评你的作品。但俗话说"文无第一，武无第二"，文艺创作是好是坏还是要看受众"用脚投票"，所以深谙此道的他们还真不一定适合给你做指导。除非你是机构的"头牌"，这几位高人愿意针对你进行持续、走心的"陪跑"。

而"不确定"的则是说优质资源倾斜这件事。 MCN 机构作为一家专以沟通资源为业，甚至许多背靠资本的公司，资源基本还是有的，无论从平台方还是其他社会关系上。

但俗话说"好钢用在刀刃上"，越有价值的资源越不能随便透支，所以他们的资源一定不是普惠的、随意分配的。和上面说的"陪跑"特权一样，通常这些资源也都是少数"头牌"们的特权。你想想明星经纪公司不也是这样："顶流"的那几个几乎通告、代言不断，但下面多少小艺人还在温饱线上挣扎！

所以如果你自问有可能跻身这家机构的"头部"之列，或能够明确让机构把资源的具体倾斜事项签在合同中，那还是可以一试。否则，这事真有，也和你没多大关系。

当然，上面讨论的这些说的还都是那些正规的 MCN 机构。**目前作为一个缺乏规范的新兴行业，MCN 机构行业的水还是很深的。在金钱和"风口"的诱惑下，现在也有大量不具备资源、实力优势的团队在以"MCN"为名招摇过市。**

他们专门在自媒体视频平台和各种创作者发私信，游说他们和自己签约，然后更多的是要靠着这些账号和"达人"蹭吃蹭喝。本以为不是"金主爸爸"也能是个"从业导师"，结果没想到是个"拖油瓶"，如果你不小心挨上这种选手，那可真就惨了！

所以在收到 MCN 邀请时，一定要抑制住被认可的激动，先理智地查一下对方的资质，再通过交流了解对方的专业度、实力和代表案例，最后一丝不苟地讨论合约条款。 在这种事上，不可不慎！

9. 团队招人，老到一点好还是年轻一点好？（来自：@烊风玺雨083）

我的建议是：在保证不浮躁的前提下，要大胆使用年轻人。

如果看到这部分你刚好也在心里纠结这个问题，不妨问一下自己：**考虑老到一点的人，你的主要原因是什么？**

如果是因为专业，这个没有太大必要。 我们在前文讲过，许多专业团队转型做自媒体视频时会遇到很多问题的，其中的主要问题是"习气"。基于抖音、B 站这些平台的创作，技术并不是其中最重要的，比起专业的"深度"，能够与时俱进、迅速迭代的"灵活度"是一项更重要的素质。

如果是因为经验，这也略显多虑。 坦白地讲，在抖音与 B 站的创作中，很多传统的视频制作、运营经验并不适用，比起一位在电视台工作十多年的资深编导，也许一个每天刷抖音、玩鬼畜视频的应届毕业生还要更胜任一点。

在泛短视频社交中，所谓"网感"是比较重要的，而这还真的跟专业关联不大。 在时下流行的视频处理方式中，很多在专业的层面甚至是不规范的。比如 B 站大火的鬼畜视频，卡顿的动效、不和谐的配音、混乱的剪辑、简陋的画面，都是传统规范所不容的，但偏偏很受时下的互联网人群喜爱。

"网感"玄之又玄，且会随着流行时时变化，想要靠着深厚的功力看穿、研究、捕捉它，几乎是妄想。在这个时候，也许让几个年轻人"跟着感觉走"

反而是个可行的选择。**毕竟最懂年轻人的还得是年轻人自己。**

10. 老板是否有必要亲自学习短视频？（来自：@行喷老师）

当然。

也许你会认为既然我完全有能力招聘专职团队，为什么还需要自己懂呢？我不懂做饭，但以前饭店也开得挺好，招个经验丰富的店长和功力深厚的厨师坐镇就好了嘛。

但很可惜，泛短视频不能这么做，至少自媒体泛短视频不能这么做，因为情况有所不同。和许多行业要么起步门槛高、要么要依靠复杂的团队结构和人数不同，自媒体视频是个入门门槛低，而且即便一个人都可以来做的事情。

我们来想一件事：如果一个人能力很强，很会做账号，那么他为什么要来做你的员工呢？ 自己做或拉上几个人一起做，不比在你这里领那么几千元工资赚钱吗？而反过来看，你能用几千元钱就招来干活的人，又能有多少实力呢？

一般情况下，这些人要么是还欠火候，尚需在实际项目中磨炼提升；要么只是擅长一个方面而做不到全面优秀。但无论哪种情况，都不足以完整撑起持续、稳定、有亮点的泛短视频创作和运营工作。在这种情况下如果你什么也不懂，账号的一切都由这些人来决定把握，不觉得是件很不靠谱的事情吗？

所以虽然出于精力分摊和团队合力的考虑，搭建属于自己的小团队是合理的，**但这其中仍然需要你作为老板"躬身入局"——只有你才能完全希望这个账号好，并全身心为了这个目的投时间、磨细节、想亮点。**

你不需要擅长每一个细节的执行落地，但一定要做到"懂"：能看懂、能想通、能判断。只有这样，团队才能成为你的助力，而不会让你被团队拖累。

11. 抖音违禁词在网上有好几个版本，我该信哪个？（来自：@Aguila）

关于抖音的违禁词，坊间有各种各样的版本，传得神乎其神。各路"专家"抛出了各种表格，你仔细一对还各不相同。对于这个问题，我特意咨询过抖音官方高管的看法，他表示**抖音并没有对外发布过现在正在执行的一套违禁词列表，因此这些都是培训机构迎合受众恐惧心态自造的工具。**

目前抖音的违禁词设定还是基本与最新版本《广告法》的规定保持一致的。 比如暴力血腥、政治敏感、关联诈骗及黄赌毒、绝对化表达等，不光是在抖音上违禁，在国内任何媒体平台发布都是违禁的。所以我在这里就不给大家列表了，有一个网站叫"句易网"，很实用，在里面复制粘贴你的文案，它就能帮你根据《广告法》来排查。

我们仔细看过这些"专家"提供的表格，其中对于《广告法》规定的内容基本都还是装进去了，这是没问题的。但他们的问题出在会根据自己的理解和创造另行增设一些其他的选项，或在举例中把许多本来没问题的词语定为违禁词。比如"人民币""救""钱""基金""过瘾""战争"……这些在他们的描述里要么和金融诈骗相关，要么和暴力相关，要么和犯罪相关，但你在抖音里搜一下，有许多人直接用着这些词，流量依然很好。

事物之间总会有千丝万缕的联系，我不能说这些词和他们所说的违禁类型无关，但却是非常间接的关系了，不属于违禁词之列。**有关部门也好，抖音这样的平台也好，实行违禁词主要为的是网络内容的积极健康有序，而不是为了让大家人心惶惶、杯弓蛇影，不敢正常说话。**所以对于网上流传的这些表格，大家要辩证来看，在使用时存留一些自己的辨别。

12. B站的互动视频和虚拟直播是什么？（来自：@NaroeAAA）

这位朋友应该是个B站的深度用户了，竟然发现了这么两个"宝藏功能"。事实上这两种形式也不是B站所独有的，作为泛短视频和直播两个板块在当下的新发展，许多平台和创作者也都在以自己的方式开发其中的潜力。

接下来我们就依次介绍一下。

1）互动视频

互动视频是在正常的视频基础上加入互动操作的选项，从而使得受众可以通过自己的操作左右内容走入不同支线的形式。 这种形式目前的主要应用还是在剧情内容上，此外还有教学、测试、虚拟偶像或宠物养成等其他题材。

其中剧情类的互动视频又叫"互动剧"，目前爱奇艺、腾讯视频也有上线。据说这一功能最早是海外视频平台Netflix依托剧集《黑镜：潘达斯奈基》推出的，后来腾讯视频与网剧《龙岭迷窟》也合作了互动剧版，使这种形式强势进入了许多人的视野。

其实从受众的角度来看，这种视频虽然比较新鲜，但体验的感受却并不陌生。《仙剑奇侠传》《恋与制作人》这种角色扮演游戏，以及近年来很常见的剧情类H5内容和这个就非常类似。

所以对于互动视频的好处就不难理解了：**通过加入互动，受众既可以享受**

决定剧情走向的游戏级快感，还能借此摆脱传统视频观看时纯被动接受的状态，更加集中注意力在内容上。

目前创作者在 B 站、爱奇艺、腾讯视频都能进行互动视频创作。B 站直接在投稿时选择"互动视频投稿"就可以开始创作，其余两个网站则有专门的互动视频创作平台或插件。

在创作时，第一步是上传所有会用到的视频片段。通过审核后则进入第二步——故事线编辑。在这一步我们需要利用编辑器的功能把剧情的大致走向、每个分支的选项和导向结果一一写清楚，然后将先前上传的视频片段与各项进行匹配。第三步是设置交互功能，其中最主要的就是选择按钮。完成了这些步骤，整体就可以提交了。

2）虚拟直播

虚拟直播又称"虚拟主播直播""数字人直播"，就是让二次元的虚拟形象（"元宇宙"大潮掀起后，它更多被叫作"数字人"）在直播间做直播。在 B 站，我们可以在直播主页看到一个名为"虚拟主播"的板块，点进去就都是这种直播了。

但这种效果的实现并不是通过人工智能让一个没有生命的动画形象自己和观众互动，而是真的有一个活生生的人坐在镜头前直播，只是在推流呈现的过程中把一层二次元的"皮肤"蒙在这个人身上……听起来有点像画皮？好吧，换一种说法：是让一个模型跟随人的动作同步活动，更像是……傀儡。

怎么感觉还是怪怪的？算了不管了。

为了让这个模型听人的遥控，我们要对两者进行绑定匹配，从而实现对于面部表情和肢体动作的捕捉。这个过程简单，完全可以通过诸如 VUP 这样的软件来实现；但如果需要更复杂、更灵动，则需要借助带有传感器的实体设备来实现。

对于找什么人来绑定形象，虽然不露脸却也不是没有要求。

首先，这个人需要有贴合这个二次元角色的声音条件，如果是个受过训练的配音演员那就更好了。

其次，这个人要具备良好的表现力，包括声音、表情、肢体三个方面。一般来讲二次元人物的各方面表现总要比真人夸张，如果表现力不足，系统捕捉不到你细微的表情和动作，模型就会尴尬地静止在画面上。

最后，这个人要具备正常真人主播除了外貌外的一切基本素质，比如反应能力、情商、流畅的表达能力、对于现场的把握能力等。

目前看来，B 站的虚拟直播还是以音乐和 ACG（Animation、Comics、

Games）的定位比较多，且模型以更接近二维平面质感的形象为主。但在其他平台，如抖音、快手、淘宝直播上，聊天、电商、微综艺题材的直播也有许多，而且有更多细节更丰富的三维数字人。

我目前了解到的虚拟直播最早可以追溯到 2016 年，但 2020 年以来它迎来了大规模"井喷"，在我看来，除了"元宇宙"风口的助长、助推，这背后还有来自泛短视频 - 直播行业本身的动因。

第一，习惯、热爱二次元文化的"Z 世代"人群已经成长就绪，同时基于真人的直播已玩不出新的花样是一个基本原因。

第二，泛短视频领域达人与机构的解约纠纷越来越多，使得实拍类达人的增量不再乐观，各赛道也因流量格局相对僵化导致新人创作者动力不足，而此时各平台已储备的动画类账号无疑成为一个增长机会。因此各平台纷纷出手扶持动画类达人，春天到来，能够帮助他们像真人账号一样通过直播变现的虚拟直播当然也就受到了重视。

第三，真人达人始终存在着安全性的问题，无论解约、丑闻还是颜值下降，都会导致粉丝流失甚至账号报废。比起这样的风险，用一个完美设定出来的虚拟形象直播无疑是零风险的，并且还能作为知识产权申请保护、连同账号一起作为品牌的资产沉淀下来。

因此和泛短视频一样，我更愿意相信它不是昙花，即便"风口"过去了，它也会作为一种特色内容形式来发挥独特的价值。

13. 泛短视频行业当前最大的挑战是什么？（来自：@edge）

泛短视频正处于"风口"的当下，大家关注的更多是这个行业多火热、多赚钱，其中很多专注点甚至是可以被称作"泡沫"的。在这个时候看到这样的一个问题，坦白地讲，我开始有些意外。

不过通过原本的问题描述，我了解到这位提问的朋友也是我们的同行，我又变得无比兴奋。因为有一群具有忧患意识的从业者，一个行业才能谈得上有希望。所以在回答之前，我想首先向这位 edge 兄表达一下敬意！

然后说观点：**在我看来，目前的泛短视频行业确实在蓬勃生机之下，潜藏着最大隐患——从业者素质的参差不齐。**

大家知道，泛短视频行业的构成是极其复杂的，这些公司虽然彼此相关，但却因为所在环节和产品形态不同，所用的人也不一样。

比如，平台软件型的公司更靠近 IT 行业，人员素质一定是相对偏高的；内容营销型的公司因更靠近广告行业一些，所以和广告公司一样也分服务高端客群的和大量普通客群的，前者肯定需要许多高级人才，而后者则不一定；而 MCN 机构更接近演艺行业一些，所以构成会比较杂，虽然风光体面，但对人员文化素质的要求并没那么高；至于教培和"抖商""视商"群体，许多就是原本"成功学"、微商培训讲师和微商群体转型来做的，所以更是一言难尽……

不过这个行业神奇的一点就是不管是用怎样素质的人才构成的"山头"，大家都是赚钱的，而且说不好谁比谁更赚钱。所以在巨大财富机会的吸引下，各路人才也都前赴后继往泛短视频的领域挤，整个行业的从业者构成就变得极其复杂。

不拘一格、广纳包容对行业的生机注入固然是件好事，这也给社会开放了一条任何出身都能靠胆色才华尽情一搏的机会。但是，在行业快速成长且规范还未健全的当下，从业者素质的参差不齐也给这个行业带来了不少的麻烦。

作为一个新生且刚满十年的行业，泛短视频行业尚没形成较为健全的规范和大众普遍认可的秩序。在这种情况下，这各路"山头"的豪杰齐聚一处，往往都是跑马圈地、各自逞力，其中必然逐利盲动、乱象丛生，甚至有许多扰乱市场的"灰产"悄悄滋长。

同时，这个行业的许多代表型企业虽然能在短期崛起、积聚财富，却不一定能够帮助行业沉淀总结，并起到正向引领的作用。于是利者纷纷、道者稀稀，后辈无前路可依、世人遂眩惑不绝。

于此之下必然又伴生了许多凭空夸大、虚假宣传，其中有资本蓄意造势引导舆论的成分，也有各路"大师"为"割韭菜"磨刀的因素。反正泛短视频热度这么高、大众又懵懵懂懂，这还不是想做就做的事？虽然也有许多相关部门和学界对此十分关注，但可惜泛短视频江湖变化太快，他们时常滞后的观点问世了便即脱离了实际。

而对于许多从业公司来讲，由于人员素质参差不齐，公司长久良性发展也是缺少保证的。即便是许多板块的头部公司也是如此，甚至连基本的人事制度体系都没有，公司中高层也没有战略规划的意识和财务管理的常识。

许多公司虽然可以在短期实现爆发，却不擅长持续长期发展。于是行情一旦有变，顿失主见、随波沉浮者众，断腕自保、仓皇跑路的也不在少数……日月不见、流星满地，凡此种种，难以名状！

可以说，这样的泛短视频行业机会无限，又充满不测。它就像老港片中年纪轻轻便投身江湖的少年，好勇斗狠、以命求财，固然不乏一步登天的机会，但谁也说不准，往后的路他能否平平安安地走下去。

我爱这个行业，并坚信它在褪去一时的光环后依然能够凭借自己的能量发光。所以由衷希望它早日走入规范：多一些稳步发展的良心观点和行业榜样，少一些唯利是图的别有用心与浮躁钻营。